U0555509

中宣部文化名家“四个一批”人才自主选题：“改革开放前后
两个时期不能相互否定——基于新中国经济史的研究”（8201001010）

中央高校基本科研业务费专项资金资助（24CXTD05）

北京高校中国特色社会主义理论研究协同创新中心
（中国政法大学）的阶段性成果

法大
宗庫

集体经济理论的建构思想研究

A STUDY ON THE FORMATION OF COLLECTIVE ECONOMY THEORY

张杨 ◎著

中国政法大学出版社

2025 · 北京

图书在版编目（CIP）数据

集体经济理论的建构思想研究 / 张杨著. -- 北京 : 中国政法大学出版社, 2025. 3. -- ISBN 978-7-5764-1975-7

Ⅰ. F014.1

中国国家版本馆 CIP 数据核字第 20259M0T10 号

书　名	集体经济理论的建构思想研究 JITI JINGJI LILUN DE JIANGOU SIXIANG YANJIU
出版者	中国政法大学出版社
地　址	北京市海淀区西土城路 25 号
邮　箱	bianjishi07public@163.com
网　址	http://www.cuplpress.com (网络实名：中国政法大学出版社)
电　话	010-58908466(第七编辑部) 010-58908334(邮购部)
承　印	保定市中画美凯印刷有限公司
开　本	720mm × 960mm　1/16
印　张	17.25
字　数	285 千字
版　次	2025 年 3 月第 1 版
印　次	2025 年 3 月第 1 次印刷
定　价	88.00 元

前　言

当代资本主义的私有化浪潮进一步造成了贫富差距拉大、贫困问题和失业问题日益严重、经济增长停滞、跨国金融投机横行、全球范围内的环境恶化等前所未有的世界性问题。从历史唯物主义和辩证唯物主义的研究视角出发，资本主义的私有化必然会最终朝着社会主义的大方向过渡。由此，纵观马克思主义俄国化和中国化的实践探索与发展历程，集体经济理论建构和实践问题仍是社会主义建设过程中绕不开的重要理论问题。为了深入总结经验与教训、面向新时代与未来，亟须站在马克思主义经济思想史的高度，重新系统地研究马克思主义经典作家关于集体经济理论的丰富经济思想，厘清马克思主义经典作家对集体化理论与重大经济问题或经济规律之间的关系辨析，并结合21世纪马克思主义的新发展以及当代资本主义的问题批判，综合、客观、深入地研究中国新型集体经济发展的方向与路径。习近平总书记在2021年党史学习教育大会上明确强调，要旗帜鲜明反对历史虚无主义，加强思想引导和理论辨析，澄清对党史上一些重大历史问题的模糊认识和片面理解，更好正本清源、固本培元。也只有秉持这一科学的研究精神，才能够全面、辩证地厘清合作化和集体化的理论与实践问题。

首先，对集体经济理论的研究需要站在社会主义发展史的视野下展开阶段性考察，具体包括从空想社会主义到科学社会主义，苏联从合作化到全盘集体化，集体经济在世界不同历史文化区域的实践，新中国社会主义建设时期合作化和集体化的理论与实践，从“第二次飞跃”论、“统分结合”到新时代壮大新型集体经济的理论与实践五个研究视角。其次，从列宁和斯大林对合作化、集体化理论的建构与实践入手，需要研究列宁对农业问题中的资本主义批判的基本范式问题，包括对俄国农业发展背景的研判、对俄国农村经济问题与实践的分析、对农业合作化问题与实践的认识；紧接着研究列宁对合作化理论的建构问题，包括对苏维埃政权成立后合作社的过渡性质的认识、从战时共产主义政策到新经济政策中的合作化理论分析、合作化发展的重要原则再探索等；进而研究斯大林对集体化理论的建构与实践问题，包括从合作化向集体化的发展进程、对加速全盘集体化的认识以及对全盘集体化的制度设计与问题分析。再次，按照历史和理论逻辑，需要深入分析毛泽东对合作化、集体化的建构与实践，具体研究毛泽东对合作化的理论探索，包括对农业合作化认识的三个阶段、对农业合作化经济效益及发展原则与外部因素的认识、农业合作化探索的当代方法论意义等；进而研究毛泽东对集体化理论的构建与对社会主义经济规律的认识，包括对集体化与经济发展、集体化与生产资料所有制变革、集体化与农轻重并举等问题的思考；并且研究毛泽东对集体化理论的构建与商品交换关系的认识，包括对集体化与繁荣商品生产和利用价值规律、集体化与社会主义经济关系人格化的问题思考以及对集体化理论的总体实现条件的探究。最后，从新中国合作化、集体化及其相关经济理论关系辨析的视角出发，探究工农业现代化与集体经济的辩证关系，包括工农业现代化与集体化的内在关系说、工业化与集体化关系的现代化进程、集体化研究方法的内涵与外延等；进一步研究“五年计划”中的合作化、集体化及其相关经济规划探究，包括工业化与合作化的经济计划与问题、按客观比例发展的政治经济学、协调发展的当代价值等内容；并且研究工业化、集体化与经济自主权的关系，包括自力更生的合作社等运动形式与争取经济自主权的斗争分析、工业化与集体化相结合的积累方式与争取经济自主权的探索、社会主义积累方式与经济自主权的启示等内容。

基于此，得出马克思主义经典作家关于合作化和集体化相关理论与实践问题的比较与启示。

第一，在经济发展相关的合作化和集体化理论的相同性与差异性层面，其相同性体现在：(1) 高度重视对一定社会生产关系主导的发展方向和社会样态的传承；(2) 从合作化到集体化的理论提出与具体实践；(3) 注重机械化与集体化的相互作用；(4) 注重集体化为优先实现工业化提供的基本保证，同时注重工业化是引领集体化发展的先决条件，通过两者的有机结合来完善社会主义积累方式；(5) 摆脱帝国主义经济封锁、完善社会主义积累方式的需要。经济发展的差异性体现在：(1) 与中俄所处的封建势力和资本主义的力量对比以及工农业发展程度等基本国情不同有直接关系；(2) 从注重生产和流通的结合以及生产与消费的两极矛盾运动，到片面强调生产、忽视流通的异化理解不同；(3) 重视集体化的自愿原则与实践中的反差问题；(4) 对小农经济认识的差异性；(5) 对商品生产或商品经济认识的差异性；(6) 由土地国有化推进的自上而下而形成的全国统一合作社和由土地集体所有制演进的自下而上而形成的大合作社的设想不同；(7) 对利用资本的辩证关系认识不同；(8) 对国有、合作所有或集体所有的关系、工业和农业的关系的辩证认识不同；(9) 对过渡速度、成败与质量问题的认识不同。

第二，在政治建设与社会结构相关的合作化、集体化理论的相同性与差异性层面，其相同性体现在：(1) 集体化与社会主义政权的巩固；(2) 集体化与政治工作相结合；(3) 集体主义的社会主义文化根源；(4) 把阶级分析法作为研究农民经济问题的根本方法；(5) 把党对经济工作的领导作为政治领导的首要任务和重要指向标。政治建设与社会结构的差异性体现在：(1) 对合作社、集体农庄或人民公社以及土地国有化或集体化的政策设计不同；(2) 从渐进式政策到激进式政策的认识不同；(3) 在合作化和集体化的不同发展阶段上对依靠的阶级力量的认识不同；(4) 对农民分化与消除工农差别的认识不同；(5) 对农民阶级的二重性作用的认识不同。

第三，可以得出合作化、集体化理论与实践的历史性条件的分析与启示。一方面，理论与实践问题的历史性实现条件分别是 (1) 需要在生产力层面以科技现代化与发展集约化作为这种生产关系得以变革的促进力量和根本出路，而且应逐渐消除工农城乡差异，实现与工业化的均衡、互促发展；(2) 作为社会主义发展阶段较高级的生产关系，需要一个从生产资料的私人占有发展到互助合作形式的农户所有，再到合作化的一个长期演变、不断巩固的过程，其中要高度重视合作化的桥梁性过渡作用，处理好合作社的数量与质量的发展问题；(3) 需要在另一条并列的所有制变革中不断巩固公有制的主体地位，完善社会主义积累方式，并不断解决城乡和工农发展不平衡和不充分的问题；(4) 需要符合客观经济规律，重视价值规律和经济规划之间的辩证关系，而且需要以商品生产和交换的活跃与产业结构的合理布局与综合平衡作为基本的前提条件，既重视社会再生产的生产形式又重视流通形式，实现经营方式多样化；(5) 需要在党的领导下行之有效地提升合作经济和集体经济的规模与质量，并不断通过摆脱贫困、共同富裕来实现解放劳动者阶级，在实际生产和经济效率的优势中不断得到广大劳动者的支持；（6）需要必要的、科学的制度设计和高素质的干部执行力，需要集体主义的社会主义文化根源和劳动者思想觉悟的提升。另一方面，研究报告得出，在习近平经济思想中关于壮大集体经济的重要论述的指导下，新时代绝不是走传统性、指令性集体化道路，而是以共同富裕为目标，走更高质量、更有效益、更加公平、更可持续且符合市场经济要求的农村新型集体化、集约化发展道路。为此，研究报告得出未来相关理论建构及对我国实践发展的启示，分别是（1）推进生产力水平、管理水平、多元化经营水平以及集体经济水平的高质量发展；（2）坚持农业农村改革的社会主义大方向和农村土地农民集体所有，提升劳动者的集体主义观念，坚持长远规划与聚焦阶段任务的并重；（3）在新发展格局中，壮大集体经济要与做强做优做大国有企业紧密联系起来，在此基础上统筹发展和安全，实现以城乡经济的国内大循环为主的发展；（4）有效衔接与畅通新型集体经济组织与公有制为主体的多种所有制形式之间的生产及流通的各环节，不断探索农村土地集体所有制的多元实现形式，使集体经济适应市场经济和规模经济的发展；（5）不断提高党对经济工作的领导水平，实现国家治理体系和治理能力的现代化，最终实现共同富裕。

综上所述，围绕集体经济的研究，亟须拓展现有的研究视野和空间，分别是（1）注重坚持在唯物史观视角下运用“三联系”与“三观结合”的综合研究方法；（2）注重对合作化和集体化的经济思想史进行相同性与差异性的辩证研究；（3）注重合作化和集体化之间以及其与农业资本主义、工业化、现代化、商品生产等经济关系的辨析；（4）注重把集体经济作为一种体现社会主义所有制关系的重要经济形式以及社会主义积累方式来认识；（5）注重对每一阶段发展合作化和集体化理论的国际国内形势分析；（6）注重对社会主义经济建设的相关理论价值和实践经验的总结。

集体经济作为社会主义公有制经济不可或缺的组成部分，在经济思想史层面对其进行理论研究、经验总结、观点辨析的重要性越发为学者所重视。但是，集体经济理论受国内外经济形势、工业与农业、城市与乡村发展对比等复杂关系的制约，特别是由于各方面差异巨大的县域和村域经济发展状况的不同，这一研究呈现复杂性与多元化相结合的特征。亟须再结合新时代的实践不断地深入展开，并在接下来的研究中进一步完善现有研究在前沿问题、实践经验等方面的不足。随着新时代、新征程乡村振兴及新型集体经济的伟大实践，围绕集体经济的理论研究必将在理论界掀起新一轮的高潮与争鸣。在乡村振兴的广阔天地，真诚地希望与长期致力于集体经济研究的前辈与同仁一道，共同推进集体经济的理论研究以及在实践中的应用。

目　录

第一章
集体经济理论研究概述

第一节　集体经济理论的社会主义发展史视野

目前，国内外已有的研究从空想社会主义到科学社会主义、从国内外合作化与集体化实践到我国新型集体经济实践都取得过多方面的研究成果。现有关于合作化、集体化理论的研究可以说贯穿了世界社会主义500年的波澜壮阔、跌宕起伏的发展全过程，可以按照发展阶段划分为五大历史研究视角。

一、从空想社会主义到科学社会主义

学界普遍认为，人类对合作化的理论探索要早于集体化，而合作化的经济形式即合作经济的概念最早出现在空想社会主义代表人物欧文的《新世界道德书》中，完整阐述于马克思恩格斯，在列宁时期得到了空前发展。欧文等空想社会主义者主张的消灭私有制的思想基础又可以始自托马斯·莫尔的《乌托邦》。王力（2016）就此指出，托马斯·莫尔主张通过消灭私有制、消灭人剥削人的现象，进而实现人人平等的思想直接或通过后世的空想社会主义者的著作影响了马克思和恩格斯的理论创作。在《乌托邦》问世500周年之际，克劳斯·博尔格汉（2016）又指明，人们描述过各种乌托邦，设想过各种理想的国家方案，而且乌托邦不会终结，希望不会泯灭。此后，欧文等空想社会主义的思想又进一步成为马克思的直接理论来源之一，正如马克思恩格斯所说，欧文猜到了文明世界的根本缺陷的存在，“对现代社会的现实基

础进行了深刻的批判”。[1]鉴于在实践基础上创立空想社会主义的欧文为合作化提供了整体性思维。蒋玉珉（1999）认为，空想社会主义思想在历史上曾经是进步，但是到了19世纪40年代，由于无产阶级已经形成一支独立的政治力量，迫切需要科学的革命理论作指导来进行推翻资本主义的革命斗争，要使社会主义合作社思想成为指导无产阶级的理论，就必须使其从空想变为科学，创造出崭新的马克思合作思想。

马克思在深刻分析空想社会主义合作社思想的局限性和消极作用、对蒲鲁东小资产阶级改良主义合作思想的批判、对拉萨尔机会主义合作思想的批判的基础上，对土地国有化的社会必然性、合作社的基础和根源、合作制与共产主义制度统一条件进行了分析，并对工人合作社运动的二重性和农民合作社道路进行了论述。马克思在《论土地国有化》中批驳了土地私有化的主张，阐述了土地国有化是社会发展的必然要求，而且“工人阶级的未来取决于这个问题的解决”[2]。恩格斯在《法德农民问题》中提出，从小农经济过渡到合作制经济的方法论和基本原则，即“对于小农的任务，首先是把他们的私人生产和私人占有变为合作社的生产和占有，但不是用强制的办法，而是通过示范和为此提供社会帮助”[3]，这些论述得到了蒋玉珉、周新城、朱有志等许多马克思主义学者的高度重视。如，蒋玉珉（1999）认为，恩格斯的《法德农民问题》批判了第二国际的观点，全面阐述了马克思主义对农民的根本立场和政策，系统阐明了通过合作制引导农民走社会主义道路的理论，这是对马克思主义合作思想、农业社会主义改造理论和工农联盟理论的贡献，成为无产阶级合作社运动发展的理论基础。

其中的关键在于，马克思恩格斯都十分重视论证与生产力发展相适应的生产资料所有制的问题，认为生产资料所有制是生产关系体系乃至整个社会关系的基础。蒋玉珉（1999）强调，马克思恩格斯都把生产资料的“国家所有、合作社经营”作为社会主义国家合作社所有制的重要模式。可以说，从经济基础出发，一个社会的性质就是由占主体地位的生产资料所有制的性质决定的。学界对于马克思恩格斯的合作化思想的研究也多是围绕研究生产资

[1] 《马克思恩格斯文集》（第1卷），人民出版社2009年版，第290页。

[2] 《马克思恩格斯文集》（第3卷），人民出版社2009年版，第230页。

[3] 《马克思恩格斯选集》（第4卷），人民出版社2012年版，第370页。

料公有制条件下的工农业生产、合作社的原则和运行机制、价值规律的应用、商品经济的适用性等当代理论问题展开的。如，周新城（2017）认为，在市场经济问题上，应该把所有制放到首位，因为市场经济只是发展生产的方法和调节经济的手段，其关键还是在于谁来用这种方法和手段，以什么目的来运用这种方法和手段，这就是所有制问题。他还进一步指出，应该研究社会主义市场经济是怎样在公有制基础上运转的，它怎样为巩固和发展公有制经济服务。这也启发我们在农业领域应高度重视研究市场经济如何更好地服务于集体经济的问题。薛汉伟（2002）就从马克思恩格斯的国有制理论与现实问题的视角出发，论述了土地国有化、农业集体化、全面国有化等问题。

此外，围绕土地所有制相关的地租问题以及其时代价值和规范发展的问题，也得到了新世纪以来国内外马克思主义经济学者的高度关注。如，本·法因（2019）认为，马克思通过资本有机构成的考察来研究地租问题，具有十分重要的方法论意义。马克思主义的地租理论还可以有效地考察当代附着于土地、金融等要素的积累形式。庄三红（2020）通过梳理马克思主义地租理论中的社会权益思想，根据社会主义制度下土地所有权的归属，土地收益也应当集中于国家或者集体经济组织手中，由他们进行分配，并将土地收益更好地用于解决“三农”问题。金栋昌、李天姿（2021）认为，由于土地收归国家和集体所有的地租分配方式可以通过社会分配与再分配关系充分体现出土地财富的共享与公有的关系，有助于实现共同富裕的目标。

二、苏联从合作化到全盘集体化

现有国内外研究对列宁的合作社思想以及合作社所有制都进行了充分的研究，并对其合理性给予了充分的肯定。在《苏联农业经济学词典》中，多尔戈舍伊指出，列宁所实行的合作社所有制是社会主义条件下生产资料公有制的形式之一，是在合作社成员自愿将其全部或部分生产资料公有化和股金化的基础上，依靠由生产活动决定的内部积累，实现自身的发展。陈爱玉（2009）强调，苏联对个体农业的社会主义改造，在战时共产主义政策时期就开始了，但列宁在新经济政策时期把改造小农经济调整为通过国家资本主义的“中间环节”——合作社，来引导个体农民逐渐向社会主义过渡。从这个角度来讲，苏联的农业集体化道路是在斯大林时期开始的，是随着苏联工业化和第一个五年计划的提出与实施而展开的，即从 1928 年开始，1929 年全面大规模展开，1934 年基本完成，到 1937 年全面实现。从中也可以看出，现有研究对苏联从合作化到全盘集体化的实践，多是分别对列宁的合作社思想和斯大林的全盘集体化实践所进行的研究，甚至常常会把前后的理论割裂开来。而实际上，苏联的农业集体化道路的理论来源和实践根源都可上溯到列宁时期对农业的资本主义倾向的批判和对农业合作化理论的建构上。对此，孙来斌（2020）强调，列宁的经济思想也有一个发展和变化的过程，大体经历了从考察资本主义道路到赞成社会主义道路的转变，在这个思想转变的过程中，他结合俄国发展实际，继承、突破和发展了马克思的非资本主义道路的设想。

也有研究对列宁和斯大林两个时期的农业政策进行了很有借鉴意义的对比研究，但是其中不少研究把前后两个时期对立起来，认为后者是集体化问题的全部根源。值得注意的是，陈爱玉（2009）曾对中苏两国农业集体化道路的异同及其经验教训进行了较为全面的对比研究，分析了中苏两国农业集体化道路的发展概况；对中苏两国的农业集体化道路进行了差异分析，得出实现农业集体化的国际环境和国内条件不同、实现农业集体化的时间和形式不同、实行的阶级政策及消灭富农阶级的方法不同、处理农业集体化与机械化的关系不同；并进一步得出中苏两国农业集体化道路的相同之处，如实行农业集体化的原因和目的基本相同、实现农业集体化的模式基本相同、推进农业集体化的速度与处理党内分歧的方法基本相同。陈爱玉（2009）还认为，列宁关于通过产销合作社的形式引导小农走社会主义道路的开拓性探索，对国情相似的中国具有重要的指导意义，而斯大林改造小农经济的集体化道路则给中国农业社会主义改造提供了样板模式，甚至于中国长时间内无法从这一模式的束缚中摆脱出来。实际上，我国社会主义建设时期的农业发展是对于从列宁的合作社思想到斯大林的全盘集体化计划全过程的借鉴与考察。毋庸置疑，苏联的农业集体化运动是一项震惊世界的历史运动，是斯大林建设社会主义的关键部分，受人关注，但也是褒贬不一的焦点问题。

一方面，对苏联集体化理论持否定观点的研究。已有的对于苏联集体农庄等 20 世纪集体化的实践研究中，更多关注的是集体农庄等对社会经济所带来的震荡以及对农业生产力的破坏，而没有正视集体农庄代替自治村社的历史深层原因，也没有从人的全面发展、生产力和生产关系的辩证统一关系的视角去深入研究集体农庄的经验和教训。赵旭黎（2017）认为，俄国农村的村社自治状态和农民治理模式直到 20 世纪 20 年代末在苏联农村的社会政治经济生活中都发挥了主导作用，村社精神也已经融入俄罗斯民族的精神之中，而苏联的全盘集体化是对村社自治的一种破坏。徐天新（2013）虽然认同改造私有农民和个体农业是斯大林社会主义建设模式的创建和形成时期建设计划中最关键的部分，但也同样认为斯大林对农民问题并不熟悉，并且全面否定农民在社会主义建设中的积极作用，特别是与列宁晚年的思想相比，斯大林消灭小私有农民等计划有重大的原则区别，后者创建了暴力剥夺农民的理论，并进行了第一次实践。

另一方面，辩证地看待苏联集体化理论。沈宗武（2010）认为，从苏联工业化薄弱、阶级斗争激烈等历史条件看，苏联为了实现一种“后发先进”的赶超型现代化模式，即公有制的计划指令与有限市场相结合的模式，走上集体农庄的道路具有一定的历史必然性。苏联史学界在20世纪30年代到40年代所出版的众多相关著作，如《联共（布）党史简明教程》等普遍认为，农业集体化在国内发展了机械化的农业生产、消灭了农村中的贫困现象，甚至评价其与“十月革命”具有同等的意义。杨妮（2014）也指出，斯大林农业机械化道路探索的研究对于我国的社会主义农业现代化的实现从正反两个方面都有重要的借鉴意义，如树立创新农业体制和农业经营机制的观念，发挥农民的主体作用，调动农民的生产积极性，开创以综合的科学技术运用为支撑的新型现代社会主义农业发展道路。

三、集体经济在世界不同历史文化地域的实践

在当代俄罗斯、印度等众多资本主义国家，土地私有化、大户农场等并没有很好地解决农业现代化问题，也没有解决农民相对贫穷的问题。20世纪，除苏联集体农庄的集体化实践之外，英国罗虚戴尔公平先锋社、以色列基布兹、西班牙蒙德拉贡、日本山岸会等集体化形式也都与本民族的历史文化相结合进行了带有社会主义元素的集体化尝试。虽然上述各国的集体化尝试在当今世界受到新自由主义等国际环境的冲击，但是积极谋求自身改革的自主探索仍具有启发性意义。

比如，李勇、王新耀（2018）认为，以色列基布兹的土地公有制集体农庄成为世界公认的实现农业高度现代化和共同富裕的典范。截至2018年年底，以色列基布兹有270个，人口达到14.3万，在以色列扮演着举足轻重的角色。2008年全球金融危机对这种属于实体经济范畴的基布兹公有制经济的

影响微乎其微，不仅没有使基布兹公有制经济的发展放缓，反而加重了其在以色列经济中的分量。王彦敏、宋晨阳（2009）就认为，基布兹的集体主义、平等互助和社会大同思想有着深厚的犹太历史文化传统的渊源。实际上，任何一种集体化模式的建立都离不开其历史文化传统的根源，更离不开社会发展、国家建设的现实需要。

再如，解安、朱慧勇（2016）认为，西班牙蒙德拉贡合作社已经发展成集工业、商业、金融、教育、服务等为一体的欧洲范围内最大的综合型合作社集团。蒙德拉贡合作社的基本原则是尊重劳动的最高权力，通过联合劳动摆脱资本的剥削从而摆脱贫困。蒙德拉贡合作社根据“一人一票”的原则，建立全体社员大会及下属管理委员会、审计委员会和社会委员会等服务于集体经济的制度。合作社在股份合作制基础上进行创新实践，实践的核心是在兼顾效率与公平的原则下使个人资产集体化运用，其主要体现在个人资产账户的设立上。合作社的全体社员都必须缴纳相当于一个年轻社员一年收入的会费用于存入个人资产账户，而个人账户的联合会形成集体资产共同应用于产业投资与经营。

此外，村冈到（2013）指出，日本山岸会是依据《农业协同组合法》（1947）所成立的非营利性的农事组合法人，由 17 个法人组合而成。山岸会实践循环农业和有机农业，在日本农业经济整体衰退的情况下，山岸会反而取得了卓有成效的成绩，这一切都要归功于其集体所有的经济形式。山岸会的核心理念是 1960 年由山岸会创始人山岸巳代藏所提出的“打造不需要金钱的和谐、幸福农村”。山岸会坚持“现代农业经济的发展依靠土地私有无法实现”的基本观点，在 1978 年集体发表的《山岸主义给日本农业的建议》中就明确强调土地集中、集约使用比土地私有更符合现代农业的发展特点。村冈到（2013）认为，山岸主义宣称找到了突破苏联式集体农庄型集体经济弊病的钥匙即坚持自愿原则，长期致力于通过建设集体所有的社会来发展集体经济。发展集体经济既是山岸会的长远目标，又是其所希望实现的理想，以此改变私有经济占主体地位的社会现状。

四、新中国社会主义建设时期集体经济理论与实践研究视角

目前，学界对毛泽东经济思想的研究不够充分，特别是对其中蕴含的丰富的合作化、集体化思想的研究更是缺乏全面、系统地考察。例如，蒋玉珉

（1999）认为，毛泽东的合作经济论著并不多，而且毛泽东合作制思想涉及面也不宽。但是，结合学界对新中国社会主义建设时期经济理论与实践的现有研究，仍可以得出以下四个有启发性的研究视角。

首先，针对在讨论毛泽东思想时，认为毛泽东不懂得经济学、没有经济思想的误论，周新城（2013）等许多马克思主义经济学者都指明，毛泽东十分重视对社会主义政治经济学的理论研究，并运用马克思主义基本原理，结合苏联 42 年、新中国 10 年社会主义革命和建设的实践，严肃地批判了赫鲁晓夫的修正主义观点，提出了许多重要的问题，发表了一系列超越前人、启迪后人的卓越见解。周新城（2017）进一步强调，毛泽东告诉我们政治经济学还是要研究生产关系的，不是像有的人说的那样是研究生产力问题的，甚至把中国特色社会主义政治经济学说成中国的发展经济学，这就把研究对象搞错了。

其次，重新认识社会主义初级阶段和社会主义“三大改造”之间的关系。在学界，对于我国集体化全盘否定的认识并不是一个单纯的否定集体化理论与实践成败的问题，而是一个涉及社会主义初级阶段的路线方针政策与过渡时期总路线是否冲突的问题，是不是退回到新民主主义阶段去“补课”的问题，还是在继承“三大改造”已取得的成果基础上，纠正超越阶段的错误，来实现社会主义制度的自我调整、改革和完善的问题。这是一个关系改革开放前后理论与实践的重大理论问题。李捷（1999）指明过渡时期总路线提出的历史必然性，并认为总路线是国家工业化的迫切需要，是人民政府同私人资本限制与反限制斗争的结果，也是对新民主主义理论过渡性的进一步阐发。李捷（1999）进一步指出，新民主主义时期的过渡性表现得如此之强超出了想象，这种过渡性主要由中国的具体国情所决定。具体来说，由于中国民族资产阶级的先天不足、畸形发展，决定了其具有很强的经济依附性，但是仍没有想到会遇到民族资产阶级如此顽强的反抗，无产阶级和资产阶级限制和反限制的斗争会如此激烈；土地改革后的个体农民，就其经济主体而言仍然是一种很难独立发展的附着性个体经济，虽然土地改革使农民从封建制度中解放出来，实现了“耕者有其田”并第一次具有了独立的经济身份，但是个体农民在生产资料与生产手段等方面与法国自耕农有质的不同，其自然分化的两极性很强，需要在国家的扶植下重新组合，由此，广大农民对于走合作化之路的要求十分迫切，积极性也很高。

再次，对于新中国成立以来农业集体化理论与实践学界中有很多研究，在深入总结集体化实践教训的同时，部分研究仍缺乏对集体化的经济思想、经验教训进行较为客观的评价。这种客观评价对于贯彻习近平总书记关于新中国成立70周年以来的“两个三十年”之间不能相互否定的讲话精神至关重要。例如，滕文生（2004）认为，毛泽东领导党和人民所进行的社会主义艰辛探索，尽管发生过严重的曲折和失误，但是对“关于以农业为基础、以工业为主导来组织国民经济建设的思想”“关于搞上层建筑、搞生产关系的目的，就是为了解放和提高生产力的思想”等经济思想十分宝贵。徐俊忠（2018）进一步把毛泽东的农业思想归结为农治思想，并指出其具有一系列鲜明的特点，即始终坚持在民族和国家战略目标下思考农治问题，坚持把“组织起来”作为实施农治的根本基础，坚持把“农工并举”作为发展生产和实现农村现代化的基本思路，坚持农民主体论，坚持以农民的解放与幸福作为农治的根本价值。他认为，毛泽东的组织化思想为新时代乡村振兴战略背景下“三农”问题的解决提供了重要的理论资源，而新时代中国农村经济的集约化发展必然要建立在组织化和市场化的有机结合基础上，因为中国与西方国家的农民在人均拥有的生产要素方面明显不同，而且社会主义和自由主义在本质上的要求也不同。

最后，集体化理论在实践中为公有土地的开拓、水库水利设施的建设等提供了土地集体所有制的经济制度基础，进而为新中国创造了经济社会发展的第一个奇迹。于鸿君（2021）认为，新中国持续进行了一系列可以载入中华民族史册的大规模工程建设，如水利建设从根本上解决了中华民族用水与治水的问题；土地开垦、农村居民自发互助建设的大规模住宅、集体自制自产的大量农业用品和农产品等都极大地拓展了中华民族生存生活生产的空间；人口增长、国民扫盲与教育普及极大地提升了中华民族的人口规模和素质；公共医疗设施建设使中华民族生老病死的医疗救助得到了前所未有的改善等。

五、从“两次飞跃”论、“统分结合”到新时代壮大新型集体经济的理论与实践

陈爱玉（2009）指出，研究邓小平同志农业“两次飞跃”论思想，就必然要研究苏联农业集体化道路和我国农业社会主义改造的历史及其经验教训。

可以看出，学界业已认识到，我国实行家庭联产承包经营为基础、统分结合的双层经营体制的科学实践与汲取中苏两国的农业合作化、集体化实践的经验与教训密不可分。邓小平同志在总结苏联的社会主义实践经验时强调，“可能列宁的思路比较好，搞了个新经济政策”。[1]朱有志（2013）认为，邓小平同志在对于农民探索多种形式的农村集体经济实现形式的问题上，特别强调要尊重生产力、尊重农民的意愿，强调把党的政策同群众的意愿结合起来。

改革开放以后，家庭联产承包责任制和以乡镇企业为核心的农村经济体制改革，为股份合作制的出现提供了重大政策支撑。张杨（2018）认为，股份合作制在我国的发展在一定程度上解决了土地家庭承包所造成的土地细碎化、生产效率低、大面积抛荒等问题，促进了农村土地规模经营的发展。张笑寒（2010）认为，1993 年 1 月广东省南海市（现为南海区）正式成立了国内第一家股份合作公司，这种变革从原有的家庭分散经营发展为土地规模经营，使广大农户可以共同分享土地所带来的经济效益。2014 年以来，贵州省六盘水市进行的“资源变股权，资金变股金，农民变股民”的“三变”股份合作改革模式得到了较大范围内的推广，体现了资产量化分红的合作经济特质。中央党校农村改革调查课题组（2016）认为，“三变”股份合作改革模式中，“资源变资产”是指村集体将土地、林地等自然资源通过土地经营权入股的方式盘活，让绿水青山变金山银山；资金变股金是指在不改变资金使用性质及用途的前提下，将各级财政投入农村的资金量化为农民持有的股金，将其投入各类经营主体；农民变股东，农民自愿将个人的资源、资产、资金、技术等入股经营主体，按“保底分红+按股分红”的方式进行分配。

可见，我国进入新时代以来，以发展新型集体经济为契机的集体化理论与实践进入了新的更高层次的探索。程恩富、张杨（2019）认为，新时代壮大集体经济应继续沿着恩格斯“逐渐转变”的方法论、列宁和毛泽东的合作化思想、邓小平的“第二次飞跃”论和习近平关于壮大集体经济的论述等总基调展开，走以共享共富共福为目标、以合作化为先导、以集体化为方向的新型农业现代化集约道路。新时代中国特色社会主义集中力量办大事的制度优势与社会主义市场经济可以实现有机结合，并且可以通过根植中国大地的高新技术型合作企业的发展，推动公平公正的世界新格局与新秩序的形成。

---

〔1〕《邓小平文选》（第 3 卷），人民出版社 1993 年版，第 139 页。

江宇（2020）指出，新时代仍需要发挥社会主义集中力量办大事的制度优势，在新中国成立初期优先发展基础工业的逻辑基础上，集中全社会的资源，进行基础性、战略性领域的投资，为长远的经济增长和社会全面进步奠定新的基础。在农业领域的集体化实践中，于涛（2019）认为，当前农村存在几大突出问题，如何充分释放合作社的优势、端正发展方向，是我国"三农"发展所面临的一个严峻问题。夏柱智（2020）指出，实证研究表明典型发达地区农村普遍经历了地权"再集体化"变革的过程。不同地方由于条件不同，村社集体统合农地的主体也不同。北京农村表现为村级公司统合，珠三角农村表现为合作社统合，苏南农村表现为政府统合，由此形成了不同的地权关系和地权统合机制。刘奇（2017）提出"乡村振兴需要第三次动能转换"，即改革开放以来我国农村已经历"分"的"裂变""流"的"流变"两次动能转换之后，更需要使各种生产要素、各方力量集合发力促进"合"所带来的"聚变"。

在具体的集体化实证研究中，刘成友、王沛（2018）认为，山东代村实行集体所有制、集体股份制、股份合作制等多种股份经营方式重走集体经济道路，使家园变成了乐园，其中，村集体所占股份不低于一半；即使在混合所有制中，村集体也占了大部分股份。高云才、朱思雄、王浩（2018）认为，甚至连率先实行"大包干"的小岗村也从2016年开始作为农村集体资产股份权能改革的试点，通过逐步厘清村集体资产、创设集体经济运营平台、构建集体经济和村民利益联结机制，探索出新时代走新型合作经济的路子。

此外，为了坚持社会主义农村土地集体所有的大方向，许多马克思主义经济学者对土地私有化理论及可能存在的土地私有化风险进行了批判。例如，程恩富、张杨（2020）以习近平总书记坚持"统分结合"发展集体经济与合作经济的重要讲话为指导，客观评析了主张土地私有化或变相私有化的四个错误观点：（1）评析"农村土地集体所有制产权不清"的观点，认为法律对土地集体所有权作出了非常清晰的界定；（2）评析"土地私有制是农村土地改革方向"的观点，认为这种主张的实质是通过永久性地固化原有的家庭土地承包关系来搞农村土地私有化；（3）评析"农村土地私有化会使农民更为富裕"的观点，认为私有土地的自由买卖并不能使农民实现权利与结果的公平，绝大多数农民也不可能通过农村土地私有化实现全面小康和共富共享；（4）评析"'一田两主'制度是农村土地改革有效途径"的观点，认为这一论断是通过实际架空农村土地的集体所有权来变相主张农村土地私有化。简新华（2013）认为，西方资本主义家庭农场的私有化体制机制并不适合中国的国情，因为如果把18亿亩耕地通过私有化、市场化集中到种田大户手中，那么只需要200多万农业劳动力就可以了，剩余的2.5亿农村劳动力将成为无地农民。温铁军（2015）强调，中国绝不能实行农村土地私有化，如果按照西方学界主流思想即“土地私有化+流转市场化”来进行农业规模经营改革，不仅农业可能受利益集团的控制，而且这种改革本身就缺乏实践的逻辑与依据。因为印度等国家按照西方理论逻辑实行所谓的“土地私有化+流转市场化”的结果，都是贫富两极分化。

第二节　集体经济研究的拓展空间

纵观上述对世界社会主义500年视域的集体化理论与实践进行研究的现有成果，其中起到决定性影响并产生巨大分歧或研究不足的还是集体化理论（含有起过渡性作用的合作化理论）在中苏的发展与探索。由此，亟须通过重新系统研究列宁、斯大林和毛泽东（包含以毛泽东为核心的党的第一代中央领导集体）等马克思主义经典作家的相关著作及论述，厘清中苏马克思主义经典作家对合作化、集体化与重大经济问题或经济规律之间的关系辨析，并结合当代资本主义批判和社会主义实践，以此综合、全面、辩证地研究合作化、集体化的理论与实践。

当代合作化与集体化的研究已经不能仅局限在“三农”领域，而应积极探索广义集体化、新型集体经济的概念、内涵与实现路径，把农业、工业、第三产业以及高新技术产业等都纳入集体经济研究的范畴中，并且探索出其与人的全面发展、生产关系的协调、生产力的提升之间的“三位一体”路径。经过研究可以把集体化的核心要义理解为多数人的、多数派的且相互组织协调的一种经济实践形式，在经济、政治、社会、文化等领域都可以得以应用。从上述对集体化的广义理解与探索，结合现有研究的不足，本研究旨在从以下六个方面实现拓展与创新。

一、注重坚持在唯物史观视角下“三联系”与“三观结合”的综合研究方法

已有研究对列宁、斯大林和毛泽东关于合作化、集体化的丰富的经济思想的关注不够，其中明显的不足在于：要么只从生产关系的层面论证集体所有制与生产力发展水平的适用性或超前性或阻碍性；要么是忽视经典作家对生产力发展与集体化进程中辩证关系的高度关注；要么是没有认识到党的执政能力和国家的治理水平对集体化的执行与贯彻层面所起到的至关重要的作用；要么是忽略了在集体经济关系内部对不同劳动者的阶层地位与力量以及劳动者个人全面发展的可能性的考察。上述研究仍需从解放、发展和保护生产力的“三位一体”的综合辩证视角出发，来研究20世纪马克思主义经典作家的经济思想。如果从生产力和生产关系的综合层面来考察社会主义现代化，就可以更为清晰地得出社会主义现代化不仅包含生产力的现代化，也同样包含与生产力水平相适应的生产关系的调整与完善。毛泽东在《关于正确处理人民内部矛盾的问题》中就曾指明：“在社会主义社会中，基本的矛盾仍然是生产关系和生产力之间的矛盾，上层建筑和经济基础之间的矛盾。”[1] 通过对马克思主义经典作家关于合作化、集体化经济思想的系统研究，得出了相关理论研究的“三联系”与“三观结合”的唯物史观的综合研究方法，并在本研究中得以应用。

（一）联系全民所有制、生产力和研究集体经济理论

集体化属于生产关系的范畴即政治经济学的主要研究对象。由此，厘清集体经济的问题与研究生产关系的方法论要求是基本一致的，即“要研究清楚生产关系，就必须一方面联系研究生产力，另一方面联系研究上层建筑对生产关系的积极作用和消极作用”[2]。在判断社会主义社会所处的具体革命和发展阶段时，“生产关系比生产力更具有直接的意义”。[3]毛泽东认为：“先要改变生产关系，然后再有可能大大地发展社会生产力，这是普遍规律。”[4]他批

---

[1] 《毛泽东文集》（第7卷），人民出版社1999年版，第214页。

[2] 《毛泽东年谱1949—1976》（第4卷），中央文献出版社2013年版，第282页。

[3] 程恩富：“社会主义发展三阶段新论”，载《江西社会科学》1992年第3期。

[4] 《毛泽东年谱1949—1976》（第4卷），中央文献出版社2013年版，第299页。

判了苏联政治经济学教科书中关于“要有拖拉机，才能合作化”的说法[1]，认为只有生产关系的改变、所有制方面的胜利才能够更好地促进与其相适应的生产力的大发展。也就是说，从发展生产力的视角出发，“生产关系的革命，是生产力的一定发展所引起的”；从解放生产力的视角出发，“生产力的大发展，总是在生产关系改变以后”；从保护生产力的视角出发，“先把上层建筑改变了，生产关系搞好了，上了轨道了，才为生产力的大发展开辟道路”[2]。

第一，联系全民所有制发展集体经济理论。列宁、斯大林和毛泽东都高度重视集体化与生产力之间的相互作用。集体化也可以成为集体力，这种由生产关系调整所形成的集体力又具有新的生产力的性质。例如，毛泽东组织化思想的核心也是强调生产力的重要性，并指明“如果我们不能发展生产力，老百姓就不一定拥护我们”[3]。马克思主义认为物质基础是实现人的全面发展的基础条件。从社会主义的长远发展来看，还是要通过所有制的完善来消除工农差别和城乡差别，不能一边是全民所有的先进和统一，一边又是集体所有的落后和分散，更要警惕架空土地集体所有制的行为。从另一方面来说，集体经济的壮大也离不开社会主义公有制主体地位的夯实以及全民所有制经济特别是起主导作用的国有经济的做强做优做大。毛泽东认为，生产资料从私有制向公有制的演进，需要经过一个不断变革的过程。他的构想可以分为两条主线：一条是把官僚资本主义私有制和民族资本主义私有制变为生产资料公有制，另一条是把地主土地所有制变为个体农民或个体手工业私有制，再变为社会主义集体所有制。

第二，联系生产力完善集体经济理论。社会主义革命与建设就是要解放和发展生产力，两者不能偏废其一。遵循社会主义经济的发展规律和客观世界的规律就是要做到生产力和生产关系的统一。当然，如果在社会主义建设中仅是生产力提升的一个方面，而不注重对生产关系的相应改造，那么就必然造成生产、交换、分配和消费之间的相互脱节，最终必然会阻碍现代化的进程。

---

[1]《毛泽东年谱 1949—1976》（第 4 卷），中央文献出版社 2013 年版，第 299 页。

[2]《毛泽东年谱 1949—1976》（第 4 卷），中央文献出版社 2013 年版，第 270 页。

[3]《毛泽东文集》（第 3 卷），人民出版社 1996 年版，第 147 页。

第三，联系上层建筑夯实集体经济理论。与社会生产力水平相适应的集体化水平的夯实，离不开党的领导以及国家治理体系和治理能力的现代化。无论是发展生产力还是解放生产力都需要上层建筑来积极地引导与保护生产力的发展。人的自由全面发展更是离不开符合集体利益的经济制度、政治制度、文化制度等作为基本保障，而人的全面发展又可以反过来促进经济建设、政治建设、文化建设等全面发展。与西方所谓的现代化相比，社会主义制度的优势之一就在于，在党的集中统一领导下能够实现集中力量办大事，并不断促进这一制度优势与社会主义市场经济相结合，并且在经济领域形成公平与效率的同向共促发展之势。

综上所述，农业现代化的实现既离不开生产力的机械化、信息化、自动化，也离不开统分结合双层经营所有制结构的进一步完善，同时还离不开党对农村工作的正确领导以及政府对乡村振兴战略具体政策的科学实施。

（二）通过“微观、中观、宏观”相结合的视角对集体经济理论与实践进行探究

通过“微观、中观、宏观”“三观结合”的视角对马克思主义俄国化和中国化的集体经济理论与实践进行探究，打破之前学界对于“集体化”的一些思维定式与理论偏见，从历史唯物主义和辩证唯物主义的视角出发，更加客观、审慎地对马克思主义经典作家的集体化经济思想进行研究。具体来说，在唯物史观视域下考察集体经济与人的全面发展以及集体化与生产关系发展、集体经济与生产力发展之间的三者关系：在微观层面上，关注每一劳动阶层的全面发展，其中包含人的德智体美劳的全面发展等；在中观层面上，关注劳动者阶层（生产关系层面）的全面发展，避免资产者和无产者进一步向两极分化；在宏观层面上，关注国家生产力的全面发展，促进造福于全体人类的真正生产力的全面提升、各个国家内部组织化的全面发展，并推进人类命运共同体的实现。

此外，当代集体经济的研究已经不能仅局限在“三农”领域，而是应在积极探索广义集体经济的概念、内涵与实现路径的同时，把农业、工业、第三产业以及高新技术产业等都纳入集体经济研究中，探索集体经济与人的全面发展、生产关系的协调、生产力的提升之间“三位一体”的案例与路径。

综上所述，本研究采用目标导向的思维方式，是一种集体经济与人的全

面发展的微观思维、集体经济与生产关系发展的中观思维、集体经济与生产力发展的宏观思维相结合的研究。这个总体思路将集体经济的理论与实践同每个时代的生产力发展、生产关系调整、人的发展紧扣在一起，客观评价历史上集体化的推进或阻碍作用，反对历史虚无主义；同时，从国内外的集体经济理论和实践研究中得出必要的历史经验与教训，进而为有力解决两极分化、经济停滞、环境恶化等一系列世界性问题提供思考。

二、注重在经济思想史视域下进行相同性与差异性的辩证研究

目前，对于集体经济研究的文献多是站在社会主义理论从空想到科学、社会主义实践从探索到丰富的各自阶段上的研究，缺乏用统一的技术路线去系统性地研究集体化在理论与实践层面的经验、教训以及对未来发展的启示等内容。

现有关于集体经济理论研究的分歧多是归结为没有使用或没有机会使用第一手档案资料进行实事求是的研究。实际上，对于集体化的理论研究不仅需要社会学研究，更需要田野调研，需要一手资料的数据分析，与此同时，集体经济作为一个经济学的理论，需要从马克思主义政治经济学的视角出发，把马克思主义理论与不同民族和国家的具体实际相结合。其中，最为需要重点研究的是马克思主义俄国化和马克思主义中国化关于集体化理论的经济思想史构建过程，即对列宁、斯大林和毛泽东等经典作家的原著进行系统考察，以此来探索与丰富马克思主义关于合作经济、集体经济的思想。因此，亟待进一步按照唯物史观的观点对其理论脉络与贡献进行研究，对集体经济相关理论的相同性与启发性进行系统性分析。

三、注重合作化、集体化之间以及与农业资本主义批判、工业化、现代化、商品生产等经济关系的辨析

第一，列宁对俄国农业资本主义倾向的批判是合作化思想的起点。现有研究对苏联从合作化到全盘集体化的实践，多是分别对列宁的合作社思想和斯大林的集体化实践进行研究，甚至常常把前后的理论割裂开来。但实际上，苏联的农业集体化道路的理论来源和实践根源都可上溯到列宁时期对农业资本主义倾向的批判和对农业合作化理论的建构，而现有对列宁合作社思想的

研究常常忽略列宁对俄国农业资本主义倾向的批判，即对机器大工业排挤小农经济造成两极分化倾向的批判。经过研究，可以得出列宁对俄国农业资本主义倾向的批判是列宁合作化思想的起点，也为此后马克思主义经典作家对集体化理论的研究提供了资本主义批判的范式。

第二，重视合作化的过渡性作用，并区分合作化和集体化的概念分野。在《苏联农业经济学词典》中，多尔戈舍伊认为，列宁的合作社计划是指“对农村进行社会主义改造的计划，其途径是通过逐步地自愿联合，将个体小农户联合成大型集体经济。大型集体经济能广泛利用科学—技术进步的成就，并为生产和劳动的社会化开辟道路”〔1〕。可见，列宁的合作社思想本身也包含将个体小农户联合成大型集体经济的思想，只不过在新经济政策中更为强调合作经济的过渡性作用。当然，新经济政策本身只是由资本主义向社会主义过渡的阶段性政策。

此外，现有的学术研究一般并不区分合作经济和集体经济，进而也并不区分合作化和集体化，一般会对这两个概念进行泛化或是交叉，但在研究与实践中还是要客观分清两者的区别，才能够更好地壮大集体经济。实际上，集体化是集体所有制的范畴，是生产资料归部分劳动者集体所有的一种公有制形式，并在分配上实行多种形式的按劳分配，其经济形式表现为集体经济。集体化严格的经济本质规定性是“整体所有、自主决策、联合劳动、按劳分配”〔2〕。其中，“整体所有”就指明了集体所有制经济的集体资产应归集体所有，不能随意分割与变卖，其中的集体资产是发展集体经济和实现集体内所有成员共同富裕的重要物质基础。可以得出，集体化与合作化或股份合作化的一个重要的区分标准，就是生产资料或集体资产是否量化到个人的问题。具体来说，合作化或股份合作化资产量化给个人，而且量化后资产倍数差距不大，而集体化实现后生产资料或资产一般不会量化给个人。在发展集体化的经济实现形式的新时代实践中，对集体化和合作化的区分有利于保障集体资产的保值增值，警惕以集体资产量化的名义瓦解集体经济的行为，最终壮

---

〔1〕［俄］Г. А. 多尔戈舍伊：《苏联农业经济学词典》，李仁峰等译，农业出版社1990年版，第149页。

〔2〕程恩富、陆夏、徐惠平：“建设社会主义新农村要倡导集体经济和合作经济模式多样化”，载《经济纵横》2006年第12期。

大新型集体经济。[1]

第三，高度重视集体化与工业化之间的辩证关系。辩证认识工业化与集体化相互间的作用关系、比例关系、发展速度问题，进而明确现代化、工业化、集体化之间的关系以及厘清集体化的内涵与外延，其对于社会主义现代化建设都是不可回避的重要理论问题。在毛泽东看来，国家工业化和农业集体化是社会主义基本经济规律所决定的必然抉择，而且两者也是相辅相成的统一整体。把两者割裂开来或是对立起来的做法不利于社会主义生产关系的完善以及进一步适应生产社会化的要求。

第四，高度重视集体化与现代化之间的辩证关系。现代性并不仅是工业化的问题，更是一个农轻重全产业发展的问题。毛泽东认为，新中国成立之前现代性的工业经济已经占到了10%左右，而更为落后的是分散的、个体的农业经济和手工业经济。毛泽东指明："过去我们经常讲把我国建成一个工业国，其实也包括了农业的现代化。"[2]可见，在他看来，社会主义农业最终是要走以小农联合和先进农业技术设备发达为基础的农业现代化道路。基于农业现代化自身发展的需要，以及对工业现代化的实现所起到的直接作用关系，毛泽东对农业和手工业的发展提出了现代化和集体化并进的发展方向。毛泽东指出："占国民经济总产值百分之九十的分散的个体的农业经济和手工业经济，是可能和必须谨慎地、逐步地而又积极地引导它们向着现代化和集体化的方向发展的，任其自流的观点是错误的。"[3]其中，含有两个重要的方法论意义，既要积极引导其发展而不应任其自流，又要在推进农业现代化和集体化的过程中注重谨慎和逐步发展的原则。

第五，高度重视集体化与商品生产、流通之间的辩证关系。社会主义商品生产与资本主义商品生产中资本的逐利性和剥夺性有本质区别。社会主义商品生产的目的是发展生产力、丰富商品种类、繁荣贸易往来，并把其出发点和落脚点都放在更好地满足日益增长的人民群众的物质和精神需求上。只要农业商品生产和商品流通有其所依托的集体所有制性质和经济条件，完全可以使商品生产来为社会主义建设服务。

---

[1] 张杨："论农村集体经济和合作经济的不同特质"，载《海派经济学》2018年第4期。

[2]《毛泽东文集》（第7卷），人民出版社1999年版，第310页。

[3]《毛泽东选集》（第4卷），人民出版社1991年版，第1432页。

四、注重把集体经济作为一种体现社会主义所有制关系的重要经济形式及社会主义积累方式来认识

长期以来，学界常常把集体化仅作为一个政治概念，作为社会主义革命和建设的一个政治“符号”。在苏联建设时期就常常把集体农庄这种经济组织定性为与社会主义经济形式没有关联。这一断言的背后就是对集体经济的政治化理解与概念混淆。实际上，合作社、集体经济组织等合作化、集体化的实现形式作为一种经济类型，是社会主义集体所有制或全民所有制的重要经济形式之一。在经典作家看来，集体化需要在实际的生产和经济效率上体现出比单干或简单互助的优势。斯大林明确指出：“集体农庄作为一种经济类型，是社会主义的经济形式之一。这是丝毫不容怀疑的。”〔1〕当然，这一经济形式也要符合经济规律，如果在很短的时间内通过剥夺富农财产来实行全盘集体化，同样是缺乏对生产力和生产关系的综合体的正确研判。可以说，苏联集体化实践所产生的问题与全盘集体化后超越发展阶段的粗放型生产方式有密切关系。因此，应进一步把合作化和集体化作为一种体现社会主义所有制关系的重要经济形式来认识。在毛泽东看来，相较于抗美援朝和镇压反革命的政治和军事斗争，土地改革以及之后的互助合作探索不仅是坚持社会主义方向的政治运动，更是一场经济变革，为完全正义与必要的抗美援朝战争奠定了坚实的政治、经济和组织基础。

五、注重对每一阶段发展集体经济的国际国内形势进行分析

习近平总书记在2021年党史学习教育大会上强调：“要旗帜鲜明反对历史虚无主义，加强思想引导和理论辨析，澄清对党史上一些重大历史问题的模糊认识和片面理解，更好正本清源、固本培元。”〔2〕可以说，历史虚无主义的思潮一直是世界社会主义运动最大的敌人。“欲灭其国必先去其史，欲灭其党必先去其领袖。这是搞垮一个政党、一个国家最直接、最便捷、最有效的路径。二十世纪八九十年代，当斯大林形象被抹黑之后，历史虚无主义的恶浪又很快扑向列宁。”〔3〕

---

〔1〕《斯大林选集》(下卷)，人民出版社1979年版，第224页。

〔2〕习近平：“在党史学习教育动员大会上的讲话”，载《求是》2021年第7期。

〔3〕李慎明等：“历史虚无主义与苏联解体”，载《世界社会主义研究》2022年第1期。

实际上，斯大林在《论列宁主义基础》中指明，“列宁主义是帝国主义和无产阶级革命时代的马克思主义。确切地说，列宁主义是无产阶级革命的理论和策略，特别是无产阶级专政的理论和策略”[1]。由此可见，列宁的合作社理论已然成为列宁主义的重要组成部分，因为这一理论是无产阶级政权在农村的主要经济制度，其担负着组织成千上万的小生产者进行产供销一体化生产与再生产的重任，也是实现工业化的重要一环，还肩负着巩固无产阶级政权、抵御帝国主义封锁的任务。在列宁看来，合作社的发展就等于社会主义的发展。虽然与列宁晚年的合作化思想相比，斯大林的农业思想有着因发展阶段不同所产生的一些质的区别，但从总体上来说，斯大林虽然中止了新经济政策，但总体上还是继承了列宁的合作化过渡思想，并结合国内外形势的变化不断实践和发展了这一理论成果。1928 年前后，苏联的国际国内形势发生了极大变化：国内粮食严重缺乏，部分富农囤积了大量粮食却拒绝卖给国家；同时，1929 年世界资本主义经济危机的爆发给苏联带来了引进技术和机器、促进工业高速发展的难得机遇；再加上帝国主义列强包围与入侵的危险越发加剧。国内外形势的变化要求农业能够提供足够的粮食和原料，更加要求苏联必须尽快实现社会主义工业化和农业集体化，以加强经济力量和国防实力。集体化正是在这样的背景下，为了适应当时国内外的新形势变化，相较于新经济政策作出的进一步战略抉择。因此，应进一步结合国际国内形势分析，摒弃历史虚无主义思潮对理论研究的干扰。

六、注重对社会主义经济的理论价值和实践经验的总结

合作化和集体化在实践探索中出现了诸多失误和问题，也留下了深刻的教训，但这并不影响马克思主义经典作家对相关经济关系进行辨析的过程中所彰显出的理论价值和实践经验。以毛泽东经济思想为例，毛泽东思想是马克思列宁主义在中国的创造性运用与发展，是被实践证明了的关于中国革命和建设的正确的理论原则和经验总结，是马克思主义中国化的第一次历史性飞跃。习近平总书记指明，“新中国成立后，我们党组织农民重整山河、发展

[1] 《斯大林选集》（上卷），人民出版社 1979 年版，第 185 页。

生产，进行了艰辛探索”〔1〕，“以毛泽东为核心的党的第一代中央领导集体，为新时期开创中国特色社会主义提供了宝贵经验、理论准备、物质基础”〔2〕。这里所指的“重整山河、发展生产”为当代中国的一切发展进步奠定了物质基础、政治前提，积累了宝贵经验。在毛泽东看来，对农业集体化等发展规律的探索与实践，不仅要看到胜利，还要看到失败并发现问题，“在实践中必须采取马克思主义的态度来进行研究，而且必须经过胜利和失败的比较”〔3〕。比如，二十世纪五六十年代，在拥有几亿人口的中国大地上进行了一场前所未有的农业合作化、集体化的社会变革。对于这一实践以及由此所展开的改革开放前30年的农业探索，《关于建国以来党的若干历史问题的决议》已经对其中的成就和在探索中所出现的失误给予了正确而科学的评价。在生产力层面的成就中，全国灌溉面积扩大一倍多，粮食增长近一倍，棉花增长一倍多，机械、化肥和电力也都大幅增加，而且为独立的比较完整的工业体系和国民经济体系的建立提供了保障。在生产关系层面的成就中，走互助合作道路符合广大农民的要求，而且尽管人口增长过快，“依然依靠自己的力量基本上保证了人民吃饭穿衣的需要”〔4〕。在探索中的失误包括1955年夏季以后，农业合作化运动出现了“要求过急，工作过粗，改变过快，形式也过于简单划一”〔5〕等致使长期遗留的一些问题；而后，由于对社会主义建设经验的不足等原因，“以高指标、瞎指挥、浮夸风和‘共产风’为主要标志的‘左’倾错误严重地泛滥开来”。〔6〕但是，集体化在实践探索中的失误并不影响在集体经济问题上对几大辩证关系进行思考的理论价值。在建党百年的党史研究中也亟须加强对这一问题的理论辨析，加强思想引导和理论辨析，更好正本清源、固本培元。

〔1〕 习近平：“坚持把解决好‘三农’问题作为全党工作重中之重　举全党全社会之力推动乡村振兴”，载《求是》2022年第7期。

〔2〕《习近平谈治国理政》（第1卷），外文出版社2014年版，第8页。

〔3〕《毛泽东年谱1949—1976》（第4卷），中央文献出版社2013年版，第275页。

〔4〕《关于建国以来党的若干历史问题的决议注释本（修订）》，人民出版社1985年版，第12页。

〔5〕《关于建国以来党的若干历史问题的决议注释本（修订）》，人民出版社1985年版，第18页。

〔6〕《关于建国以来党的若干历史问题的决议注释本（修订）》，人民出版社1985年版，第23页。

第二章
列宁和斯大林对合作经济和集体经济理论的建构与实践

第一节　列宁对农业问题中的资本主义进行了批判

在西方学界，长期以马克思主义经典作家缺少系统地考察农业中的资本主义的著作，断言马克思的理论对农业并不适用。例如，布尔加柯夫就错误地认为，马克思著作中的一部分特别是农业中的资本主义部分可谓是被历史完全推翻了的错误观念。而实际上，马克思对于资本主义农业的考察，深刻地揭示出农民无产阶级化的发展趋势，并成为列宁、考茨基等考察农业问题的理论基石。例如，资本有机构成不断提高的规律，不仅适用于工业资本，而且同样适用于农业资本。列宁通过列举德国、法国和英国的农村人口及农业工人的日渐减少而农业机器不断增加的事实，说明在农业领域可变资本在减少，不变资本在增加。例如，"在法国，农村人口从1882年的690万（'独立农民'）减少到1892年的660万，而农业机器的数量增长情况是1862年——132784；1882年——278896；1892年——355795。牛羊：1200万——1300万——1370万；马：291万——284万——279万"[1]。

一、对俄国农业发展背景的研判

（一）资本主义商品经济对村社解体的影响

资本主义发展的首要特征就是商品经济的发展与繁荣、社会分工的大发

[1]《列宁全集》（第4卷），人民出版社1984年版，第89页。

展。而相较于工商业，农业特别是粮食生产位于受资本主义商品经济影响的末端。俄国人身依附的农奴制、自给自足的小农制会因为根深蒂固的乡土文化形成许多阻碍资本主义发展的生产生活方式的残余。而由于俄国较迟较慢地被卷入资本主义商品流通中，终究形成了繁多的农业资本主义形式。这一进程一旦开始，社会分工会使原料加工业、手工业逐一脱离农业，农村的两极分化、贫困化就会与资本主义商品经济形成一个长期互促的趋向。由此，“资本不仅统治了从事工业的大批人的劳动，而且统治了从事农业的大批人的劳动”〔1〕。列宁认为，“农民的分化正在造成国内市场”〔2〕。19 世纪末资本主义生产关系进入俄国传统的村社农民带来分化的趋势，即富农和雇农的分化。由于此时的俄国还存在着大量的封建残余势力，因此，此时的广大贫农饱受资本主义和农奴制残余的双重压迫。与恰亚诺夫所主张的俄国的小农经济属于独立且有比较优势的非资本主义性质不同，列宁认为，小农经济在农业资本化的过程中，从表面上还保留着家庭经营的外在形式，而在本质上已经不再是一个独立的经济形态，而是已经进入资本的分工和资本的逻辑之中。〔3〕在这一过程中，雇农的产生更多地体现出剥削雇佣劳动基础上的商品性。列宁指明：“这个商品经济而且正是这个商品经济把‘人民’和‘农民’分裂为无产阶级（破产而变成雇农）和资产阶级（吸血鬼），就是说，正是这个商品经济在变为资本主义经济。”〔4〕列宁认为，俄国村社的解体符合资本主义一般规律的演进过程，即随着俄国资本主义的发展使农业人口日益减少。他对农业人口绝对减少和相对过剩的研究是对马克思的相对人口过剩理论的科学运用，而同司徒卢威所认为的俄国农业人口过剩“不是资本主义的，而是一种单纯的、适合自然经济的”马尔萨斯式人口观点有本质的不同〔5〕。马尔萨斯的人口公式即人口增殖和生活资料不相适应的矛盾会使农民在农业经济中生产关系的根本问题被掩盖起来。马克思在《资本论》第 3 卷中说：“资本主义生产方式由于它的本性，使农业人口同非农业人口比起来不断减少，因

〔1〕《列宁全集》（第 2 卷），人民出版社 1984 年版，第 78 页。

〔2〕《列宁全集》（第 1 卷），人民出版社 1984 年版，第 195 页。

〔3〕张慧鹏：“农民经济的分化与转型：重返列宁-恰亚诺夫之争”，载《开放时代》2018 年第 3 期。

〔4〕《列宁全集》（第 1 卷），人民出版社 1984 年版，第 196 页。

〔5〕《列宁全集》（第 1 卷），人民出版社 1984 年版，第 414 页。

为在工业（狭义的工业）中，不变资本比可变资本的相对增加，是同可变资本的绝对增加结合在一起的，虽然可变资本相对减少了；而在农业中，经营一定土地所需的可变资本则绝对减少；因此，只有在耕种新的土地时，可变资本才会增加，但这又以非农业人口的更大增加为前提。"[1]总之，在列宁看来，资本主义商品经济的发展会使越来越多的人口同农业相分离，也会产生工业人口的增加与农业人口的减少的历史趋势。

（二）落后国家的资本主义市场问题与农民分化与破产的必然性

资本主义的大发展是以国内市场的极大繁荣为条件的，这一发展不仅需要工业的发展，也需要农业市场的繁荣。在列宁看来，因为俄国的"资本主义就是一种软弱无力、没有根基、不能囊括国内全部生产、不能成为我国社会经济基础的东西"[2]。可见，蹩脚的农业、半赤贫农民的自然经济是无法构筑起资本主义经济的。资本主义商品经济在农村的渗透，明显呈现一种二重性。列宁在《论所谓市场问题》中，对这种二重性的影响进行了剖析。一方面，资本主义商品经济给农村的自然经济带来了冲击，为自然经济的解体带来了可能。另一方面，资本主义商品经济也由此造成了农民的分化，特别是使广大贫农无法通过农业劳动来实现自给自足的生产生活，更无法发展社会化的农业经济。列宁说："塔夫利达省的一个农户要专靠独立的农业经济过活而不求助于所谓'外水'，就必须有播种面积 17—18 俄亩。显然，下等户多半不是靠自己的农业经济而是靠外水即靠出卖劳动力维持生活"[3]。

（三）上等农户不断向资产阶级转变

这一时期地主阶级的农业经济有由徭役经济向资本主义经济过渡的历史趋势。占有大量土地和劳动资料的上等户不会仅满足于现有的小康生活而停滞不前。他们会作为资本的人格化力量来执行资本的职能，主要通过不断地资本积累来购买农业机器、改善经营方式、提高耕作技术，以此来不断地扩大再生产。例如，当时在俄国的新乌津斯克县的农民共有改良农具 5724 件，其中，集中在上等户的改良农具占有 82%。在这一过程中，上等户需要源源不断地通过雇佣劳动才能够实现积蓄的增长。而且，两极分化的现象不仅体

---

〔1〕 马克思：《资本论》（第 3 卷），人民出版社 2004 年版，第 414 页。

〔2〕《列宁全集》（第 1 卷），人民出版社 1984 年版，第 56 页。

〔3〕《列宁全集》（第 1 卷），人民出版社 1984 年版，第 91 页。

现在小农户被迫出卖土地，被迫交出“劳动果实”，被迫接受高利贷盘剥，还体现在上等户开始“独立地组织生产”[1]。建立在雇佣劳动基础上的“被组织”的生产活动使越来越多的农民卷入其中，因为上等户对改良后的生产资料的占有，使得这种被组织的生产呈现一种较下等户种地更高的生产效率的表象。由此，列宁认为，不得不得出结论，“上等户无疑已是资产阶级了”[2]，而且“农村资产阶级是粮食生产的主要推动者”[3]。

（四）中等户逐渐转向无产阶级的过程

生产资料小生产者占有的所有制形式在资本主义经济条件下，必然会出现小生产者苦于高利贷和苛捐杂税盘剥、地力衰竭、经营不善、劳动过度和消费不足等不断分化的历史趋势，其具体表现为“上等户在变为资产阶级，下等户在变为无产阶级”[4]。而看似处于中间阶层的中等户在这种趋势下，也无法做到收支相抵。在列宁看来，只有少数中等户可以从事相对独立的副业劳动，而多数仍要依靠出卖劳动力，在半工半农中逐渐失去了此前赖以生存的农业生产。他在《什么是“人民之友”以及他们如何攻击社会民主党人?》一文中指出，农户类别越低，靠副业获得收入的比重也就越大，并举例说“在富裕户、中等户、贫困户各自的收入总额中分别占 6.5%、18.8%、23.6%”[5]。因为，在这里，副业主要指的是出卖劳动力，而农户类别越高，出卖粮食的商品性质就越强。在《俄国资本主义的发展》一书中，列宁认为，绝大多数农民的“副业”实际上就是依靠把自己的劳动力出卖给农业或工业企业主的雇佣劳动，也被称为“有份地的雇佣工人”[6]（表 2-1）。这种土地所有权无论是由农民完全所有，还是由大地主或贵族领主交给使用，都丝毫不会改变农村无产阶级的本质阶级属性。从表 2-1 可以看出，越不占有生产资料的农户在从事“副业”方面的数量比重也就越高。其中，无马者占了农户比重的 94.4%，有 4 匹马以上的农户占了 71.4%，下降了 24.26%。从副业的工作内容来看，列宁对其界定的范畴也相当大，既包括农业工人、小工、建

〔1〕《列宁全集》（第 1 卷），人民出版社 1984 年版，第 91 页。
〔2〕《列宁全集》（第 1 卷），人民出版社 1984 年版，第 91 页。
〔3〕《列宁全集》（第 1 卷），人民出版社 1984 年版，第 92 页。
〔4〕《列宁全集》（第 1 卷），人民出版社 1984 年版，第 190 页。
〔5〕《列宁全集》（第 1 卷），人民出版社 1984 年版，第 195 页。
〔6〕《列宁全集》（第 1 卷），人民出版社 1984 年版，第 97 页。

筑工人和船舶工人，也包括手工业者，甚至是商人、工业作坊主及包买主等。

表 2-1　副业在各类农户中的分配的资料〔1〕

户主类别	改良农具		农户百分数		每百户的工商企业	农户百分数			货币收入的百分数	
	每百户的改良	总数的百分数	雇佣雇农	提供雇农的		有“副业”的	出卖粮食	购买粮食	有“副业”的	出卖农产品的
无马者	—	—	0.2	29.9	1.7	94.4	7.3	70.5	87.1	10.5
有1匹马者	0.06	2.1	1.1	15.8	2.5	89.6	31.2	55.1	70.2	23.5
有2—3匹马者	1.6	43.7	7.7	11.0	6.4	86.7	52.5	28.7	60.0	35.2
有4匹马以上者	23.0	54.2	28.1	5.3	30.0	71.4	60.0	8.1	46.1	51.5
总计	1.2	100	3.8	17.4	4.5	90.5	33.2	48.9	66.0	29.0

二、对俄国农村经济问题与实践的分析

（一）经济问题是研究农民分化问题的根本问题

列宁充分认识到商品经济对自然经济在农业中的进步性意义。与自给自足的自然经济相比，商品经济通过频繁的商品交换使得低端和高端的农产品在市场上具有了交换的可能。针对波斯特尼柯夫关于“经济性质的条件在农民经济中比技术起着更重要的作用”〔2〕的观点，列宁表示完全赞同，并认为不能无视经济问题的根本性作用。特别是列宁早在《农民生活中新的经济变动》一文中就对小农经济必然导致两极分化的历史趋势进行了深刻的洞察。例如，下等户因土地占有面积小，由此必然产生经营规模的不断缩小，所占

〔1〕《列宁全集》（第3卷），人民出版社1984年版，第96页。
〔2〕《列宁全集》（第1卷），人民出版社1984年版，第3页。

有的劳动资料的不断减少，农户的收入也越来越无法满足家庭生活需要，由此“下等户只好把自己的劳动力拿到市场上去”[1]。列宁对此得出了以下结论，“虽然多数农民也有小块播种面积，但是，他们的生活资料的主要来源还是出卖自己的劳动力。所有这类农民，更像是雇佣工人，而不像是耕作者业主”[2]。据统计，塔夫利达省三个县被雇佣的劳动力已经达到8241人，在塔夫利达省各县约有1/3的居民所耕种的已经不再是自己的全部份地[3]。与此同时，上等户为了扩大生产经营规模也必须要购买得到劳动力。因为在波斯特尼柯夫看来，这些独立经营的大农户需要具备食物面积、饲料面积、经营面积、商业面积或市场面积。列宁批判了波斯特尼柯夫经常把注意力放在富裕农民所进行的机器改良和耕地规模扩大等方面，而对于这种生产关系的经济变动却鲜有考察。总之，列宁认为，资本主义经济对俄国农业经济所带来的根本性改变是，资本主义的市场会进一步支配农业，劳动力变商品，生产资料变资本。这样就会使生产者与生产资料进一步分离，并且进一步把农业也纳入资本主义的组织形式。

（二）农民生产与消费的两极矛盾运动

在资本主义向农业社会渗透的过程中，在社会再生产的第Ⅰ部类中不变资本部分的产品必然会比其他部分的社会产品增长得要快，而且在资本主义经济条件下这一趋向不可逆转。由此，列宁得出，只有科学运用这条规律才能够揭示资本主义的一个最深刻的矛盾，即“国民财富增长得异常迅速，而人民消费却增长（如果增长的话）得极其缓慢”[4]。李嘉图承袭了斯密关于商品价格的错误论断。马克思在《资本论》第3卷中说：“李嘉图也从来没有反驳过亚当·斯密对商品价格的错误分析，斯密把商品价格分解为各种收入的价值总和。李嘉图对这种分析的错误并不介意，并且在他自己进行分析时，认为只要把商品价值的不变部分‘抽象掉’，这种分析就是正确的。有时他也采取了同样的思考方法。”[5]而司徒卢威实际上是在重复着斯密和李嘉图的这个错误认识。在马克思看来，如农业上所需要的种子等部分被实现的产品，

---

[1]《列宁全集》（第1卷），人民出版社1984年版，第26页。

[2]《列宁全集》（第1卷），人民出版社1984年版，第38页。

[3]《列宁全集》（第1卷），人民出版社1984年版，第28页。

[4]《列宁全集》（第4卷），人民出版社1984年版，第65页。

[5] 马克思：《资本论》（第3卷），人民出版社2004年版，第953页。

从来都不能被采取收入的形式，也就是说，如果不从总产品中把只能作为资本、永远不能采取收入形式的那一部分划分出来，就不可能了解社会总资本的再生产和流通的过程。

（三）生产关系的变革是扫除村社发展障碍的关键

与西斯蒙第等经济浪漫主义者的主张不同，列宁认为，英国谷物法废除后，农业资本主义化的总趋势必然加速展开。列宁曾批判了尤沙柯夫在《农业部》一书中所提出的“共耕制”，即通过农业社会化来扫除束缚村社一切障碍的农业制度。因为，在列宁看来，尤沙柯夫所提出的“共耕制”“劳动组合”等，在范围上仅局限于村社内部的个别联合，在实质上并不是建立在对垄断生产资料的私人所有制的变革上，而仅是一种“无聊的小市民说教”[1]。列宁把这些“人民之友”的学者讥讽为“‘人民’资产者之友”，认为他们经常陶醉于小市民的进步，陶醉于资本主义经济的扩张，陶醉于农夫“狂热地寻找新的耕作方法”[2]。这种陶醉都是忽视了资本主义经济给农民内部所带来的变化。也就是说，反对马克思主义的“人民之友”们仅看到农民耕作技术的频繁改良，但是看不到这些农民又以加速度离开土地、离开农业，也不愿看见农民所失去的土地转化为资本的过程，即国内市场形成的过程。此时，村社内部的阶级对抗不再是19世纪70年代俄国的民粹派所认为的仅存在于“剥夺者”与“富有共产主义精神的农民”之间，而实际上，“个人主义已成为不仅是高利贷者和债务人之间，而且是一般农民之间的经济关系的基础”。[3]在资本主义经济关系下，所有农民都会被卷入商品经济关系中，并成为实际的或潜在的商品生产者。在俄国的民粹派看来，本国的农业组织属于非资本主义性质，其力量被消减仅是大经济排挤小经济的结果。在这一问题上，与民粹派的观点不同，列宁强调，随着资本主义生产方式越来越在俄国经济中占统治地位，那么农民被掠夺与奴役以及其自身道德的滑坡是俄国现代社会经济组织的必然产物，即“他们的‘道德’必然会‘建筑在卢布上’”[4]。

此外，列宁还对西斯蒙第把改进农业技术作为获得丰富农产品的唯一且

[1]《列宁全集》（第1卷），人民出版社1984年版，第205页。
[2]《列宁全集》（第1卷），人民出版社1984年版，第221页。
[3]《列宁全集》（第1卷），人民出版社1984年版，第221页。
[4]《列宁全集》（第1卷），人民出版社1984年版，第339页。

高效的手段的认识进行了商榷。列宁认为，科学技术的提高不能脱离开一定的经济制度来研究，因为“改进农业技术和改善群众的饮食条件根本不是一回事”[1]。除技术至上的认识以外，布阿吉尔贝尔、西斯蒙第等古典经济学家还把商品价格按比例交换作为绝对的经济规律，进而把贫困等一些问题的根源归结为打破经济平衡规律。马克思在《哲学的贫困》中就指明：“随着大工业的产生，这种正确比例必然消失；由于自然规律的必然性，生产一定要经过繁荣、衰退、危机、停滞、新的繁荣等周而复始的更替。”[2]列宁认为，马克思把按比例发展的规律建立在唯物史观的基础上，并把这种周而复始的不稳固性看作一种进步因素。马克思主义之所以能够被称为科学社会主义，其中的重要原因就在于辩证地看待资本主义的价值规律，而空想社会主义或是民粹主义因为“不了解这种‘不稳固性’是任何资本主义和商品经济的必然特征，使他们陷入了空想”[3]。这也反映出代表不同阶级利益的学者所具备的不同的研究视角。西斯蒙第用小资产阶级和小农的尺度去批判资本主义制度，实际上是要恢复旧的生产方式和交换方式，从而恢复旧的生产资料所有制关系。

（四）阶级分析法是研究农民问题的根本方法

列宁曾指明：“要研究农民经济（从政治经济学方面），不把农民分为几类是完全不可能的。”[4]列宁认同波斯特尼柯夫所反对的用平均数字来谈农民经济类型的问题，并认为“农民在财产方面的差别比农民在法律地位方面的差别更大”[5]。由此，能科学地反映农民经济状况全部指标的是不同等分的财产差别分类，如“按照每户的播种面积、役畜头数、份地耕地数量等等分类”[6]。在不同财产状况的农民中越发体现出一种深刻的悬殊。而这种悬殊性主要体现在经济问题上，而不是技术层面上。当时信贷社等信用机构在俄国的部分地区已经普遍存在，但是，能够利用这些信用贷款的依然是少数富裕农民。在列宁看来，“贷款的这种垄断化不是什么意外事情，因为信贷业务

[1]《列宁全集》（第2卷），人民出版社1984年版，第164页。
[2]《马克思恩格斯全集》（第4卷），人民出版社1958年版，第109页。
[3]《列宁全集》（第2卷），人民出版社1984年版，第185页。
[4]《列宁全集》（第1卷），人民出版社1984年版，第50页。
[5]《列宁全集》（第1卷），人民出版社1984年版，第6页。
[6]《列宁全集》（第1卷），人民出版社1984年版，第6页。

不过是一种延期支付的买卖”。[1]

以第聂伯罗夫斯克县的下等户数字为100的假定来说明，该县随着从下等户到上等户的每户份地数量的增加，比劳动力数量增加得更快，租入土地的面积也就越大，从而致使最贫苦户所耕种的土地面积不断下降。

表2-2 第聂伯罗夫斯克县的份地与劳动力数量关系[2]

	份地	劳动力	男女人口
不种地者	100	100	100
种地不满5俄亩者	86	110	106
种地5—10俄亩者	136	120	117
种地10—25俄亩者	195	140	137
种地25—50俄亩者	259	190	178
种地超过50俄亩者	272	230	219

伴随土地占有分化的情况而来的是役畜和农具等生产资料分配情况的分化。列宁通过引用波斯特尼柯夫所列举的俄国三个县域的合计数字，说明了不占有土地者因逐渐失去生产资料的过程而根本无法实现独立经营。

表2-3 俄国三县合计的役畜数量[3]

	共有		平均每户有			没有役畜的农户的百分数
	马	耕牛	役畜	其他畜类	共有	
不种地者	—	—	0.3	0.8	1.1	80.5
种地不满5俄亩者	6467	3082	1.0	1.4	2.4	48.3
种地5—10俄亩者	25152	8924	1.9	2.3	4.2	12.5

〔1〕《列宁全集》（第1卷），人民出版社1984年版，第49页。
〔2〕《列宁全集》（第1卷），人民出版社1984年版，第10页。
〔3〕《列宁全集》（第1卷），人民出版社1984年版，第16页。

续表

	共有		平均每户有			没有役畜的农户的百分数
	马	耕牛	役畜	其他畜类	共有	
种地 10—25 俄亩者	80517	24943	3. 2	4. 1	7. 3	1. 4
种地 25—50 俄亩者	62823	19030	5. 8	8. 1	13. 9	0. 1
种地超过 50 俄亩者	21003	11648	10. 5	19. 5	30	0. 03

相对而言，俄国民粹派无法科学地对农业问题进行剖析的原因就在于，他们没有把任何一个资本主义的经济范畴运用于农业问题之上。他们忽视了“资本主义最重要的‘范畴’当然是资产阶级和无产阶级”[1]。而马克思主义者始终会关注资本主义经济对工业或农业生产者的压迫，但资本主义经济本身在客观上又把生产提高到了一定的水平，并且为未来生产的社会化创造了条件。列宁还在彼尔姆省手工业调查的报告中对榨油手工业者的情况进行了具体的深入分析。榨油手工业者大多数曾是耕作者，但在资本主义条件下，他们又俨然成了小资产阶级农业的代表，“421 户中有 385 户，每户有 11.0 俄亩播种面积，3.0 匹马，3.5 头牛。农业雇佣工人 307 人，工资为 6211 卢布”。[2]由此，列宁认为，不能把“种地的手工业者”和“破产农户”混为一谈，否则就不能科学地看待农民分化与资本主义的发展之间的必然联系。

(五) 辩证看待资本主义制度下农业生产率的提高以及市场的作用

列宁在《俄国资本主义的发展》一书中，重点论述了机器在农业中的意义，深入分析了机器与资本主义经济之间的辩证关系，并指明机器一方面使村社组织成大农场，另一方面又因排挤雇佣工人，使农业中的资本主义后备军大量形成。而俄国的民粹主义者把 19 世纪末在俄国农村所出现的农民失地、高利贷发放、农业雇佣劳动的大量出现等状况并不看作资本侵入农业的表现，而仅看作一种“大鱼吃小鱼”的超阶级式的剥夺或是由粗放农业向集

[1] 《列宁全集》(第 1 卷)，人民出版社 1984 年版，第 205 页。
[2] 《列宁全集》(第 2 卷)，人民出版社 1984 年版，第 265 页。

约农业的过渡。他们对工业劳动生产率的提高大加赞赏，而对农业劳动生产率的提高畏首畏尾。在列宁看来，资本主义经济对农业的渗透和工业领域一样也必然会产生资本雇佣劳动的生产关系，在农业部门并不会有什么超阶级的经济关系的存在。列宁明确指出："虽然事情的社会经济方面和这个过程在社会各个阶级中的反映在两种情况下都是完全一样的。"〔1〕

民粹派害怕农业生产率的提高和农业技术水平的进步会使工人越来越被机器排挤掉。而列宁则充分继承了马克思在《资本论》第3卷中对资本文明方面的辩证认识，并强调农业技术在资本主义制度下的进步性作用。列宁用19世纪不同国家的大量资料来证明，技术的进步可以使土地肥力递减的所谓"普遍"规律完全不发生作用，技术的进步有时可以使相对减少的农村人口为日益增多的总人口生产出越来越多的农产品。〔2〕实际上，俄国改革后由地主经济逐步向资本主义农业经济过渡，并且又进一步向技术型农业生产方式过渡，在列宁看来，"无论何时何地都是农业资本主义最重要的征兆之一"〔3〕。列宁对此指明："资产阶级性已是实际生活中的事实，在农业中劳动也已受资本支配。因此，应该'害怕'的不是资产阶级性，而是生产者还没有意识到这种资产阶级性，还没有反对这种资产阶级性以维护自身利益的能力。因此，不应该希望资本主义的发展停滞，相反地，应该希望资本主义充分发展，彻底发展。"〔4〕

一旦农业生产进入资本的运动逻辑，从事农业的产业资本也会向商业资本和高利贷资本转化，进一步瓦解小农经济。列宁进一步指出，农业技术的提高以及农业生产率的提高背后离不开资本主义农业发展所蕴含的资本逻辑。这一逻辑使得建立在生产资料私有制基础上的初次分配，通过市场的桥梁性作用使商品的交换越来越频繁。资本主义农业由此打破了各个领地、村社以及农户间不依赖于任何经济体的自给自足的状态。在列宁看来，资本主义的力量即对于欧洲各国农业的进步作用，就体现在"它建立了（通过市场）对各个生产者生产的社会核算，迫使他们考虑社会发展的要求"〔5〕。

〔1〕《列宁全集》（第1卷），人民出版社1984年版，第431页。
〔2〕《列宁全集》（第5卷），人民出版社1986年版，第92页。
〔3〕《列宁全集》（第2卷），人民出版社1984年版，第402页。
〔4〕《列宁全集》（第1卷），人民出版社1984年版，第433页。
〔5〕《列宁全集》（第3卷），人民出版社1984年版，第185页。

（六）充分认识农民的革命性作用

在列宁看来，推动社会主义革命运动的阶级力量并不仅取决于工人的数目以及工人的集中和发展程度，而是要对一国的具体经济关系、发展状况、产业构成等进行具体的考察。列宁曾通过引用恩格斯在《论住宅问题》中谈到的德国工业的问题，即“同园艺业或小农经济相结合的农村家庭工业，就构成德国新兴大工业的广大基础”[1]，用以说明小农经济在德国的大量存在与俄国的情况的相似性。受资本主义经济的影响，在根深蒂固的小农经济出现分化状况的基础上发展起来了大量的资本主义家庭手工业，并且随着家庭工业的广泛散布，农村也就被卷入现代工业运动中。在这一演进过程中，农民地区具有了革命化的阶级基础。列宁引证了恩格斯的这一论断，用以说明在德国或俄国“只有当大多数小城市和大部分农村地区已经成熟到实行变革的时候，首都和其他大城市中的胜利起义才有可能”[2]。

三、对农业合作化问题与实践的认识

（一）认识到合作化与制度条件的辩证关系

尼·一逊等民粹派学者普遍看到了农业的生产集聚现象，并由此断定这种生产集聚可以为村社间的相互协作提供可能。而实际上，不能忽视这一时期资本主义经济规律对农业的发展，特别是在有大量封建农奴制残余的俄国，机械技术的进步可能仅体现在粗放式地扩大播种面积。例如，当时在俄国新罗西亚具有数百台收割机的大农庄，拥有4—8匹马拉的脱粒机，需要14—23个甚至更多的劳动力（其中半数是妇女和少年儿童），所有大农场都拥有8—10马力的蒸汽脱粒机，同时需要50—70个劳动力（其中多半是半劳力）。[3]民粹派代表人物尤沙柯夫提出，在农业中学实行通过服工役来代替缴纳学费的中等义务教育，并以此把其作为大型的农业劳动组合。列宁批判了尤沙柯夫所提出的带有民粹主义色彩的生产“村社化”计划的新道路。这条建立在以雇佣工人的广泛协作为基础的大农场，实际上是把“村社分化为许多彼此利

[1]《马克思恩格斯全集》（第21卷），人民出版社2003年版，第380~381页。

[2]《马克思恩格斯全集》（第21卷），人民出版社2003年版，第380~381页。

[3]《列宁全集》（第3卷），人民出版社1984年版，第202页。

益相冲突的经济集团”[1]。列宁认为，企图避开资本主义经济干扰的“村社化”计划来使俄国避免走资本主义的道路是不可能的，而且要通过该计划在资本主义条件下是根本无法实现的。特别是不能陷入蒲鲁东主义关于合作社主张的陷阱，不能认为在资本主义条件下合作社的发展有助于逐渐向社会主义过渡，更不能简单地把消费合作社归为是社会主义性质的。列宁曾引用亚·波格丹诺夫的《经济学简明教程》一书中对资本主义经济条件下生产合作社的定性，来说明“在资本主义关系中组织起来的”生产合作社，“实质上只能扩大小资产阶级”[2]。从中可以看出，走合作化的村社一体化的道路需要在社会主义的经济和政治条件下来实现，没有社会主义制度的建立和生产资料公有制的改造等社会的变革，就不会实现真正的集体化、集约化道路。

（二）认识到农业大生产对小生产在一定程度上的优越性

当时的合法马克思主义者布尔加柯夫曾借批评考茨基的《土地问题》一书，来否定马克思主义关于农业问题的基本原理。列宁在《农业中的资本主义（论考茨基的著作和布尔加柯夫先生的文章）》一文中继承了马克思关于资本主义在农业中的历史进步性作用的思想，批驳了布尔加柯夫关于否认农业大生产对小生产的优越性的错误观点，并且也指明在资本主义经济条件下小生产日益破产、农户贫困化、农业危机等不可避免的趋向。列宁认为，《土地问题》一书既在技术层面展现了现代农业在机器、肥料、细菌学、轮作制等方面的科技变革，又对现代农业的资本主义性质进行了揭示，并对马克思的地租理论进行了简明而确切地阐述。所谓现代农业的资本主义性质就是农业的工业化，即小农从事工业雇佣劳动和部分农业部门被加工工业排挤，其需要生产的不断集中，这样所形成的大地产就成为资本主义大农业的一种高级形式。

（三）认识到变革土地所有权是克服农业危机的唯一手段

列宁在对帕尔乌斯的《世界市场和农业危机》一书的书评中，对其中关于对资本主义农业深入剖析的观点表示了认同。帕尔乌斯认为：“农业危机的最终的和根本的原因，就在于资本主义发展提高了地租，而地价也随着上

〔1〕《列宁全集》（第3卷），人民出版社1984年版，第202页。

〔2〕《列宁全集》（第4卷），人民出版社1984年版，第4页。

涨。"[1]可见，资本主义工业的发展对土地的地租和粮食的价格等都有直接的影响。在列宁看来，帕尔乌斯的研究与民粹派的误论形成了鲜明的对比，而民粹派脱离了世界资本主义发展的总趋势和阶级分析法来考察农业危机，就无法认识到小农经济的生命力。因为，站在社会主义革命者的机会主义者常常喜欢撇开社会制度、撇开生产资料所有制、撇开生产合作社，仅把消费合作社的口号提到首要的位置。而实际上，克服农业危机的唯一手段就是"拍卖全部资本主义土地所有权"[2]。马克思于1905年10月在《〈火星报〉策略的最新发明：滑稽的选举是推动起义的新因素》一文中较早指明："只有政权转入无产阶级手中以后，才能提供出充分发挥这些本领的天地。那时，剩余价值也将由消费合作社体系支配；而现在，由于工资微薄，运用这个有益的机构的范围也很狭窄。"[3]可以看出，列宁从此明确意识到无产阶级政权以及社会主义制度的建立对于走社会主义农业合作化道路的前提性作用。

第二节　列宁对合作经济理论的建构

俄国的合作社运动始于19世纪60年代，到1917年1月，俄国已有各种类型的合作社63 000个，社员2400万人。俄国实际上有很好的成立合作互助社、开展合作运动等的良好传统。当然，在苏维埃掌握政权之前俄国的合作社主要体现的还是资产阶级的意志。例如，1917年"二月"革命后，俄国合作社派的领袖们纷纷支持资产阶级临时政府。苏维埃政权建立后，列宁强调，苏维埃国家政权的建立只是解决了困难任务中的一小部分，而新政权建立的主要困难还是在经济方面，其表现在"对产品的生产和分配实行最严格的普遍的计算和监督，提高劳动生产率，使生产在事实上社会化"[4]。

列宁在《论合作社》中开宗明义地指明："我觉得我们对合作社注意得不够。"[5]可以说，列宁结合合作社在不同发展阶段上的内外部经济关系和阶级关系，对合作社有三种定性方式，分别是资产阶级性质、国家资本主义性

[1]《列宁全集》(第4卷)，人民出版社1984年版，第56页。

[2]［俄］帕尔乌斯：《世界市场和农业危机》，波波娃出版社1898年版，第141页。

[3]《列宁全集》(第11卷)，人民出版社1987年版，第370页。

[4]《列宁全集》(第11卷)，人民出版社1987年版，第154页。

[5]《列宁全集》(第43卷)，人民出版社1987年版，第361页。

质和社会主义性质。列宁对合作化理论的这一建构过程，可以大致分为三个理论螺旋式上升的过程。第一阶段是列宁在分析资本主义经济对俄国农业经济所带来的根本改变的基础上，通过苏维埃无产阶级政权的建立努力确立大生产对小生产的优越性，以此来扭转在资本主义经济条件下小生产破产、农户贫困化、农业危机等不可避免的趋向，并且以此来应对帝国主义战争对无产阶级政权所带来的封锁。这一时期，列宁也充分认识到，应该在理论上和实践上，通过由资产阶级合作社向社会主义合作社的转化来使资本主义经济成分实现向社会主义经济成分的转化。这样的一个理论建构从19世纪90年代一直延续到十月革命的胜利乃至战时共产主义政策的实施阶段。第二阶段是1920年之后所采取的新经济政策阶段。列宁在这一阶段充分认识到要紧紧依靠小农经济，利用合作社的国家资本主义形式，在自愿联合的基础上把成千上万个小农生产组织起来过渡到大生产，而不能盲目地搞合作化的“一刀切”。第三阶段是从《论粮食税》到《论合作社》，列宁晚年对合作化的丰富认识达到了理论的最高峰。列宁再次强调了要把小农逐步引向生产资料由工人阶级所有的社会主义合作社计划，并把全体居民的合作化作为建设社会主义计划中最重要的组成部分。当然，他在《论合作社》一文中强调，彻底改造小农的局限性需要一个相当长的时间，“通过新经济政策使全体居民人人参加合作社，这就需要整整一个历史时代。在最好的情况下，我们度过这个年代也需要一二十年”。〔1〕

一、对苏维埃政权成立后合作社过渡性质的认识

合作社是实现合作化的实体部分、组织形式和主要物质承担者。只有通过多种合作社的实践方式才能使千百万农户通过组织协作走上合作化的道路。俄国的合作化形式无论在阶级构成还是在实质内容上都较为多样。特别是受资本主义经济的渗透与影响，在苏维埃政权成立前后，合作社还大多是资产阶级领导的小生产组织。这些旧有的合作社性质与第二国际的改良主义口号有相似之处。因为，旧有的合作社“口头上承认革命，实际上掩盖彻头彻尾机会主义的、改良主义的、民族主义的和小资产阶级的政策”〔2〕。第二国际

〔1〕《列宁选集》(第4卷)，人民出版社1995年版，第770页。

〔2〕《列宁全集》(第37卷)，人民出版社1986年版，第93页。

的做法是成立合作社、工会等群众性的工人组织和政治组织，并希望借此通过利用资产阶级议会制以及民主机构等形式来实现社会主义改良运动。但是，列宁强调，“要以同改良相对立的革命的观点进行一切宣传鼓动工作，要在理论上和实践上，在议会、工会、合作社等的每一步工作中，不断地向群众讲清革命和改良的对立”[1]。基于此，在俄国的经济成分中，要使资本主义经济成分实现向社会主义转化，列宁指明，“合作社就是达到这一目的的过渡手段”[2]。

(一) 合作社的性质问题

列宁在《国家与革命》中对伯恩施坦、考茨基等机会主义者对马克思主义的庸俗化理解进行了批判。伯恩施坦曲解马克思在《共产党宣言》1872 年序言中所得出的结论，即“工人阶级不能简单地掌握现成的国家机器”[3]，把其片面理解为是告诫工人阶级不要在夺取政权时采取过激的手段。考茨基也从《土地问题》对农业中的资本主义的客观分析，变为在论“社会革命”中向机会主义者的让步，并主张不通过破坏国家机器来夺得政权。考茨基认为，“在社会主义社会里同时并存的可以有……各种形式上极不相同的企业：官僚的、工会的、合作社的、个人的”[4]。可见，考茨基所设想的社会主义社会是一个剥削阶级和被剥削阶级的混合，这样的合作社也必然带有小资产阶级的性质。这实际上与蒲鲁东主义和饶勒斯派所赞同的发展“合作社”的主张相类似，都是认为在资本主义经济条件下合作社的发展有助于逐渐向社会主义过渡。也就是说，要深入分析合作社的社会性质，因为有些反动的合作社甚至是地主、富农的帮凶。考茨基提出的所谓无产阶级“民主纲领”，实质上类似于资产阶级议会的形式，而这种“资产阶级议会制是把民主（不是人民享受的）同官僚制（反人民的）结合在一起”[5]，而无产阶级的民主制度是要根除官僚制，使全体人民都有执行监督和监察的职能。

(二) 合作社的转化问题

俄国的政权转归工人和贫苦农民的联盟——苏维埃之后，本来的银行、

---

[1] 《列宁全集》(第 37 卷)，人民出版社 1986 年版，第 93 页。

[2] 《列宁全集》(第 36 卷)，人民出版社 1985 年版，第 90 页。

[3] 《马克思恩格斯文集》(第 3 卷)，人民出版社 2009 年版，第 151 页。

[4] 《列宁全集》(第 31 卷)，人民出版社 1985 年版，第 104 页。

[5] 《列宁全集》(第 31 卷)，人民出版社 1985 年版，第 105 页。

消费合作社、大工厂、辛迪加等资本主义产物需要有一个向社会主义过渡的转化方式和过程。实际上，布尔什维克党内针对是否保留旧有的小资产阶级的合作社问题上，曾有过不少分歧和争论。列宁认为，“这个由资本主义在群众中准备好的唯一机构，在处于原始资本主义阶段的农村群众中进行活动的唯一机构，无论如何要保留，要发展，而决不能加以抛弃”[1]。可见，关键的问题在于如何促进合作社性质的转化，而不是彻底抛弃合作社的组织形式。而这一转化的理论阐释、政策设计和方法论创新又会成为社会主义政权是否稳固、社会主义改造是否彻底的关键。如，银行作为社会主义国家所必需的“国家机构”和簿记机关，肩负着全国性的产品生产和分配的计划重任，被列宁评为“社会主义社会的骨骼”[2]。列宁认为，社会主义条件下的银行要收归国有，同时去除资本主义畸形化的东西，无论是从事簿记，还是从事计算、核算等工作的职员大多数应处于无产阶级或半无产阶级的地位，并且要充分发挥全体无产阶级的监察、监督职能。从列宁对银行问题的研究中可以清晰地看出，科学运用阶级分析方法是透彻理解这一转化问题的关键。

合作社问题亦是如此。例如，十月革命以后，代表资产阶级利益的合作社派领袖们敌视苏维埃政权，并反对与苏维埃政权合作。但是，在此时有合作社的中下层站出来反抗代表小资产阶级利益的合作社上层。特别是在苏维埃政权的领导下，合作社才逐步转化为广大劳动群众成为主人的社会主义合作社。1918 年 1 月 18 日，苏维埃第三次代表大会批准的《土地社会化基本法》首次明确规定平均分配土地、发展农村集体经济的任务，并进一步规定农业公社、农业协作社和农业劳动组合具有优先使用土地的权利。生产资料由资本家或地主私人占有向国有化和集体化、合作化的转变需要经过一个从夺取到管理的过程。从资产阶级手里夺回生产资料是社会主义革命必不可少的重要一环。而列宁认为，下一步更应该思考应该如何进一步管理和组织好生产资料、财政与税收，才能使得无产阶级政权更加强大、更加稳固。值得注意的是，《土地社会化基本法》强调在废除一切土地私有制的基础上，“把土地、全部私有农具和耕畜交给苏维埃当局支配，由联邦苏维埃政权进行监

---

〔1〕《列宁全集》（第 36 卷），人民出版社 1985 年版，第 149 页。
〔2〕《列宁全集》（第 32 卷），人民出版社 1985 年版，第 300 页。

督”[1]。可见，苏维埃政权成立后，先是废除一切私有土地，推进土地国有化，再平均分配、使用土地，并采用从分散的小农业到集体的大农业过渡的共耕制。这也是对马克思的《论土地国有化》精神的继承。马克思认为：“在一个资产阶级的政权下，实行土地国有化，并把土地分为小块租给个人或工人合作社，这只会造成他们之间的残酷竞争，促使‘地租’逐渐上涨，反而为土地占有者提供了新的便利条件，靠生产者来养活自己。”[2]但是，考茨基却认为，土地国有化后可以把小块土地出租给农户发展个体经济使用。实际上，苏维埃第三次代表大会所通过的《被剥削劳动人民权利宣言》早已指出应该“减少个体经济，发展就节省劳动和产品来说更为有利的农业集体经济，以便向社会主义经济过渡”。[3] 对此，列宁认为这仍是小资产阶级的口号。他批判了考茨基否认平均使用土地的主张以及其在资产阶级民主革命中所起到的进步性和革命性意义，并进一步批判了考茨基无视土地法令中公社和协作社所具有的直接优先权以及所采取的共耕制的经营方式。列宁曾深刻地总结了战时共产主义阶段所实施的公社制的共耕制在实践中遇到的困难和失败的严重问题，认为“这次失败表现在：我们上层制定的经济政策同下层脱节，它没有促成生产力的提高，而提高生产力本是我们党纲规定的紧迫的基本任务”。[4]由此，列宁在晚年的《论合作社》当中，提出了利用国家资本主义因素的可能性，并在社会主义制度下，利用和设计好商品、货币和经济核算的合作社政策，并以此来发展社会主义经济。

（三）国有化与合作化的相互作用

列宁也高度重视，在苏维埃政权把关系国家经济命脉的银行、大工厂、辛迪加、铁路、邮局等经济部门收归国有化后，在另一条公有制的平行线上大力发展合作社所有制经济。苏维埃在最初确立大力发展合作社经济的方针时，采用的是强迫全体居民加入消费合作社的方式。这种合作社经济不仅属于消费合作社，同时也是产品销售合作社。列宁曾在 1917 年年底苏维埃政权刚刚成立之时，就当时的经济政策列出了“经济措施纲要草稿”。其中指出，

---

〔1〕《列宁全集》（第 32 卷），人民出版社 1985 年版，第 309 页。

〔2〕《马克思恩格斯选集》（第 3 卷），人民出版社 2012 年版，第 177 页。

〔3〕《列宁全集》（第 35 卷），人民出版社 1985 年版，第 310 页。

〔4〕《列宁全集》（第 42 卷），人民出版社 1987 年版，第 184 页。

“银行国有化、货币回笼、大额票面的新币、采取革命措施使工厂转向有益的生产、用强迫参加消费合作社的办法使消费集中、国家垄断对外贸易、工业国有化、公债”〔1〕。

从中可以看出，列宁对社会主义经济政策的初步构想可以分为三个部分：国有化层面：工业国有化、银行国有化、国家垄断对外贸易、采取革命措施使工厂转向有益的生产；合作化层面：用强迫参加消费合作社的办法使消费集中；货币政策层面：货币回笼、大额票面的新币、公债。列宁的这一构想蕴含了社会主义经济制度三个有机构成部分，分别是把国有化经济作为国家经济命脉的主导；通过合作社正确计算、分配和消费粮食与其他必需品的分配及消费体制；重新整合货币市场的交换方式。列宁组织和管理消费合作社的办法就是要加强全体国民间的相互监督，打破最富有阶级的分配和消费的特权。列宁所起草的《关于消费公社的法令草案》一文，充分表明消费合作社仍是与资产阶级合作社相妥协的产物，这种妥协也是为了两种合作社能够共同处理好对居民的粮食分配工作和开展商业工作。在列宁看来，把两种合作社合并起来后，这并不是使资产阶级的合作社完全服从于无产阶级的合作社，而是逐步使无产阶级掌握全部管理权，并加强对富裕阶层消费的监督、监察。在这一过程中，要充分体现民主组织原则和集体管理原则。1921 年 7 月，列宁在给中央消费合作总社代表大会的贺信中强调，合作社在国家总体的经济建设计划中起着重要的过渡性作用。合作社的过渡性作用主要是指在商品交换过程中起到首要的交易市场的作用，而这一市场是小业主相互合作下的有规制的商品交换，并且在城市工业和乡村农业的商品流转中形成了互哺的相互关系。

二、从战时共产主义到新经济政策中的合作化理论

苏维埃合作化理论与政策的每一步变革都不是孤立的，都与列宁对帝国主义发展阶段的研判、对本国资本主义发展程度与社会主义发展因素直接博弈的研判、对工人阶级和农民阶级发展状况的研判等有直接的关系。而从总体上来说，由小资产阶级合作社改造成社会主义合作社的任务贯穿了从战时共产主义到新经济政策的整个过程。

---

〔1〕《列宁全集》（第 33 卷），人民出版社 1985 年版，第 121 页。

（一）基于对合作社性质研判的过渡性举措

在战时共产主义时期，苏联面临着在帝国主义战争包围下进行无产阶级革命的总任务。可以说，列宁所处的资本主义发展阶段比马克思的时代更为复杂和多样：垄断资本主义正处鼎盛期、金融资本不断扩张、军国主义不断抬头等。在这一时代背景下，列宁主义所肩负的实现社会主义革命的首要任务就是要对帝国主义所处阶段进行研判，即厘清资本主义、帝国主义社会的基本性质，在此基础上，还要明确向共产主义过渡发展的条件、因素、路径等必要的举措。列宁在此时充分肯定小生产者自愿联合成带有小资产阶级性质的合作社的进步性意义，尤其是在资本掌控范围日益扩大的现状下，这种联合更具有过渡意义。伴随世界市场上出现的严重的生产过剩和相当尖锐的工业危机、经济增长停滞危机，小生产者更加陷入破产的泥沼并纷纷通过雇佣劳动的形式更加依附于资本。在这样的背景下，如何使资产阶级合作社向无产者、半无产者领导的生产消费公社过渡，成为苏维埃政权在经济领域的基本任务。因为，社会主义条件下的合作社不再代表中小资产阶级的利益，不再是“资本主义经营和所谓贸易自由的一种新形式”[1]，而是为全体群众服务的一种产供销合作形式。

（二）从消费合作社向兼具生产和消费的合作社转化

俄国合作社的悠久传统是从消费合作社起步的，其主要解决的是小生产者之间如何以最优惠的价格来实现消费层面的利益最大化问题。旧有的合作社并不是产供销一体化的经营与运转模式。生产消费公社与旧有合作社相比，一方面合作社的领导机关与构成主体都转变为由工人、农业、手工业者等无产阶级组成的同盟，另一方面由单一的分配领域的消费合作社转变为兼具生产和消费等生产全过程的合作职能。特别是，后一方面的转变促使合作社在经济实质上由小资产阶级的经济性质向社会主义经济性质的转化。因为，依据马克思主义经济学的基本原理，在社会化大生产的生产、交换、分配和消费的四个环节中生产是处于首要位置的，生产方式的第一性也决定了其他方式的性质、归属与效率。对此，列宁认为，把全体人民都组织到生产消费公社的直接目的就是，“把整个分配机构严格地集中起来，最迅速、最有计划、

[1]《列宁全集》（第38卷），人民出版社1986年版，第111页。

最节省、用最少的劳动来分配一切必需品”[1]。从总体上来说，列宁的合作社思想高度重视生产与消费的平衡，特别是把消费合作社作为实现社会主义社会的必要环节，甚至强调社会主义是“一个为了消费而有计划组织生产的大消费合作社”[2]。

（三）从完全计划的统一合作社向小业主自愿联合的大生产合作社推进

苏维埃政权成立后，旧有的合作社在无产阶级政权中的经济性质仍有待向社会主义性质转变，其经济地位也还不稳固，特别是与工业发展的国有化、与国民经济的计划性还存在着一定的矛盾。由此，旧有的合作社有待通过向无产者、半无产者所领导的生产消费公社过渡，来使合作社的性质发生根本的转变，使合作社纳入计划经济的体系中并且能够实现工业和农业互哺，使合作社真正为无产阶级服务。在第七届全俄中央执行委员会第一次会议上，列宁强调，“通过合作社把全体居民联合起来。我们可以满怀信心地说，可能再过几星期，也可能再过几个月，整个苏维埃共和国就要变成一个劳动者的大合作社”[3]。在社会主义大合作社中，既包含消费合作社、信用合作社，也包含生产合作社的产供销一体化体系。合作社向社会主义大合作社的转变从总体上来说贯彻了苏维埃政权的经济总任务，即“坚定不移地继续在全国范围内用有计划有组织的产品分配来代替贸易”[4]。当然，用完全的计划经济代替商业贸易也体现了战时共产主义政策对变革旧有合作社的迫切需要。

而新经济政策实施之后，列宁充分认识到共产主义运动绝不是沿着直线前进而是曲折前进的，要消灭资本主义的成分，有时还需要利用国家资本主义等形式才能更好地实现向社会主义的过渡。列宁在《论粮食税》中说：“在俄国目前情况下，合作社有自由，有权利，就等于资本主义有自由，有权利。”[5]这句话当然不是说要通过合作社恢复资本主义经济的自由化，而是不能再用余粮收集制来限制住合作社的发展。在列宁看来，合作社的基础就是手工的、小农的小生产，其包含了成千上万个小业主或农户，所以“由小业主合作社向社会主义过渡，则是由小生产向大生产过渡，就是说，是比较复

[1]《列宁全集》（第36卷），人民出版社1985年版，第90页。
[2]《列宁全集》（第9卷），人民出版社1959年版，第215页。
[3]《列宁全集》（第38卷），人民出版社1986年版，第112页。
[4]《列宁全集》（第36卷），人民出版社1985年版，第90页。
[5]《列宁全集》（第41卷），人民出版社1986年版，第214页。

杂的过渡”[1]。这就决定了对于合作社不能采用“监视”的办法，而是要重视包括小农经济在内的小经济的自愿联合，并通过长时期的过渡阶段来实现对旧有生产关系的根深蒂固的变革。在《论粮食税》中，列宁强调，“合作制政策一旦获得成功，就会使我们把小经济发展起来，并使小经济比较容易在相当期间内，在自愿联合的基础上过渡到大生产”[2]。可见，小经济向大生产的过渡与小经济的发展之间并不矛盾，相反小经济的发展还是大生产的基础。

（四）重新审视小农经济的重要性以及防止盲目向集体化过渡的必要性

列宁在新经济政策制定与实施的过程中，越来越意识到工业合作化程度远高于农业合作化程度。因为工业国有化的经济基础、苏维埃政权的阶级基础决定了工业更容易形成全国一盘棋的大合作社，而农业因为受小农经济的基础、两极分化的趋势、自然条件的制约等因素的影响，所以呈现分散、弱小等特点。列宁也充分认识到俄国在工业领域劳动的集体化和社会化程度远比农业领域高。由此，引发了列宁关于究竟如何对待农业经济的思考，更加清晰了俄国所有的2000万农户，其中90%甚至可能99%是单独的个体劳动。列宁对此指明：“我们打算在这样一个农民占多数的国家里提高农民经济，而且我们无论如何必须做到这一点。”[3]

到1920年，苏联的农业政策还没有完全摆脱战时共产主义政策的影响，还是过分强调国家的强制性调节在农业经济中的作用，对于播种面积、发放种子、收集余粮等依然采用摊派和分配的方式。可以说，此时的苏联合作社已经到了奄奄一息的地步。这种余粮收集制也日益引起了农民们的强烈不满，使农民问题和工农联盟问题日趋尖锐化。列宁通过与农民交谈以及查看农民的来信和申诉体察到了他们的诉求和情绪。列宁在苏维埃第八次代表大会上实事求是地分析了俄国的农村形势，并指明，“不使小农经济得到切实的大规模的改善，我们就没有出路，因为没有这个基础，任何经济建设都不能进行，无论多么伟大的计划都会落空”[4]。经过战时共产主义政策所留下的弊端，

---

[1] 《列宁全集》（第41卷），人民出版社1986年版，第215页。
[2] 《列宁全集》（第41卷），人民出版社1986年版，第215页。
[3] 《列宁全集》（第40卷），人民出版社1986年版，第183页。
[4] 《列宁全集》（第38卷），人民出版社1986年版，第146页。

列宁重新认识到，由个体农户经营的小农经济仍大量存在甚至将相当长久地存在下去，特别是当小农经济还不巩固的时候，盲目地采取计划性提取剩余以及生产资料的摊派都极大地影响了农民的积极性。对此，列宁在1920年12月俄共讨论人民委员会的《关于加强和发展农民农业经济的措施》法案的会议上明确地说，当务之急并非发展集体农庄，而是必须要充分依靠小农经济，特别是还不能盲目向社会主义和集体化过渡。特别是在改进个体小农经济的过程中，绝不能在不同的农业区实行同一种农业措施，更不能搞集体化的一刀切。列宁在《关于加强和发展农民农业经济的措施》法案的补充意见的讲话中说："去议论集体化的总计划，去议论有时起了很坏作用的国营农场的作用，去议论对待征购的马克思主义方法，这就意味着要使我们脱离直接的实际问题而向后倒退。"[1]特别是随着实践的深入，对于与生俱来带有资本主义性质的合作社而言，不能用带有强制性的政策来束缚其发展的手脚，如使合作社必须隶属粮食人民委员部的苏维埃第九次代表大会的决议就有悖合作社发展的规律。在1921年3月召开的俄共（布）第十次代表大会上，列宁强调，社会主义的革命"运动是曲折前进的"[2]，要重新审视对待小农的态度，并需要充分认识到新经济政策所处的过渡性阶段以及合作社的过渡性办法。

三、合作化发展重要原则的再探索

（一）生产资料公有制的所有制依托

列宁在《论合作社》中，谈到由于新经济政策的执行过程中可能会出现过分重视自由工商业原则、重视资本主义的自由化，必然会造成对合作社组织化意义的轻视。特别是，列宁在《论合作社》中再次强调，合作社所有制背后所依托的是生产资料所有权的国家所有[3]，或者说是生产资料公有制的重要组成部分。也就是说，合作社已经上升为经济制度的高度，成为社会主义制度的重要过渡性构成。由此，列宁指明，合作社最主要的原则就是"生

[1] 《列宁全集》（第40卷），人民出版社1986年版，第183页。

[2] 《列宁全集》（第41卷），人民出版社1986年版，第58页。

[3] 注：列宁对生产资料国家所有制的界定就是生产资料属于工人阶级所有。

产资料所有权在国家手中”[1]。这不仅是巩固合作化的原则与目标，也是合作化的基本保障和路径。列宁指明，国家支配一切大的生产资料、无产阶级掌握国家政权、无产阶级和千百万小农结成联盟都要通过合作化得以壮大、合作社的地位得以提高，才能使无产阶级政权对农民的领导得到保证。这也内在要求合作社所有制不是部分居民的合作所有，而是“通过新经济政策使全体居民人人参加合作社，这就需要整整一个历史时代”[2]。当然，新经济政策这一特殊的过渡性、阶段性历史时代就是要多积累合作化赖以发展的物质基础和文化教育基础等。在这种情况下，与在资本主义国家条件下合作社的资本主义的集体机构性质相比，在苏维埃的社会制度下，“如果它占用的土地和使用的生产资料是属于国家即属于工人阶级的”[3]，那么它与社会主义企业是没有区别的。

（二）各阶级分析法与工人阶级领导与掌握国家政权的重要性

1919 年 4 月，列宁作了《关于苏维埃共和国的国内外形势的报告》。其中，在列宁看来，无产阶级政权成立后，依然还有相当一部分没有任何经验的工作人员，在工作中不懂得运用马克思主义阶级分析法来分析问题，甚至是把富农和中农混为一谈，而且这些人还往往体现出横行霸道的官僚主义作风。在富农与中农的区别问题上，列宁认为，与依靠掠夺他人劳动成果、利用他人贫困来谋私利的富农相比，中农是仅靠自己的劳动和小农经济生活的农民。而按照马克思主义的基本原理，长时期依靠小生产的中农依然具有无产阶级化的倾向，因此，为了保障耕者有其田、耕者能致富，需要不断引领小生产者向合作化、集约化的大生产过渡。而这绝不是剥夺，列宁就强调，“世界上从来没有一个社会主义者打算剥夺小业主的财产”[4]。特别是对于中农和贫农来说，仅依靠党组织的引领和组织作用还无法真正做到集体化经营的长期高效运转。列宁意识到单纯依靠《土地社会化基本法》《关于组织贫苦农民和对贫苦农民的供应的法令》《被剥削劳动人民权利宣言》等法令不会能起丝毫作用，“在这方面需要等待，因为农民习惯于重视经验。只有当他们

[1]《列宁全集》（第 43 卷），人民出版社 1987 年版，第 362 页。

[2]《列宁全集》（第 43 卷），人民出版社 1987 年版，第 364 页。

[3]《列宁全集》（第 40 卷），人民出版社 1986 年版，第 366 页。

[4]《列宁全集》（第 36 卷），人民出版社 1985 年版，第 245 页。

看到集体经济优越得多的时候”[1]。苏联的经验是单靠农民阶级是无法实现的，由此“只有靠城市工人的力量才能进行斗争，因为他们同农民有千丝万缕的联系，他们能够提供数十万的工作人员”[2]。总而言之，在列宁看来，只有国家政权由工人阶级掌握，除国家暂时有条件租让的部分生产资料外，其余全部生产资料都由工人阶级掌握，才能发展社会主义性质的合作社经济。

（三）电气化技术的支撑

从苏维埃政权的成立到战时共产主义政策实施的3年时间里，在实际的政治经济工作中已经对社会主义工业、农业以及生产力和生产关系所构成的矛盾综合体的运行规律有所认识。列宁在1920年年底指明：“我们懂得怎样在农业中确保共产主义原则的实现——要做到这一点，就必须取得技术上的巨大进步。”[3]也就是说，农业的合作化离不开国家主导的科学技术的支持，特别离不开发电站、水利设施等大型工程的配套。在苏联电气化计划的实施过程中，农民不仅成为计划实现的建设主体，更成为计划的主要受用主体。列宁在1920年11月21日发表的《我国的国内外形势和党的任务》的讲话中，充分论证了把党的工作重心和全部精力都转移到社会主义经济建设上来的必要性，并指明，共产主义就是苏维埃政权加电气化，苏维埃政权是实现共产主义的政治方面的保证，而全国电气化则是经济方面的保证。列宁把农业的合作化计划也纳入电气化计划的大范围内，并且在这一时期更加凸显了利用由苏维埃所属的电气化来治理农民两极分化趋势的政策转变。

（四）物质技术基础和文化教育水平相结合的基础性作用

根据十月革命后最初几年实践的经验教训以及新经济政策的实施状况，列宁进一步强调小生产者的私人利益同社会利益相结合的重要性，尤其不能忽视小生产者的生产特点、利益诉求等，特别是要找到使私人利益服从社会主义建设公共利益的合适程度，才能克服过去许许多多社会主义者的绊脚石。可以说，新经济政策的实施为在何种程度上发展合作社提供了巨大的思考空间，也使人们开始重新审视“俄国的合作化现在对我们有多么巨大的、不可

[1]《列宁全集》（第36卷），人民出版社1985年版，第246页。
[2]《列宁全集》（第36卷），人民出版社1985年版，第246页。
[3]《列宁全集》（第40卷），人民出版社1986年版，第183页。

估量的意义”[1]。列宁在《论合作社》一文中，从生产和流通领域相结合的视角肯定了合作社的重大意义，指明了把农民组织起来的合作化道路仍是社会主义农业发展的大方向，也是私人利益能够服从共同利益的道路。这是列宁对马克思主义理论的重大贡献之一。列宁结合社会主义革命的经济问题，阐明了实现合作化的重要举措与原则，如党和国家对合作社的引领和指导以及在经济、财政、银行等方面的切实支持，建立必要的物质技术基础，坚持自愿的原则使每个居民都能参加到合作社之中，提高农民的文化教育水平等。列宁强调：“改造小农，改造他们的整个心理和习惯，是需要经过几代的事情。只有有了物质基础，只有有了技术，只有在农业中大规模地使用拖拉机和机器，只有大规模地实行电气化，才能解决这个关于小农的问题，才能使他们的可以说是全部心理健全起来。”[2]可见，物质基础和技术水平是合作化的基础，是需要一个物质积累和技术变革的过程，而集体主义的社会主义文化涵养，更是需要几代人的传承与努力。

（五）党组织的重要引领和组织作用

1918年6月11日，全俄中央执行委员会颁布了《关于组织贫苦农民和对贫苦农民的供应的法令》，并由此成立了贫苦农民委员会。该委员会具有带领乡或村的贫苦农民分配生产资料、粮食以及生活必需品的职责，并协助当地粮食机构开展没收富农余粮的工作。贫苦农民委员会在实际工作中担负着组织农村集体经济的重任。贫苦农民委员会通过夺取超过当地平均份额的富农土地，重新分配地主的土地和农具等生产资料，此外，还鼓励文教工作和组织动员苏联红军。由此，该委员会成为苏联无产阶级专政在农村中的支柱，后又改选为乡、村苏维埃。实际上，苏维埃政权在建立初期，就高度支持集体经济的大发展，力争把全体人民都加入合作社之中，并为集体经济组织提供生产资料和经营资金。苏维埃为大力发展集体经济的区域提供农具的租赁站和修配厂等服务，并在农业机器、畜力农具和种子的分配方面提供最优惠的政策。1918年下半年，国家为农业劳动协作社和公社发放了共计1500万卢布的无息贷款以及超过10亿卢布的资金和技术援助基金。[3]可见，在苏俄，

---

〔1〕《列宁全集》（第43卷），人民出版社1984年版，第361~362页。

〔2〕《列宁全集》（第32卷），人民出版社1984年版，第205页。

〔3〕《列宁全集》（第35卷），人民出版社1985年版，第584页。

集体经济的大力发展不仅是农民的自愿组织和联合，也需要党组织的引导以及自上而下的组织保障、技术支持、生产资料和资金的供给。列宁在《论合作社》中明确指出，从实质上来讲正是在新经济政策的条件下，使俄国居民充分广泛而深入地加入合作社计划中。在他看来，合作社需要共产主义精神的指导，需要工会的帮助，当然也需要发挥参加合作社全体劳动者的主观能动性和组织纪律性，最终“使这些合作社合并为一个自上而下全国统一的合作社”〔1〕。为了达此目的，列宁认为，应该有步骤地引导在合作社中贯彻苏维埃的政策，使全体党员在合作社内实际工作并充分发挥模范带头作用。

（六）自愿与示范原则的构想

自愿和示范原则是实现合作化的重要原则。其中，合作化的示范原则同时也能体现出合作的自愿原则，因为示范原则本身可以避免由法令来强制执行的“被合作化”。1919 年 4 月，苏维埃签署人民委员会给各省土地局和执行委员会的通令。该通令明确强调，不允许用强制的手段把农民的土地归为公有，不允许强迫农民采用共耕的方式耕种和经营土地、参加公社或其他集体经济组织。列宁在 1920 年 12 月发表的全俄苏维埃第八次代表大会的文献中，也认识到合作化再往前走一小步就是“被合作化”。列宁说：“如果通过发扬集体主义精神，整个整个乡，整个整个村团的农户都发展起来，那最好不过了。但是现在可能做到什么程度，这正是应该考虑的。”〔2〕特别是，合作化的发展程度要与农业生产力的发展水平、电气化的发展水平相适应，才能保证农村的社会主义生产关系的牢固。这种自愿原则，在《论合作社》中还体现出合作社的另一个重大意义，即“采用尽可能使农民感到简便易行和容易接受的方法过渡到新制度方面”〔3〕。

第三节　斯大林对集体经济理论的建构与实践问题

斯大林在《论列宁主义基础》的小册子中指明，“列宁主义是帝国主义和无产阶级革命时代的马克思主义。确切地说，列宁主义是无产阶级革命的理

〔1〕《列宁全集》（第 36 卷），人民出版社 1985 年版，第 90 页。
〔2〕《列宁全集》（第 40 卷），人民出版社 1986 年版，第 183 页。
〔3〕《列宁全集》（第 43 卷），人民出版社 1987 年版，第 362 页。

论和策略，特别是无产阶级专政的理论和策略”[1]。由此可见，列宁的合作社理论已然成为列宁主义的重要组成部分，因为这一理论是无产阶级政权在农村的主要经济制度，其担负着组织成千上万的小生产者进行产供销一体化生产与再生产的重任，也是实现工业化的重要一环，还肩负着巩固无产阶级政权、抵御帝国主义封锁的任务。从总体上来说，斯大林在苏联实施集体农庄模式之前，还是继承了列宁的合作社思想，并结合国内外形势的变化不断实践和发展了这一理论成果。如果说列宁是帝国主义和无产阶级革命时代合作化理论的集大成者及初步实践者，那么斯大林就是发展这一理论的探索者。特别是，如何使合作化更为巩固、更加能够适应社会化大生产的需要成为苏联社会主义建设时期亟待解决的中心课题。但是，与列宁晚年的合作化思想相比，斯大林的“集体农庄”农业集体化思想有着因发展背景和发展阶段不同而产生的一些质的区别，即对列宁合作社思想的异化理解。对此，也要清醒地看到这一理论背后所存在的制度设计及实践问题。

一、从合作化向集体化的发展进程

（一）在产供销一体化的过程中加速集体化方向

可以说，苏联用各种合作社的方式所走的合作化道路，在生产过程中形成了从交换、消费、分配到生产的倒置型结构。虽然生产是第一性的，但是不能忽略在资本主义生产方式内部由交换、消费关系的变革而对生产领域所产生的反作用力。苏联的合作化道路也正是通过消费合作社的组织形式才进一步有望把这种合作关系拓展到生产层面，而只有在生产领域从集体化劳动到劳动者的生产资料集体制所有，才能使社会主义的整个生产过程得以贯通。这条从合作化上升为集体化的道路实质上就是社会总生产过程从流通领域转换为生产领域的道路。斯大林对这一合作化的经济史有着深刻的认识。他指出，这条道路“起初是在农产品销售方面和农户所需要的城市产品供应方面，然后是在农业生产方面应用集体制原则的道路”，因为“销售方面的合作化、供应方面的合作化、最后信贷和生产方面的合作化（农业协作社）是提高农村生活水平的唯一道路，是使广大农民群众免于贫困和破产的唯一方法”[2]。

---

[1]《斯大林选集》（上卷），人民出版社1979年版，第185页。

[2]《斯大林选集》（上卷），人民出版社1979年版，第449页。

特别是普遍合作化作为连接私人利益和集体利益的桥梁，可以使参与合作社的农民通过合作销售来有计划地提高销量以及支持国家工业化建设，并且通过供应生产机器、种子等生产资料提高生产效率。

斯大林继承了列宁的合作制的思想，并把合作社的低级形式（供销合作社）和高级形式（集体农庄）都作为社会主义制度下的合作社企业。对此，斯大林指明："列宁并不是把合作社企业孤立起来观察，而是把它们和我们的现存制度联系起来观察，注意到合作社企业是在生产资料属于国家的国家里，在属于国家的土地上经营的。"[1]但是，这里的问题在于，斯大林把社会再生产过程中的生产和流通过程的辩证统一体分为了孰高孰低的问题。特别是，在社会再生产的生产和流通的横纵坐标轴上的"作用"与"反作用"的关系，并非"高"与"低"的问题。从总体上来说，斯大林在贯彻列宁关于从小农经济过渡到合作经济思想的同时，后期又急于把列宁的合作社思想过渡到带有共产主义原则的"共耕制"的集体经济形式。他认为，要解决社会主义农业远远落后于工业的困境，"出路就在于把分散的小农户转变为以公共耕种制为基础的联合起来的大农庄，就在于转变到以高度的新技术为基础的集体耕种制"[2]。

（二）合作化的农业与高度发达的工业相结合

进一步而言，农业的合作化需要在国有的工业化指导下来实现，否则从事小商品经济的农民也极易走向使农民大批破产的旧式资本主义道路。从1921年8月到1926年6月，苏联的合作社逐步发展成门类齐全的农业合作总社。斯大林把列宁认为的社会主义经济的基础性任务从总体上归纳为两个方面：一方面是加强和发展国有化工业，另一方面是在流通领域发展合作社，振兴商业，组织千百万农民参加合作社。在斯大林看来，用粮食税代替余粮收集制之后，由国家调节的合作社可以进一步把工业经济和农业经济联系起来，增加工业品和农产品的交换，实现工农业之间的互哺，通过进一步减少粮食税额来为农民减负，并为工业品扩宽销路。在斯大林看来，"合作化的农业和高度发达的金属工业"[3]的结合是国防事业的基础，是社会主义事业在

---

〔1〕《斯大林选集》（下卷），人民出版社1979年版，第226页。

〔2〕《斯大林全集》（第10卷），人民出版社1954年版，第261页。

〔3〕《斯大林选集》（上卷），人民出版社1979年版，第352页。

国际范围内取得胜利的基石，这也是列宁道路的真谛。在《论列宁主义的几个问题》一文中关于“把散漫的农户团结在社会主义工业周围的道路”[1]的论述凸显了合作化服务于工业化的总体定位。斯大林认为，通往集体化的道路除需要合作化由流通领域向消费领域转换之外，还需要“社会主义工业领导下实行农户普遍合作化”[2]。1926年4月，斯大林在《关于苏联经济状况和党的政策》一文中又进一步阐释，工农联盟的基础就是工业化和合作化的相互支撑，而且不能偏废其一。特别是，“对于工人阶级来说，农民既不能是剥削对象，也不能是殖民地”[3]。这也回应了认为斯大林的经济理论中只是片面发展工业、抑制农业的观点。实际上，斯大林认为，农业经济不仅是工业经济的市场，而且直接关系着工农联盟的稳固、苏维埃政权的兴衰。他总结道：“农民经济的提高，农民的普遍合作化，农民物质生活状况的改善，是一种前提，没有它就不能保证我国工业有较大的发展。”[4]在工业化的进一步推进中，斯大林进一步否定了布哈林关于市场的“常态化”、私人贸易的“自由化”的提议。1928年10月，在联共（布）莫斯科委员会和莫斯科监察委员会联席全会上，他指明，自由市场“解决谷物问题和改造农业的基础不是高速度发展工业”，其“通过自由市场和在市场上自由玩弄价格来发展个体农民经济（包括富农经济在内）”[5]。

（三）党善于领导农业合作社的重要性

虽然产供销一体化建设能够实际提高合作社的经营效益，合作化和工业化并重的政策主张也能在一定程度上提高农业的经济地位，但是由于农业自身受自然环境与土壤肥力、级差地租与绝对地租等多重自然与社会历史因素的影响，必然会造成“三农”在经济地位上自然地处于一种劣势地位。由此，党的任务就是要在这种经济的自然趋势下，学会如何引导经济工作、如何进行社会主义经济建设。斯大林认为，党在农村工作中的首要任务就是，“研究经济，使自己和经济结合起来，深入到经济建设中的各项细节中去”[6]。特别

[1]《斯大林选集》（上卷），人民出版社1979年版，第449页。
[2]《斯大林选集》（上卷），人民出版社1979年版，第451页。
[3]《斯大林选集》（上卷），人民出版社1979年版，第477页。
[4]《斯大林选集》（上卷），人民出版社1979年版，第477页。
[5]《斯大林选集》（下卷），人民出版社1979年版，第157页。
[6]《斯大林选集》（上卷），人民出版社1979年版，第349页。

是，在农户经济方面，党要结合实际帮助农户进行经济改善、提出具体的举措，以此来提高农户的收入和生活水平。只有党实际促进了经济工作，农民的政治积极性才能得到提高，这种积极性才能再通过苏维埃和合作社的结合展现出来。也就是说，在斯大林看来，提高农民的积极性要通过苏维埃、通过合作社，而不是绕开苏维埃、绕开合作社。斯大林还非常重视提拔与组织非共产党员担任集体农庄领导等工作的重要性，并认为党应积极做到“三个善于”，即“善于吸收非党优秀分子参加工作，他们善于在非党的广大阶层中间吸取力量，他们善于把广大非党积极分子团结在自己党的周围”〔1〕。

二、对加速全盘集体化的认识

1928年前后，苏联的国内粮食短缺问题严重，多数富农却囤积了大量的粮食拒绝向国家出售，严重威胁了苏联工业化的高速发展和城市居民的日常生活。在这一背景下，苏联计划加速全盘集体化。1927年12月，联共（布）第十五次代表大会作出了关于制定苏联国民经济第一个五年计划的指示，通过了全力开展农业集体化的决议，拟订了发展集体农庄和国营农场的计划，并出台了实现农业集体化的具体方法。此后，1930年6月到7月召开的联共（布）第十六次代表大会决定，苏联的社会主义建设要继续保证“布尔什维克速度”，争取用四年完成“一五”计划，会上提出在全盘集体化的基础上进一步消灭富农经济的计划。

（一）深刻认识集体化这一社会主义经济关系

马克思说：“人们在生产中不仅仅影响自然界，而且也互相影响。他们只有以一定的方式共同活动和互相交换其活动，才能进行生产。为了进行生产，人们相互之间便发生一定的联系和关系；只有在这些社会联系和社会关系的范围内，才会有他们对自然界的影响，才会有生产。”〔2〕从中可以看出，人类的社会生产活动是由生产力和生产关系这两个方面组成的综合统一体，不管在任何社会形态下都是一样，只有同时具备生产的这两个方面，才能有社会生产。在这个统一体中，阻碍生产力发展的旧生产关系与社会化大生产相适应的新生产关系有本质的区别。在人类社会生产活动中，与生产力发展水平

〔1〕《斯大林选集》（下卷），人民出版社1979年版，第264页。

〔2〕《马克思恩格斯选集》（第1卷），人民出版社2012年版，第340页。

相适应的新生产关系是能决定方向性的主要力量。斯大林在1952年评价尔·德·雅罗申科的错误时指出："正是它决定生产力进一步的而且是强大的发展，没有这种新的生产关系，生产力就注定要萎缩下去，如像现在资本主义国家中的情形一样。谁也不能否认，我们苏联工业的生产力在几个五年计划中有巨大的发展。但是，如果我们没有在1917年10月用新的社会主义的生产关系来代替旧的资本主义的生产关系，那就不会有这样的发展。如果我国的生产关系即经济关系中没有发生这种变革，我国的生产力就会萎缩下去，就像现在资本主义国家中生产力萎缩的情形一样。"[1]比如，苏联农业生产力在20世纪30年代以来数十年中所取得的巨大发展，不得不说得益于新的集体化的生产关系代替了旧的资本主义生产关系。

长期以来，在理论界和学界常常把集体化仅作为一个政治概念，作为社会主义革命和建设的一个政治"符号"。这种概念的混淆在苏联建设时期就常被定性为"集体农庄这种经济组织同社会主义经济形式毫无共同之处"[2]。这一断言的背后就是对集体经济的政治化理解。而斯大林明确指出："集体农庄作为一种经济类型，是社会主义的经济形式之一。这是丝毫不容怀疑的。"[3]也就是说，集体化理论及其实践模式不仅是一种经济形式，更是一种社会主义的经济形式。因为集体化属于生产资料公有制的重要组成形式之一，"是由人们在生产过程中的关系决定的"[4]经济关系。当然，这一经济形式也要符合经济规律，如果在很短的时间内通过剥夺富农财产来实行全盘集体化，同样是缺乏对生产力和生产关系的综合体的正确研判。

（二）认识到生产关系变革本身能够产生经济效益

西方资产阶级经济学对技术充满了拜物教般的崇拜，似乎一切经济效益都只能由技术的进步引起。这在马克思看来是由机器的资本主义应用所产生的剩余价值机制导致的结果。资本主义工厂内协作生产所产生的效益是最终导致两极分化的效益，而社会主义从根本的生产资料所有制出发所进行的变革，有可能出现经济效益的量与质的双赢结果。面对社会主义经济建设的

---

〔1〕《斯大林选集》（下卷），人民出版社1979年版，第585页。

〔2〕《斯大林选集》（下卷），人民出版社1979年版，第224页。

〔3〕《斯大林选集》（下卷），人民出版社1979年版，第224页。

〔4〕《斯大林选集》（下卷），人民出版社1979年版，第225页。

“剪刀差”问题的质疑，斯大林引用苏联著名统计学家涅姆钦诺夫的著名统计表对“十月革命”前后各阶层生产粮食的状况进行了深入分析。

表 2-3　“十月革命”前后各阶层生产粮食的状况[1]

	地主	富农	贫农和中农
革命前	6 亿普特	19 亿普特	25 亿普特
革命后（1927 年）	不存在	6 亿普特	40 亿普特

在斯大林看来，虽然生产粮食的技术和机器水平在“十月革命”前后并没有明显的质的提升，但是通过生产资料从地主所有制向贫农和中农所有制转变的生产关系的变革，对于广大的贫农和中农来说，就已经实现了产量与效益的优化（表 2-3）。这种优化不在技术变革而在产权的分配，其从“十月革命”前后粮食生产的总量中就能进一步明晰。革命前三大阶级的粮食产量的总量为 50 亿普特，革命后总量为 46 亿普特。虽然粮食总产量有所降低，但这不仅避免了在资本主义生产方式下会出现的“丰产不丰收”的现象，而且更重要的是，农民因为土地集体所有制的确立，节省了此前购买耕种土地的大量费用，并且通过联合起来的粮食生产使得劳动生产率提高了 1 倍，特别是“在价格稳定的情况下，农民出卖粮食得到的钱会比以前多得多”[2]。

（三）严格界定俄国农业与西方农业的差别

在斯大林看来，西方农业最主要的关键词是分化，而社会主义农业最主要的关键词是合作化。按照资本主义模式发展起来的农业农村必然会产生深刻的两极分化，即“一极是大田庄和私人资本主义大地产，另一极却是大众的贫穷困苦和雇佣奴隶地位”[3]。斯大林深刻地认识到，单就生产资料国有化的性质和苏维埃政权的性质而言，俄国农业不可能走西方农业的道路。生产资料国有化的性质是苏维埃制度体系的经济本质特征，苏维埃政权的领导是苏维埃制度体系的政治本质特征。在这两个本质特征的体制内，俄国农业实际上只能循着另一条社会主义的道路前进。斯大林指明，这条道路就是

---

〔1〕《斯大林选集》（下卷），人民出版社 1979 年版，第 222 页。

〔2〕《斯大林选集》（下卷），人民出版社 1979 年版，第 222 页。

〔3〕《斯大林选集》（上卷），人民出版社 1979 年版，第 234 页。

“循着使千百万小农和中农合作化的道路，循着在农村中发展那种由国家以优惠贷款的办法来扶持的群众性的合作社的道路去发展”〔1〕。斯大林继承并发展了列宁的合作化思想，并在《论列宁主义基础》一文中从两个层面诠释了社会主义新道路的两层内涵：其一通过合作社的集体制原则吸引成千上万的小农户来加入社会主义建设中，其二利用合作社的原则从农产品的流通领域入手，然后不断应用于农产品的生产方面，其也是实现向集体化过渡的核心环节。

（四）认识到经济、政治以及文化建设相结合的重要性

20世纪初，伯恩施坦的修正主义在整个欧洲非常盛行。他们认为，只要有工会、合作社等经济斗争，而无需进行由资产阶级政权向无产阶级政权更替的政治斗争。苏维埃政权得以巩固之后，斯大林认为，此时“经济建设问题就成为首要问题了”〔2〕。在他看来，集体农庄是社会主义的重要经济形式。斯大林还深刻地认识到仅有合作社的经济斗争还远不足以达到革命的目的，政党组织的政治斗争仍是经济斗争的重要保障。当然，共产党的经济工作仍然是政治领导问题的重要指向标。斯大林把政治领导当作一门艺术，并认为，“党所以强而有力和不可战胜，就是因为它在领导运动的时候善于保持和加强自己同千百万工农群众的联系”，“既反对落后的人，又反对跑得太远的人”〔3〕。当集体化的经济形式进一步巩固之时，斯大林也并不完全认为，经济形式的建成就意味着社会主义所必需的一切就具备了。因为除经济内容即物质财富的进一步丰富之外，还有相当重要的内容需要不断提高与完善。这部分内容就是人的因素，具体指人的思想境界、文化水平和精神觉悟。斯大林强调：“如果以为集体农庄庄员已经变成社会主义者，那就更错了。不是的，要改造集体农民，克服他们的个人主义心理，使他们成为真正的社会主义社会的劳动者，还必须做很多工作。”〔4〕社会主义的改造并不仅指技术的改良，而且还要“用社会主义精神去改造农民、改造农民心理的主要基地”〔5〕。斯大林意识到，集体农庄的经济形式的实施，并不意味着集体化内部之间矛盾的消失，

〔1〕《斯大林选集》（上卷），人民出版社1979年版，第234页。
〔2〕《斯大林选集》（上卷），人民出版社1979年版，第232页。
〔3〕《斯大林选集》（下卷），人民出版社1979年版，第244页。
〔4〕《斯大林选集》（下卷），人民出版社1979年版，第227页。
〔5〕《斯大林选集》（下卷），人民出版社1979年版，第227~228页。

而有时这种斗争会因没有摆脱“个人主义残余”和“富农思想残余”的庄员之间的斗争而变得日益加剧，这也必然会造成集体农庄内部某些不平等的现象或图谋私利的现象仍大量存在。

（五）在一定程度上认识到加速全盘集体化的问题

苏联全盘集体化的推进速度是很快的，用不到两个五年计划的时间就实现了集体农庄的耕种面积占全苏的99.1%。有数据统计，1933年7月1日，集体化的比率为65.6%，1934年7月1日为71.4%，1935年7月1日为83.2%，1936年7月1日为90.5%。到1937年，全苏共建集体农庄24.37万个，有1850万农户加入，占农户总数的93%，其播种面积占全苏的99.1%〔1〕。现有相关研究多集中在分析全盘集体化的理论和实践问题，多是站在事后的视角进行的分析，而实际上在全盘集体化的实施过程中，斯大林对于实践存在的问题是有所察觉与分析的。这一问题就是在全盘集体化运动表面顺利推进的背后，必然存在违背经济规律的在政策层面的“被集体化”的问题。这就可能从根本上有违集体化的自愿原则和因地制宜的原则。这也就是斯大林所讲的“决不能用强力去建立集体农庄”，因为集体化的推进是“以集体农庄运动的自愿原则和估计到苏联各个不同地区的各种不同条件的原则为依据的”〔2〕。斯大林认为，这样的被集体化的“政策”会一下子破坏集体化的思想。也就是说，他已经意识到，如果不注意以下两个方面，推进集体化就会遇到的问题。

一方面，集体化不能脱离农民群众的积极支持。斯大林列举了在当时的土耳其斯坦的某些地区，执行者对集体农庄运动所进行的官僚式命令的手段，甚至不惜用武力威胁或不供给不愿加入集体农庄的农民灌溉用水和工业品的威胁办法来实现集体化的赶超。斯大林在1930年联共（布）第十六次代表大会上作政治报告时也指明：“农民向集体化方面的转变不是一下子开始的。这个转变也不能一下子开始……要达到这个转变，至少还必须具备一个条件，就是要使农民群众自己相信党所宣布的口号是正确的，并且当作自己的口号来接受它。所以，这个转变是逐渐准备起来的。”〔3〕

---

〔1〕李仁峰主编：《苏联农业统计资料汇编》，农业出版社1981年版，第17页。

〔2〕《斯大林选集》（下卷），人民出版社1979年版，第239页。

〔3〕《斯大林全集》（第12卷），人民出版社1955年版，第246页。

另一方面，不能机械地按照发达地区集体农庄的建设样板，把其搬到不发达的地区。斯大林认为，不能把所有区域都按照具有较高生产条件的区域来推进集体化，特别是集体化建设的速度和方法的两个重要层面，都“应当周密地估计到苏联各个不同地区的各种不同条件”[1]。这一区域的差异性在苏联体现得极为明显，如其同时面临着南北差异、东西差异、生产和消费地区的差异、不同民族居住地区的差异。

（六）认识到通过集体化的内部积累来突破帝国主义封锁的重要性

随着20世纪初资本主义的发展进入帝国主义阶段，金融资本与产业资本的进一步结合使世界上每个角落都被纳入经济和资源掠夺的对象。与此同时，苏联作为在帝国主义薄弱环节率先建立起来的第一个社会主义国家，是马克思主义与本国实际相结合的第一个重要典范。当然，在一个技术落后的、近于赤贫的并遭到四年帝国主义战争和三年国内战争破坏的生产力落后的国家里，技术水平、工业水平、居民识字率从总体上来说都还很低。1935年5月，在克里姆林宫举行的红军学院学员毕业典礼上，斯大林强调，要想在短时间内摆脱帝国主义的围堵和封锁，毋庸置疑，首要任务就是“要把这个国家从中世纪和愚昧无知的轨道转到现代化工业和机械化农业的轨道上去”[2]。可以说，这个任务是非常艰难的，因为社会主义生产方式不再像资本原始积累那样通过资本扩张来掠夺与剥削的方式来实现积累，而是主要通过内部积累的方式来实现机器制造业、冶金业、拖拉机和汽车制造业、军工业的工业化，进而抵御外部的经济封锁与渗透。当然，要想完成这个任务，帝国主义包围的外部环境是不会给予一个稳定的、宽松的、长期的发展环境的，需要在较短期间解决这个任务并把社会主义巩固起来。如果要在技术薄弱和文化落后的国家里独立自主地实现社会主义经济建设，就必然不能丧失自己的经济和技术的独立性，否则就容易变成帝国主义列强和国内外资产阶级的俘虏。当时，经常会有质疑这种积累方式并没有直接在民众的物质生活的改善层面得以彰显。这种声音有的来自民众，有的来自国内外资产阶级经济学者。如，有学者质疑，“你们的工业化、集体化，机器、钢铁、拖拉机、联合收割机和汽车，对我们有什么用处呢？倒不如多给一些布匹，多买一些生产日用品的

[1]《斯大林选集》（下卷），人民出版社1979年版，第240页。

[2]《斯大林选集》（下卷），人民出版社1979年版，第368页。

原料，多给人们一些美化日常生活的零星物件更好些。要在我国落后的情形下建立工业，而且是头等的工业，这是危险的幻想。”[1]但是，斯大林认为，如果不能沿着社会主义工业化和集体化的道路前进，那么“强大的头等的工业，强大的机械化的农业，日益发展的和蒸蒸日上的运输业，有组织的和装备精良的红军”都无法实现，甚至会“使社会主义遭受失败”[2]。

三、全盘集体化的制度设计与实践问题分析

(一) 集体化与新技术的应用

在资本主义生产方式的超额剩余价值机制作用下，建立在技术变革基础上的劳动生产率的提高，意味着要降低劳动力的价值，从而缩短劳动力再生产的价值。相对剩余价值生产理论深刻地揭示了技术的变革不是单纯的自然科学领域的纯技术问题，而是直接与社会生产关系相关联的社会科学问题。人类进入资本主义社会以后虽然社会生产力得到了突飞猛进的发展，但是技术条件的进步，多是围绕资本获得超额剩余价值、降低工人的工资这一根本目的所展开的，还会经常造成环境的污染与生态的破坏，从总体上来说依然是服务于资本利益的生产方式。马克思深刻地批判了机器本身与机器的资本主义应用之间所产生的矛盾和对抗，具体来说，“因为机器就其本身来说缩短劳动时间，而它的资本主义应用延长工作日，因为机器本身减轻劳动，而它的资本主义应用提高劳动强度，因为机器本身是人对自然力的胜利，而它的资本主义应用使人受自然力奴役；因为机器本身增加生产者的财富，而它的资本主义应用使生产者变成需要救济的贫民，如此等等”[3]。

而在社会主义生产方式下，新技术的应用需要考虑的是城乡关系、工农关系、阶级关系等生产关系层面的调整与完善。也就是说，技术的发展需要建立在解决人与人之间发展不平衡的基础之上。在斯大林看来，资本主义生产方式加剧造成的城乡分离、工农关系破裂以及由此造成的农产品商品量不足等问题，会使农业产生一种无法跟上工业发展步伐的自然倾向，而克服这种倾向又是紧迫的、必要的且具有很大难度。在解决这一问题上，斯大林提

---

〔1〕《斯大林选集》(下卷)，人民出版社 1979 年版，第 369 页。

〔2〕《斯大林选集》(下卷)，人民出版社 1979 年版，第 370~371 页。

〔3〕 马克思：《资本论》(第 1 卷)，人民出版社 2004 年版，第 508 页。

出，“在新技术基础上重新装备农业”[1]。他把机器和拖拉机看作社会主义经济繁荣和农业发展的杠杆。1929年4月，在联共（布）中央委员会和中央监察委员会联席全会上，斯大林谈到了“工业发展速度和结合的新形式问题”。[2]在传统的工业和农业结合的旧思维与旧形式中，农业与工业技术的进步没有直接联系，集体化与工业技术的提高更没有必然联系。在这里，旧形式是指工业只能满足农民衣食住行方面的个人需要，而新形式是指工业满足农民的农用机器、拖拉机、肥料燃料、优良种子等生产领域的需要。斯大林提出，恢复农业和改造农业的不同概念与要求，即恢复农业尚可满足于旧形式，但改造农业却“需要帮助农民在新技术和集体劳动的基础上改造农业生产”[3]，特别是要让农民“相信新技术的力量和意义，相信新的集体经济组织的力量和意义”[4]。

斯大林所提出的“重新装备农业”，不是新技术的单纯应用，而是要在生产关系层面做到六个方面的调整来适应新技术的应用。这里的“六个必须”是指“必须逐步地把分散的个体农户联合为大农庄即集体农庄，必须在集体劳动的基础上建设农业，必须扩大集体规模，必须发展原有的和新建的国营农场，必须有步骤地把预购这种广泛采用的形式应用到农业的一切主要部门中去，必须扩大那个帮助农民掌握新技术并使劳动集体化的机器拖拉机站系统”[5]。斯大林认识到，社会主义的生产方式与劳动力成为商品的资本主义的生产方式不同，不是依靠降低劳动力商品的价值来占有更多的相对剩余价值，而是要通过生产关系的变革来完善社会主义积累方式。

当然，也要辩证地看待关于“因为只有公共的大生产才能充分利用科学成就和新技术，才能一日千里地推进我国农业的发展”[6]的认识。因为，一方面，只有社会主义公有制条件下的社会主义大生产才能摆脱通过技术革新唯利是图的超额剩余价值机制，让科学技术可以自觉应用于产业升级、效益提高、财富积累，并最终实现劳动者阶层的共享与共富。另一方面，

---

[1]《斯大林选集》（下卷），人民出版社1979年版，第155页。

[2]《斯大林选集》（下卷），人民出版社1979年版，第154页。

[3]《斯大林选集》（下卷），人民出版社1979年版，第155页。

[4]《斯大林选集》（下卷），人民出版社1979年版，第240页。

[5]《斯大林选集》（下卷），人民出版社1979年版，第155~156页。

[6]《斯大林选集》（下卷），人民出版社1979年版，第156页。

在社会主义还未实现充分的内部积累的阶段，公共的大生产也需要通过一些过渡形式的制度设计来调动全体农民的积极性，如果把集体化变为强制性的“被集体化”，就会使技术的创新失去劳动者的首创精神，同时失去科技进步的经济动力。经济动力的不竭源泉也成为集体化的最终目标能否实现的保证。

（二）集体化与中间环节理论的探索

农业集体化从本质上来说就是一种社会主义生产关系的调整。而这种生产关系的调整又与生产力的发展形成一个不可分割的统一体。从小农经济到集体经济中间还存在着一个使前后两种经济形式并存的中间环节，即相互连接的“桥梁”。这一“桥梁”属于生产关系层面的过渡形式，即在生产资料还未完全属于公有或集体所有的情况下实行产供销一体化的联合。这也是列宁合作社思想的核心要义。虽然在全盘集体化的实践中有背离劳动合作组合原则的问题，但是斯大林从总体上非常重视列宁主义关于合作社的基本原则。斯大林在对这一问题的思考中指出，“必须在个体贫农中农经济和公共的集体经济形式之间架起一座桥梁，即广泛订立预购合同，建立机器拖拉机站，全力发展合作社运动，以便使农民易于把他们的细小的个体经济转上集体劳动的轨道。”〔1〕可见，通过合作社运动以及全力发展合作社经济的各种有益形式，实现在生产层面建立集体的农用机械站、在销售层面建立预购合同，都将有利于小农经济向集体经济过渡。但是，在实践中，随着组建集体经济组织和推进全盘集体化运动的全面开展，各地实际上纷纷越过被中央决议称为“过渡形式”的劳动组合，建立起农业公社。〔2〕在西伯利亚，1930 年 3 月的集体经济组织中，公社占 43%，劳动组合占 39%，共耕社占 18%。〔3〕与此同时，集体经济组织的规模也越来越大。1929 年 10 月 1 日，一个集体经济组织平均有 23. 3 农户，139. 8 公顷土地；1930 年 1 月 20 日就达到 73. 9 农户，525. 9 公顷土地，3 月 1 日，更是达到 129. 2 农户，797. 4 公顷土地。〔4〕也就是说，在短短的 5 个月内，一个集体经济组织平均农户数增长约 4. 5 倍，土

〔1〕《斯大林选集》（下卷），人民出版社 1979 年版，第 156 页。

〔2〕徐天新：《斯大林模式的形成：苏联史（第 4 卷）》，人民出版社 2013 年版，第 35 页。

〔3〕徐天新：《斯大林模式的形成：苏联史（第 4 卷）》，人民出版社 2013 年版，第 35 页。

〔4〕［美］沃·拉德钦斯基等著：《苏联农业的社会化》，赵林叙译，商务印书馆 1964 年版，第 32 页。

地面积增加约 4. 8 倍。

面对全盘集体化所出现的武力威胁和暴力干预等问题，斯大林把其归结为没有抓住集体农庄运动的基本环节，即农业劳动组合的夯实与优化。与集体农庄的生产资料单一公有制相比，斯大林所定义的农业劳动组合对于不同生产资料的所有权归属虽然有一些区别，但从本质上来说已经越发趋近。如，“在农业劳动组合中实行公有化的是基本生产资料，主要是谷物业方面的基本生产资料：劳动、土地使用、机器和其他农具、耕畜以及经营用的建筑物。在农业劳动组合中不实行公有化的是：宅旁园地（小菜园、小果园）、住宅、一部分产乳牲畜、小牲畜、家禽等。”[1]在斯大林看来，农业劳动组合的重要性在于，作为集体化运动的基本环节承担着解决谷物问题的最适当的形式，进而成为解决畜牧业等整个农业体系的枢纽，而且还进一步关系着为工业提供主要原料的经济作物和特种作物的问题。

（三）工业化成为集体化的基础与终极目标

1946 年 2 月，斯大林在莫斯科的演讲中总结了苏联三个五年计划所取得的历史性成就。比如，1940 年苏联生产了 1500 万吨生铁，等于 1913 年的 4 倍；1830 万吨钢，等于 1913 年的 4. 5 倍；1 亿 6600 万吨煤，等于 1913 年的 5. 5 倍；3100 万吨石油，等于 1913 年的 3. 5 倍；3830 万吨商品谷物，比 1913 年多 1700 万吨；270 万吨籽棉，等于 1913 年的 3. 5 倍[2]。而苏共就是依靠苏维埃的国家工业化政策和农业集体化政策，保证了仅用三个五年计划（“一五”计划实际 4 年完成，而“三五”计划的第 4 年度被战争打断，由此实际上为 13 年左右的时间），就创造了上述物质条件，使苏联由农业国转变为工业国。斯大林对于集体化的目标定位是，不仅要消灭国家农业方面的落后状况，更要为国家的工业化提供更多的商品粮、更多的棉花等工业原材料，这就需要从小农经济过渡到集体经济，才能更好地采用新技术、利用农艺学新成就，并以此提供更多商品与产品。

任何国家农业的高度发展都离不开工业强有力的支撑。苏联更是一样，其所谋求的并不是集体所有制内部封闭的、孤立的组织形式，而是强调工业在农业中的基础性地位，强调发展冶金业、化学工业和机器制造业以及建设

---

〔1〕《斯大林选集》（下卷），人民出版社 1979 年版，第 242 页。

〔2〕《斯大林选集》（下卷），人民出版社 1979 年版，第 495 页。

拖拉机制造厂、农业机器制造厂。当然，需要明确的是，工业的发展和技术的革新是农业进步的手段，而不是最终的目的，农业相较工业所体现出的“三农”关系更为紧密。对此，斯大林的认识是“高速度发展我国工业是在集体制基础上改造农业的钥匙”〔1〕。这一认识在实践中却呈现出工业凌驾于农业之上的情况，这也进一步导致苏联日后对农业的发展和农民的物质福利缺乏应有的重视。特别是如果仅从粮食收购量的视角来考虑工业化的应用问题，并以此来反对小农户适度的自由贸易和必要的粮食进口，那么就势必会影响集体化本身的目的与要求。

（四）激进式的全盘集体化问题

在全盘集体化时期，新经济政策和合作社计划都有了更为激进的“新提法”。但是，如果不全面认识新经济政策在社会主义建设阶段上的重要意义或有意极度缩短这一阶段，那么必然会带来一系列经济、政治乃至社会问题。列宁关于新经济政策的施行是认真而长期的正确主张。但是，斯大林用更为激进式的政策代替了渐进式政策。他在1929年12月29日的《真理报》上明确强调，“当它不再为社会主义事业服务的时候，我们就把它抛开”〔2〕。新经济政策当然不是一种退却，而是为社会主义全民所有制和集体所有制内部的调和、城市和乡村的调和、工业和农业的调和、工人和农民的调和，而奠定的具有长期性的重要经济政策。正因为在政策上有悖新经济政策的精髓，所以导致了集体化理论和实践的一系列问题。

第一，忽视了“人的因素是集体化的最终目标”。我们知道，集体化理论作为生产关系变革的范畴，其本身的目的就是实现农民在物质和精神上的富有，进而实现人的全面而自由的发展。斯大林也反复强调，领导集体农庄如果推行的是强制集体化和公有化的政策，那就是瓦解和破坏集体农庄威信的政策。他试问，“谁需要这种把集体农庄运动的各种形式搅成一团的鲁莽‘工作’呢？谁需要这种愚蠢的对事业有害的急躁冒进呢？当谷物问题还没有解决，集体农庄的劳动组合形式还没有巩固的时候，拿住宅、全部产乳牲畜、全部小牲畜和家禽的‘公有化’来戏弄集体农民，——这样的‘政策’只能

〔1〕《斯大林选集》（下卷），人民出版社1979年版，第156~157页。

〔2〕《斯大林选集》（下卷），人民出版社1979年版，第232页。

合乎我们的死敌的心意并对他们有利，这难道还不明显吗?”[1]争取广大农民的支持始终是集体化运动最迫切和最艰巨的任务。

第二，在工农业的组合中，工业对农业的侵蚀越发严重。工业和农业有各自的产业发展特点，不能一概而论、以偏概全。当时，发展机器制造业、化学工业、冶金业等工业部门是毋庸置疑的，把工业作为农业的基础也是正确的，但是也要重视农业发展所具有的自身发展的特点和规律。如果无视或者忽略这一规律，那么就必然会造成农轻工重发展比例的严重失调，最终有碍农业自身的发展。

第三，在生产力和财富积累没有得到高度发展时，统一组织的集体化产供销活动，如果缺乏必要的、科学的制度设计和高素质的干部执行力，就必然会有碍农民的积极性的调动。由此，在充分保障集体所有制和发展集体经济的情况下，如何在制度设计层面进一步促进工农的有机结合，成为关系“三农”问题的关键。斯大林所提出的“党的方案”和“布哈林的方案”[2]不是两者必居其一的方案，前者——“高速度发展我国工业是改造农业的钥匙”和后者——“发展个体农民经济是改造农业的钥匙”[3]的“两把钥匙”实际上并不是一个层次的方案。前者把工业化作为农业发展的根本动力是毋庸置疑的，工农业的有机结合的确是提高农业生产效率和经济效益的根本保证，但是后者的个体农民经济如果利用价值规律在市场上可以获得一定的经济活动空间，那么也会对调动农民的积极性以及实现农民生活物质水平的提高具有重要的推动性作用。由此，如果在社会主义公有制的经济基础框架内，与有效的个体经济相结合、相补充的改造农业的方式，就不是“降低工业的发展速度和破坏结合的新形式的方案”[4]。实际上，斯大林在1952年就苏联经济问题讨论会的有关问题而撰写的著作——《苏联社会主义经济问题》中，针对苏联实现农业集体化后每一农户究竟还能剩下什么个人财产的外部质疑，他强调，应按照苏联宪法的表述来执行，即“集体农庄内每一农户……拥有此园地上所有的副业，以及住宅、食用牲畜、家禽和小农具为其个人财产”，而不是苏联政治经济学教科书未定稿中所摘录的农业劳动组合示范章程，即

[1]《斯大林选集》(下卷)，人民出版社1979年版，第243页。

[2]《斯大林选集》(下卷)，人民出版社1979年版，第157页。

[3]《斯大林选集》(下卷)，人民出版社1979年版，第158页。

[4]《斯大林选集》(下卷)，人民出版社1979年版，第159页。

"集体农庄内每一农户有乳牛、小牲畜和家禽供个人使用"[1]。从苏联宪法中的"个人财产"到法规规章中的"个人使用"，再到实际执行中出现的被强制占有的行为，这一切都说明科学的制度设计需要具备过硬的党性和高素质的干部来执行。

第四，不注重渐进式、分层次地推进农业集体化，就容易陷入"被集体化"的陷阱。集体化理论如果在良好的治理体系下，需要采取分步骤的策略来推进集体经济的不断壮大。这一经济形式的壮大能够最大程度地保证农民的权益、提高农民的收入、增加集体组织的公共积累、改善农民的物质文化生活水平，其体现出社会主义集中力量办大事的优越性，可以从根本上防止资本主义的两极化运动。当然，如果在政策层面不充分考虑与集体农庄发展相适应的生产力发展状况以及实际的经济效益等问题，而盲目实行全盘集体化的方针，就容易使集体化在一定程度上陷入僵局。苏联的集体农庄建设就存在这方面的经验和教训。当时，斯大林认为，不仅应该在那些有机器拖拉机基础的发达集体农庄区域加速推进集体农庄建设，而且"那些代表集体农庄建设中所谓工场手工业时期的、依靠农民的原有农具的初级集体农庄"[2]也应建立起把农民的生产工具集合起来统一使用的初级集体农庄。其中，初级集体农庄的效果更多地体现在开辟荒地和拓展耕种面积层面，的确"开垦熟荒地和生荒地问题对于我国农业有极大的意义"[3]。如，在前顿河州霍漂尔河地区的集体农庄实践中，仅仅通过把农民的工具集合起来的办法就使集体农庄的播种面积扩大了30%到50%。这也是在一定的生产力条件下，通过生产关系的变革来实现耕种面积扩大和经济总量增加的典型案例。在斯大林看来，这就为广大贫农从习惯于耕种地主所占有的"熟地"到耕种集体开垦的熟荒地和生荒地提供了必要的可能性。但是，这里产生的问题是，对于个体农民来说，初级集体农庄在荒地的开垦所带来的经济效益和生活保障上，如何得以持续。

特别是，20世纪20年代后半期，苏联实施全盘集体化以来，推进速度远超过集体化"五年计划"。截至1930年2月，已经有50%的农户实现了集体

〔1〕《斯大林选集》（下卷），人民出版社1979年版，第570页。

〔2〕《斯大林选集》（下卷），人民出版社1979年版，第219页。

〔3〕《斯大林选集》（下卷），人民出版社1979年版，第220页。

化，并已超额达到原计划的一倍以上，粮食产量也超预期。但是，集体化远超预期也意味着可能会出现“被集体化”的现象和“被胜利冲昏头脑”的思想。实际上，1930 年 3 月 2 日，斯大林在《真理报》所发表的《论集体农庄运动的几个问题》一文中，就早已论述了这种“被胜利冲昏头脑”的问题。他认为：“这样的胜利有时使人产生自负和骄傲的心理：‘我们什么都能干！’‘我们什么都不在乎！’这些胜利往往使人陶醉，人们也就开始被胜利冲昏头脑，丧失权衡轻重的知觉，丧失了解现实的能力，出现过高估计自己力量而过低估计敌人力量的倾向，出现想‘一下子’解决社会主义建设中的一切问题的冒险企图。这样也就不会关心巩固既得的胜利和有计划地利用这些胜利以求进一步的前进。”〔1〕解决被“胜利冲昏头脑”的问题也是联共（布）在 20 世纪 30 年代的中心任务之一。联共（布）在 1930 年 1 月颁布的《关于集体化的速度》的决议中也把苏联各地区的集体化推进速度分成三类，即北高加索、伏尔加河中游和下游约于 1931 年春季完成集体化；其他产粮区（乌克兰、中部黑土地区、西伯利亚、乌拉尔、哈萨克斯坦等）基本上于 1932 年春季完成集体化；此外的其余地区可以把集体化的完成延到 1933 年即苏联的“一五”计划末，但是在实践中，各地都出现了盲目的“赶上并超过”的行政命令，原本计划四年完成的区域采取“最短期间”完成集体化的方针，即用不到两年的时间就宣布完成了集体化。从总体上来说，虽然联共（布）颁布了在“一五”计划内实现分步骤、分区域、分民族的集体化政策，但是这个计划本身就存在着过渡时间短、合作化准备期不足等一系列过于激进的经济计划。

第五，城乡对立是客观的经济现象，只能不断缩小这种“剪刀差”，而不可能一下子就消亡。斯大林认为：“如果集体农庄运动以现有的速度发展下去，‘剪刀差’在最近就会消灭。由此应当得出结论说：城乡之间的关系问题已经建立在新的基础上，城乡之间的对立将加速消除。”〔2〕而实际上，构建生产资料集体农庄所有的所有制关系的新基础，虽然可以摆脱地主阶级苛捐杂税的盘剥，但是，在私有制和分工的作用下所形成的城乡关系对立、工农业关系对立的彻底消亡还需要一个较为漫长的社会主义发展阶段才能够实现。

〔1〕《斯大林选集》（下卷），人民出版社 1979 年版，第 239 页。

〔2〕《斯大林选集》（下卷），人民出版社 1979 年版，第 223~224 页。

因为，社会主义发展阶段的一个较长的时间里，生产资料公有制内部的全民所有制和集体所有制还将长期并存，在全民所有制和集体所有制内部的商品交换与内在矛盾不会消失，由此城乡对立的矛盾也会进一步存在。只不过在生产资料公有制内部的两种所有制对立的矛盾运动不应进一步拉大这种差异，而是应在生产力发展水平的不断提高过程中得以不断缩小。随着财富积累的高度发达、商品逻辑逐步退出历史舞台，这种差异才会最终得以消灭。

第三章
毛泽东对合作经济和集体经济理论的建构与实践

第一节　对农村的调查研究及其当代启示

1926年，毛泽东在湖南湘潭西乡所作的《中国佃农生活举例》中，作出了“中国佃农比世界上无论何国之佃农为苦”[1]的重要论断。该论断体现了毛泽东对于民情的体恤、对于国情的掌握、对于世情的了解，更体现出中国共产党把“走群众路线”作为党的生命线。毛泽东在农村调查中所遗留的宝贵思想遗产远不止于此，在更深层次上还具有诸多实践魅力和现实意义。那么，毛泽东在农村调查与实践中有哪些可以成为解决新时代“三农”问题的办法并进一步指导乡村振兴战略？对此，本章进行深入研究。

毛泽东在1930年《反对本本主义》中深刻地指出：“我们说上级领导机关的指示是正确的，绝不单是因为它出于‘上级领导机关’，而是因为它的内容是适合于斗争中客观和主观情势的，是斗争所需要的。”[2]乡村振兴战略在全国范围内的展开，不仅是因为它是中央的顶层设计，更是因为它符合了当前中国农村改革的大方向以及实现“两个一百年”的奋斗目标。2018年中央一号文件重新提出：“乡村是一个可以大有作为的广阔天地，迎来了难得的发展机遇。”[3]这继承了毛泽东在1955年所亲笔书写的“农村是一个广阔的天地，在那里是可以大有作为的”[4]的著名论断，而新时代又把乡村振兴重新

---

〔1〕《毛泽东农村调查文集》，人民出版社1982年版，第33页。

〔2〕《毛泽东农村调查文集》，人民出版社1982年版，第3页。

〔3〕“中共中央 国务院关于实施乡村振兴战略的意见”，载《人民日报》2018年2月5日，

〔4〕《建国以来毛泽东文稿》（第5册），中央文献出版社1991年版，第527页。

提升到了民族复兴的高度，我们必须坚决地贯彻。

一、坚持以解决主要矛盾为基本出发点，以多面受敌法为基本方法

1937年8月，毛泽东在《矛盾论》中着重强调了在错综复杂的事物发展中存在着诸多矛盾，但必然有一种是主要矛盾，而矛盾的基本形态是不平衡的，又必然有主要矛盾和次要矛盾之分。面对如何解决矛盾，他指出："捉住了这个主要矛盾，一切问题就迎刃而解了。这是马克思研究资本主义社会告诉我们的方法。"[1]1941年9月在《关于农村调查》的有关方法论阐述中，毛泽东指出："今天无论解决任何问题，都应该以这个主要矛盾作为认识问题和解决问题的出发点。假如丢掉主要矛盾，而去研究细微末节，犹如见树木而不见森林，仍是无发言权的。"[2]党的十九大报告中指出："中国特色社会主义进入新时代，我国社会主要矛盾已经转化为人民日益增长的美好生活需要和不平衡不充分的发展之间的矛盾。"[3]"三农"问题一直是党和国家工作的重中之重，也一直是我国经济发展的短板，是发展不平衡不充分的集中体现。当前，城乡发展不平衡是最大的发展不平衡，农村发展不充分是最大的不充分。

新时代亟须破解马克思在《德意志意识形态》中所提出的世纪性难题，即城乡之间的对立。马克思提出："城市已经表明了人口、生产工具、资本、享受和需求的集中这个事实；而在乡村则是完全相反的情况：隔绝和分散。"[4]面对城乡的矛盾，毛泽东指出需要用质的方法去解决，就是要用"农业集体化和农业机械化的方法去解决"[5]。多年来，部分区域形成了歧视农民的歪风邪气，设置了许多农村发展的障碍。实施乡村振兴战略的重要工作之一，就是通过壮大集体经济，解决城乡、区域发展中出现的不平衡不充分的问题。2018年中央一号文件在开篇论述新时代实施乡村振兴战略的重大意义时，明确指出："实施乡村振兴战略，是解决人民日益增长的美好生活需要和不平衡

〔1〕《毛泽东选集》（第1卷），人民出版社1991年版，第322页。

〔2〕《毛泽东农村调查文集》，人民出版社1982年版，第25~26页。

〔3〕习近平：《决胜全面建成小康社会夺取新时代中国特色社会主义伟大胜利——在中国共产党第十九次全国代表大会上的报告》，人民出版社2017年版。

〔4〕《马克思恩格斯文集》（第1卷），人民出版社2009年版，第556页。

〔5〕《毛泽东选集》（第1卷），人民出版社1991年版，第311页。

不充分的发展之间矛盾的必然要求，是实现‘两个一百年’奋斗目标的必然要求，是实现全体人民共同富裕的必然要求。”[1]实施乡村振兴战略，需要以促进农民共同富裕作为基本的出发点和落脚点，实现全体农民的共富、共享、共福。

毛泽东在1941年9月《关于农村调查》中，以一个人初来延安从陌生到科学、具体地了解延安所需要的研究方法为例，给出了调研农村、治理农村的方法，即从观察到分析，再从分析到综合。这实际上是要求解决“三农”问题不仅要善于分析，还要善于综合，有分有合，综合施治。他强调苏东坡用“八面受敌”的方法研究历史是合理有效的，而“今天我们研究中国社会，也要用个‘四面受敌’法，把它分成政治的、经济的、文化的、军事的四个部分来研究，得出中国革命的结论”[2]。新时代中国特色社会主义建设统筹推进“五位一体”总体布局和协调推进“四个全面”战略布局，就是全面依法治国的最好体现。实施乡村振兴战略，同样需要统筹推进农村经济建设、政治建设、文化建设、社会建设、生态文明建设和党的建设六者结合，缺一不可；其总体要求是把摆脱贫困作为前提，实现产业兴旺、生态宜居、乡风文明、治理有效、生活富裕的五者结合，缺一不可；其具体方略是通过产业振兴、人才振兴、文化振兴、生态振兴、组织振兴的“乡村五振兴”理论形成良性的协调、循环系统，缺一不可。

二、加强顶层设计，确保稳中有进、持之以恒

毛泽东在1941年9月《关于农村调查》的第一节“情况是逐渐了解的，需要继续不断的努力”[3]中，强调农村工作信奉科学与长期调查的重要性。他指出：“我们是信奉科学的，不相信神学”，在此基础上，为了与时俱进地适应事物的运动性、变化性、进步性，“我们的调查，也是长期的”[4]。如何做到长期，他具体要求：“我们的调查工作，是要有耐心地、有步骤地去工作，不要性急。我自己认识农村，就是经过好几年的工夫的。”[5]其中所强调

---

[1] “中共中央 国务院关于实施乡村振兴战略的意见”，载《人民日报》2018年2月5日，

[2] 《毛泽东农村调查文集》，人民出版社1982年版，第24页。

[3] 《毛泽东农村调查文集》，人民出版社1982年版，第21页。

[4] 《毛泽东农村调查文集》，人民出版社1982年版，第21页。

[5] 《毛泽东农村调查文集》，人民出版社1982年版，第33页。

的农村工作需要长期性、有耐心、有步骤等要素，奠定了农村发展的总基调，即稳中有进、持之以恒。新时代更需要这种总基调，才能不断地深化认识农村、发展农村、振兴农村。

我国经济体制改革的性质和目标，决定了社会主义市场经济的建构和完善属于渐进式，没有成熟的样板可循，必须坚持四项基本原则，稳中有进、分步推进。实施乡村振兴战略是科学的战略规划，也是一项前无古人的崭新事业，需要坚持实践出真知，把“摸着石头过河”和加强顶层设计有机统一起来。实施乡村振兴战略不是“栽盆景”，不是“造典型”，更不是搞“大跃进”“一刀切”，需要作为国家的一项长期的历史性任务来抓，必须持之以恒，久久为功。2018 年中央一号文件结合党的十九大精神，首次明确了分阶段、分步骤、稳中有进地实施乡村振兴战略的目标任务。到 2050 年，乡村全面振兴共分为三个阶段，即全面建成小康社会以及分两个阶段实现第二个百年奋斗目标：第一阶段到 2020 年，乡村振兴取得重要进展，制度框架和政策体系基本形成；第二阶段到 2035 年，乡村振兴取得决定性进展，农业农村现代化基本实现；第三阶段到 2050 年，乡村全面振兴，农业强、农村美、农民富全面实现。[1] 简言之，乡村振兴战略必须坚持抓好发展现代农业、增加农民收入、建设社会主义新农村三大核心任务。

三、坚持农村土地集体所有制，多元化放活乡村经济

毛泽东格外强调反对本本主义，尖锐地指出：“读过马克思主义‘本本’的许多人，成为了革命叛徒，那些不识字的工人常常能够很好地掌握马克思主义。马克思主义的‘本本’是要学习的，但是必须同我国的实际情况相结合。我们需要‘本本’，但是一定要纠正脱离实际情况的本本主义。”[2]2018 年是中国改革开放 40 周年，改革开放为中国发展带来的生机与活力举世瞩目。中央提出“四个全面”战略布局，要求全面深化改革，党的十九大报告中关于新时代坚持和发展中国特色社会主义的基本方略也明确要求“坚持全面深化改革”。但目前还应坚决警惕打着“趟深水区”的政策幌子，搞私有化或民营化，搞贫富两极分化，甚至是有悖于习近平总书记有关“四条底线”

〔1〕“中共中央 国务院关于实施乡村振兴战略的意见”，载《人民日报》2018 年 2 月 5 日。

〔2〕《毛泽东农村调查文集》，人民出版社 1982 年版，第 4 页。

思想，即“不管怎么改，都不能把农村土地集体所有制改垮了，不能把耕地改少了，不能把粮食生产能力改弱了，不能把农民利益损害了”[1]。当前，部分地区所进行的土地确权和土地流转存在农村集体土地向城市工商资本、国际资本集中的风险。正如马克思曾指出的，资本主义的农业生产方式就是“把土地所有权弄成荒谬的东西”[2]，资本主义的农业生产方式不符合社会化经营的总体要求。2018年中央一号文件所提出的“坚持农村集体产权制度改革正确方向，发挥村党组织对集体经济组织的领导核心作用”[3]，在推进农村集体产权制度改革中至关重要。中央所实施的土地确权的出发点是摸清农村集体产权的家底，但要“防止内部少数人控制和外部资本侵占集体资产”[4]。偏离社会主义方向的改革，实际上是脱离了实事求是的基本原则，背离了我国农村的实际情况。党的十九大所提出的“坚持全面深化改革”的基本方略中明确指出：“只有社会主义才能救中国，只有改革开放才能发展中国、发展社会主义、发展马克思主义。”由此可见，在发展方向问题上必须时刻保持清醒的头脑，乡村振兴战略的实施，其核心在于坚持农村土地集体所有制的基本制度和集体层经济实力的壮大。土地集体所有制是社会主义公有制的重要组成部分，是农村基本经营制度的“魂”，是农村社会主义生产关系的重要基础，有利于增强农村基层组织的集体凝聚力，有利于推动农村公共事业发展，有利于实现共富、共享、共福。马克思曾指出：“在一切社会形式中都有一种一定的生产决定其他一切生产的地位和影响，因而它的关系也决定其他一切关系的地位和影响。”[5]新时代实施乡村振兴战略，决不能把西方农村资本主义私有制（如美国式资本主义家庭农场）变为普遍的“光”，而掩盖了其他一切“色彩”，应毫不动摇地巩固和发展社会主义公有制经济。

此外，毛泽东从历史唯物主义和辩证唯物主义的视角出发，准确把握时代主要矛盾和发展阶段，使生产关系与生产力的发展状况相适应。在1941年4月《农村调查》的跋中，面对抗日战争时期的主要矛盾即民族矛盾，毛泽

[1] “习近平总书记在农村改革座谈会上强调加大推进新形势下农村改革力度促进农业基础稳固农民安居乐业”，载《人民日报》2016年4月29日。

[2] 《马克思恩格斯全集》（第25卷），人民出版社1974年版，第697页。

[3] “中共中央 国务院关于实施乡村振兴战略的意见”，载《人民日报》2018年2月5日。

[4] “中共中央 国务院关于实施乡村振兴战略的意见”，载《人民日报》2018年2月5日。

[5] 《马克思恩格斯选集》（第2卷），人民出版社2012年版，第707页。

东在劳动政策、土地政策、政治权利等方面提出了联合与斗争的两重性政策。他准确地把握了新民主主义革命时期的历史任务，客观地认清了单纯发展公有制经济在当时生产力和国情条件下是错误的，强调多种所有制经济发展的必要性。他指出："国营经济和合作社经济是应该发展的，但在目前的农村根据地内，主要的经济成分，还不是国营的，而是私营的，而且让自由资本主义经济得着发展的机会，用以反对日本帝国主义和半封建制度。"〔1〕需要格外指出的是，这里所指的让自由资本主义得以发展，绝不是否定社会主义经济、否定共产主义理想，而是为了更好地抗日和建设社会主义民主共和国。他着重强调了在双重政策中要"严肃地坚决地保持共产党员的共产主义的纯洁性，和保护社会经济中的有益的资本主义成分"〔2〕。实施乡村振兴战略，既应坚持公有制的主体地位不动摇，即坚持农村集体所有制和集体层经营不动摇，也应鉴于我国处于并将长期处于社会主义初级阶段，支持和引导非公有制经济发展，实现乡村经济多元化。这两部分都是社会主义市场经济的重要组成部分，不能割裂与对立起来。

四、正确对待"统"与"分"的矛盾运动，壮大农村集体经济

越是在决胜小康的"最后一公里"，就越是要保持冷静的头脑，就更加需要重温毛泽东对于还处于半殖民地半封建社会时期的中国所进行的农村调查，特别是在榔木乡对于合作社运动的分析可谓星星之火可以燎原，具有很强的现代价值。清华大学农村研究首席专家刘奇教授提出"乡村振兴需要第三次动能转换"〔3〕，即改革开放以来在我国农村已经历"分"的"裂变""流"的"流变"两次动能转换之后，更需要使各种生产要素、各方力量集合发力，也就是需要"合"所带来的"聚变"。

毛泽东对榔木乡合作社的调查结果对新时代壮大集体经济仍有诸多启发。榔木乡合作社运动起自1931年红军所进行的第三次反"围剿"战争之后的顾岭村。顾岭村的村民以自愿的方式加入合作社，合作社每股五角，共筹集了80多元，以合作社形式做起了生意，取得了成效。村合作社取得初步成效后，

---

〔1〕《毛泽东农村调查文集》，人民出版社1982年版，第19页。

〔2〕《毛泽东农村调查文集》，人民出版社1982年版，第19页。

〔3〕刘奇："乡村振兴需要第三次动能转换"，载《中国发展观察》2017年第24期。

于1932年1月将村合作社改为梆木乡合作社。1932年9月，全区按每股五角集资了800股，半年的时间400多元的本金共赚了600多元，利润率达150%，规模进一步扩大。该合作社账目明晰，“分红时，清算账目，悬榜公告”[1]；利润分配的比例既调动了农民的积极性，又实现了集体层经营的扩大再生产，其中50%作为公积金，30%用于分红，10%为营业者及管理、审查委员的奖励金，10%为文化教育费用，实际分红中为更大限度地发放红利而临时取消了文化教育费用，但毛泽东指出“以后应该恢复”；注重入股份额的差别不能过大，避免出现新的资本大户，如规定“改股金为一元，每人不得超过十股”；社员享有买货优惠的权利，比市场价要优惠，大致便宜2%；注重搭建分工明确的管理委员会，如“管理委员会十一人，审查委员会七人”。[2]

《矛盾论》中指出：“事物发展的根本原因，不是在事物的外部而是在事物的内部，在于事物内部的矛盾性。任何事物内部都有这种矛盾性，因而引起了事物的运动和发展。”[3]“统”与“分”的矛盾是农村发展的最大矛盾，是农村发展的内部矛盾，两者的矛盾运动推动着农业的发展。习近平总书记在参加十二届全国人大一次会议的江苏团审议时，明确指出：“改革开放从农村破题，大包干是改革开放的先声。当时中央文件提出要建立统分结合的家庭承包责任制，但实践的结果是，‘分’的积极性充分体现了，但‘统’怎么适应市场经济、规模经济，始终没有得到很好的解决。”[4]“统”即有统一的党组织领导，采取集体劳动或经营模式，不断壮大农村集体经济，实现共同富裕；“分”即分田单干或家庭联产承包制或私人家庭农场，旨在发挥农民个人的主观能动性。纵观新中国成立以来农业发展的历史，以小农户为单位的个体劳动和集体规模经营交替进行，大致走出了从“分”到“统”，再到重“分”轻“统”的进程。而主“分”的小农经营无法有效地利用土地、资金、技术、市场等资源，无法满足市场经济和规模经济的社会化大生产要求。正如习近平总书记所指出的“小农经济是富不起来的，小农业也是没有多大

---

[1] 《毛泽东农村调查文集》，人民出版社1982年版，第316页。

[2] 《毛泽东农村调查文集》，人民出版社1982年版，第316页。

[3] 《毛泽东选集》(第1卷)，人民出版社1991年版，第301页。

[4] “习近平总书记参加江苏代表团审议侧记”，载中国江苏网，http://www.zgjssw.gov.cn/yaowen/201303/t20130309_ 1161770.shtml，最后访问日期：2013年3月9日。

前途的。我们要的是抓大农业”〔1〕，这是对毛泽东农业合作思想的继承与发展。毛泽东在《矛盾论》中写道：“客观矛盾反映入主观的思想，组成了概念的矛盾运动，推动了思想的发展，不断地解决了人们的思想问题。”〔2〕进入新时代，邓小平的“第二次飞跃”论中所提出的四个条件，即生产力水平、管理水平、多元化经营水平、集体经济水平正在逐渐成熟，通过壮大新型集体经济推进乡村振兴战略的实施是一种必然的抉择。

五、发扬永久奋斗精神，坚持以人民为中心的发展思想

1939 年 5 月，毛泽东在延安庆贺模范青年大会上着重强调了永久奋斗。其中所包含的四层内涵有很大的启示作用。一是多读马克思主义经典，做怀揣共产主义伟大理想的有志青年。毛泽东说：“十九年前，《共产党宣言》在全国印得很少，哪里去找这样好的理论？哪有现在你们这样幸福？你们生长的时代很好，是幸福的时代，比起我当学生的时代来，是大不相同了。”〔3〕二是发扬中国青年的革命传统，发扬青年党员的艰苦奋斗精神。“中国的青年运动有很好的革命传统，这个传统就是‘永久奋斗’”〔4〕。三是有志青年应永远“跟工人农民站在一块，跟老百姓站在一块”〔5〕，永久奋斗，他们的前途才是光明的。四是要把永久奋斗的精神，代代相传，把事业干到底。毛泽东说：“将来你们老了，教育你们的儿子也要代表他们，儿子再告诉儿子，孙子再告诉孙子，这样一代一代传下去，并且一传十，十传百，百传千，传遍全中国，不达目的不止。”〔6〕

2018 年，习近平总书记在春节团拜会上指出“新时代是奋斗者的时代”〔7〕，强调了奋斗在新时代的重要意义，并指明奋斗具有长期性和曲折性，与毛泽东所提出的“永久奋斗”的内涵一脉相承。习近平总书记还着重强调了奋斗为了谁、同谁站在一起，提出“我们要坚持把人民对美好生活的向往作为我

〔1〕习近平：《摆脱贫困》，福建人民出版社 1992 年版，第 6 页。
〔2〕《毛泽东选集》（第 1 卷），人民出版社 1991 年版，第 301 页。
〔3〕《毛泽东文集》（第 2 卷），人民出版社 2009 年版，第 189 页。
〔4〕《毛泽东文集》（第 2 卷），人民出版社 2009 年版，第 190 页。
〔5〕《毛泽东文集》（第 2 卷），人民出版社 2009 年版，第 191 页。
〔6〕《毛泽东文集》（第 2 卷），人民出版社 2009 年版，第 193~194 页。
〔7〕“中共中央 国务院举行春节团拜会”，载《人民日报》2018 年 2 月 15 日。

们的奋斗目标，始终为人民不懈奋斗、同人民一起奋斗”[1]，并要求切实把奋斗精神运用到进行伟大斗争中。中共十八届五中全会明确回答了社会主义经济为谁发展的重要问题，强调“必须坚持发展为了人民、发展依靠人民、发展成果由人民共享”[2]。

乡村振兴的关键在人，人的关键在于发扬永久奋斗的精神。2018 年中央一号文件号召“实施乡村振兴战略，必须破解人才瓶颈制约”，必须强化乡村振兴人才支撑，“要把人力资本开发放在首要位置”，并提出了大力培育新型职业农民、加强农村专业人才队伍建设等五项具体举措。[3]人才支撑措施要与培育新时代青年的奋斗精神相连，振奋基层干部群众的精神。由此，乡村振兴的人才培养工作需要激发奋斗精神，贯彻共享发展理念，需要内外因相结合，努力选拔与培养大批高校毕业生返乡或回乡贡献智慧和才干，加大在优秀青年农民中发展党员的力度，加大选拔高校毕业生村干部与选派村第一书记的工作力度，培育一大批致力于农村科研工作的有志青年，使青年们敢于挑重担、挑大梁。

六、积极发挥乡村基层党组织的核心作用、发挥农民的创造精神和主体性作用

毛泽东所调查的榔木乡合作社成立初期，党组织内部有社长、采办、会计兼营业员共三人，都体现出苏区领导干部很高的共产主义觉悟，“改乡社时，决定每人月给工钱三元，但三人不受”[4]。毛泽东评价道：“顾岭村合作社为全县合作社首创，又办得最好，有模范合作社之称。”[5]毛泽东非常重视在苏区设立合作社发展的榜样，通过榜样的模范作用和收集的经验来带动苏区其他落后区域的共同发展，并在农业经济的发展中为全国非苏区带来榜样的力量。正如毛泽东所指出：“反对官僚主义的最有效方法，就是拿活的榜样给他们看。”[6]

---

〔1〕“中共中央 国务院举行春节团拜会”，载《人民日报》2018 年 2 月 15 日。

〔2〕“中共十八届五中全会在京举行”，载《人民日报》2015 年 10 月 30 日。

〔3〕“中共中央 国务院关于实施乡村振兴战略的意见”，载《人民日报》2018 年 2 月 5 日。

〔4〕《毛泽东农村调查文集》，人民出版社 1982 年版，第 315 页。

〔5〕《毛泽东农村调查文集》，人民出版社 1982 年版，第 316 页。

〔6〕《毛泽东农村调查文集》，人民出版社 1982 年版，第 287 页。

毛泽东在农村调查中还强调要有眼睛向下的决心，树立勇于甘当小学生的精神。他认为做好农村工作的第一要义就是“第一要眼睛向下，不要只是昂首望天。没有眼睛向下的兴趣和决心，是一辈子也不会真正懂得中国的事情的”〔1〕。而眼睛向下的关键，在于充分理解与承认群众是真正的英雄。他指出：“必须明白：群众是真正的英雄，而我们自己则往往是幼稚可笑的，不了解这一点，就不能得到起码的知识。”〔2〕

马克思恩格斯在1844年第一部合写的重要哲学著作《神圣家族》中，论证了人民群众在历史发展中的伟大作用，指出：“群众给历史规定了它的‘任务’和它的‘活动’”，“历史的活动和思想就是‘群众’的思想和活动。”〔3〕在历史上，我国农村就创造了璀璨的农耕文明。中华人民共和国成立后，在实现“耕者有其田”的基础上，进行了合作化、集体化实践，并因地制宜开展多种经营、农工商并举发展。改革开放以来，我国农民发扬创造精神，形成了家庭承包经营与集体层经营的双层经营体制，大力发展乡镇企业，推行农业产业化经营，实行小岗村与南街村、塘约村〔4〕、代村、战旗村等不同类型并存的创新性发展模式。

2018年中央一号文件明确要求应加强农村基层党组织建设，“扎实推进抓党建促乡村振兴，突出政治功能，提升组织力，抓乡促村，把农村基层党组织建成坚强战斗堡垒”〔5〕。可见，新时代实施乡村振兴战略，需要乡村基层党组织发挥乡村领导核心作用，带动亿万农民继续发扬创造精神，切实发挥农民的主体性作用，充分调动亿万农民的积极性、主动性、创造性。如四川战旗村全面落实习近平总书记视察该村时的重要讲话精神，坚持党建领航强堡垒、改革兴村激活力、乡村振兴谱新篇，充分发挥党总支的“火车头作用”，让战斗的旗帜在实施乡村振兴战略的宏伟实践中高高飘扬。截至2017年，战旗村集体资产达4600万元，集体经济收入462万元，村民人均可支配收入26 053元，成为新时代建设社会主义新农村、壮大农村集体经济的示范村。

---

〔1〕《毛泽东农村调查文集》，人民出版社1982年版，第15~16页。

〔2〕《毛泽东农村调查文集》，人民出版社1982年版，第17页。

〔3〕《马克思恩格斯文集》（第1卷），人民出版社2009年版，第286页。

〔4〕塘约村隶属贵州省安顺市平坝区乐平镇。在村党支部书记左文学的带领下，穷则思变，抱团发展，走集体化道路，探索出一条“党建引领、改革推动、合股联营、村民自治”的独具特色的“塘约道路”。从2014年到2016年的短短两年，塘约村就实现了从国家级二类贫困村到小康村的蜕变。

〔5〕“中共中央 国务院关于实施乡村振兴战略的意见”，载《人民日报》2018年2月5日。

七、重视农村调查，改变固化思想和腐化思想

重视农村调查是毛泽东开展农村工作的基础。毛泽东认为调查是解决问题的必经过程。他形象地把调查比作十月怀胎，把解决问题比作一朝分娩。调查过程要注重有始有终，切忌停留在问题表面，研究不深入，就不可能获得客观、全面、准确的结论。“一切结论产生于调查情况的末尾，而不是在它的先头”〔1〕，是毛泽东对“调查就是解决问题”一节中的重要表述。毛泽东曾总结说，“我们从前的调查还有一个极大的缺点，就是偏于农村而不注意城市。”〔2〕中国改革开放以来的一个不足是偏于城市而忽视农村的力量。这也是党的十九大提出乡村振兴战略的重要原因。虽然我国城市人口的比重大约占到了60%，农业在国内生产总值中的比重也将进一步下降，但是“三农”作为关系国计民生的基础性地位不会变，作为全党工作的重中之重的基础性地位不会变，多数农民仍然居住在乡村的国情也不会变，这都需要持久地深入调查并完善统分结合的农村基本经营制度和现代乡村社会治理体制，即建立健全党委领导、政府负责、社会协同、公众参与、法治保障的现代乡村社会治理体制。

毛泽东在农村调查中重点强调过一部分同志“安于现状，不求甚解，空洞乐观”的保守问题，着重批判了“饱食终日，坐在机关里面打瞌睡，从不肯伸只脚到社会群众中去调查调查”的作风问题。〔3〕他提出要大声疾呼改变这些同志的保守思想，以此“换取共产党人的进步的斗争思想！到斗争中去！到群众中作实际调查去”〔4〕。目前，由于改革开放以来农村统分结合的双层经营体制落实有偏差，很多干部形成了重“分”轻“统”的固守思维，往往“一分了之”“一包了之”“一流了之”，造成了“集体观念日益淡薄，‘事不关己，高高挂起’的心态比较普遍，农村基层组织涣散，农民组织化程度低，乡村秩序的基础受到冲击”〔5〕。由此，出现了集体化、集约化经营的链条被

〔1〕《毛泽东农村调查文集》，人民出版社1982年版，第2页。

〔2〕《毛泽东农村调查文集》，人民出版社1982年版，第7页。

〔3〕《毛泽东农村调查文集》，人民出版社1982年版，第8页。

〔4〕《毛泽东农村调查文集》，人民出版社1982年版，第9页。

〔5〕“习近平在参加十三届全国人大一次会议山东代表团审议时的讲话”，载《十三届全国人大一次会议简报（增刊）》2018年3月8日。

严重割裂、土地抛荒现象随处可见的严重问题。例如，有些农民虽然早已不以种田为生，对于获取土地流转费用也没有很高的热情，但是热衷于等待城市资本下乡以期土地升值，由此造成了农民宁可土地抛荒也不愿意流转的现实问题，极大地阻碍了规模经营、机械化经营和土地资源利用效果。这些问题亟待各级干部深入调研，并发现问题的症结所在。

此外，在 1941 年 4 月《农村调查》的跋中，毛泽东预见性地提出共产党员可能会被资产阶级腐化以及形成资本主义思想，并要求时刻警惕。他尖锐地指出："我们必须和这种党内的腐化思想作斗争"〔1〕。实施乡村振兴战略，中央高度重视加强农村基层党组织的建设，在"拍蝇"行动中，加大对农村基层腐败和扶贫领域腐败的惩处力度。2018 年中央一号文件提出："严厉整治惠农补贴、集体资产管理、土地征收等领域侵害农民利益的不正之风和腐败问题。"〔2〕

八、注重调查数据的完整性、准确性、实用性，推进农业大数据发展应用

毛泽东在 1930 年 5 月所完成的《寻乌调查》中，开篇就谈到失掉别的任何东西都不着急，但失掉之前所做的湘潭、湘乡、衡山、醴陵、长沙、永新、宁冈七处系统的农村调查，让他时常念及并永远也不会忘记。其中，谈到爱人杨开慧被杀害时，也很在意杨开慧手中的五个农村调查（湘潭、湘乡、衡山、醴陵、长沙）损失了多少。从中可以看出毛泽东对于田间地头调查的重视，以及对于数据汇总与分析的重视。幸运的是，最大规模的《寻乌调查》得以完整保存，其中包括 5 章 39 节共 8 万多字，涉及寻乌的行政区划、交通、商业、旧有土地关系、土地斗争的五大方面内容。这是因为"《寻乌调查》是毛泽东农村调查的经典之作，其中蕴含的调查研究思想与方法，对于新时代领导干部开展调查研究具有重要指导意义。"〔3〕

毛泽东通过对寻乌所辖的七区四厢十二堡的调查，得出了非常详尽的数据。在对寻乌的交通调查中，把水路、陆路、电报、邮政等交通方式都一一理清。毛泽东对于寻乌的商业目录的调查更具代表性。他把门岭到梅县的生

〔1〕《毛泽东农村调查文集》，人民出版社 1982 年版，第 20 页。
〔2〕"中共中央 国务院关于实施乡村振兴战略的意见"，载《人民日报》2018 年 2 月 5 日。
〔3〕陈金龙："《寻乌调查》的当代价值"，载《学习时报》2018 年 1 月 10 日。

意，安远到梅县的生意，梅县到门岭的生意，梅县到安远、信丰的生意，惠州来货，寻乌的出口货，寻乌的重要市场，都用个数、重量、价值、种类等数字单位来表示。特别是详尽、完整地列举了寻乌城的商业门类。例如，盐、杂货、油、豆、屠坊、酒、水货、药材、黄烟、裁缝、伞、木器、伙店、豆腐、理发、打铁、爆竹、打首饰、打洋铁、修钟表、圩场生意、娼妓、同善社等。其中，杂货又列举了牙粉、牙刷、胶底鞋等 131 种，水货列举了咸鱼、海带、糖等 39 种，并把其价格、用途分别进行说明，还梳理了各类水货的销量，并分为 11 种使用较多的门类和 28 种使用较少的门类。此外，对于农村人口成分和旧有土地分配情况也进行了详细的调查。毛泽东不仅重视数据的完整性，还非常重视数据分析的准确性和科学性，并不避讳存在的问题，敢于实事求是展开自我批评。例如，毛泽东在《寻乌调查》中明确指出："这个调查有个大缺点，就是没有分析中农、雇农与流氓。还有在'旧有土地分配'上面，没有把富农、中农、贫农的土地分开来讲。"[1]

现代农业的发展更加离不开大数据的支撑。农业大数据的发展与应用是衡量一个国家信息化水平的重要标准，是实现农业现代化的必备条件，也是实施乡村振兴战略的重要抓手。在此背景下，我国农业信息化在农产品电子商务网络零售、益农信息社建设、农业物联网区域试验、农业农村大数据实践等方面，都有了长足的发展，新时代业已取得了一定的成绩。例如，"到 2017 年年底，或建成益农信息社超过 8 万个；农业物联网区域试验示范扩大到 9 个省份，相继推出了 426 项农业物联网新产品、新技术和新模式"[2]。但对于大数据的自主创新、数据资源共享、大数据与农业社会治理的融合度等方面，还有待进一步提高。

第二节 对合作化理论的探索与实践

1953 年 9 月 12 日，毛泽东在中央政府第 24 次会议上总结了抗美援朝的胜利和意义。在讲话中，毛泽东说："现在中国人民已经组织起来了，是惹不

[1] 《毛泽东农村调查文集》，人民出版社 1982 年版，第 42~43 页。

[2] 王小兵、康春鹏："聚焦聚力推进农业大数据发展应用"，载《经济日报》2018 年 1 月 11 日。

得的。如果惹翻了，是不好办的。”[1]2020 年 10 月 23 日，习近平总书记在纪念中国人民志愿军抗美援朝出国作战 70 周年大会上的讲话引用了这一原句，用来强调抗美援朝重大而深远的意义。中国人民能够在 1953 年组织起来，离不开新中国成立初期在党的领导下进行的农业合作化实践。1949 年到 1953 年五年间，中国人民在以毛泽东为主要代表的中国共产党人的带领下，经过土地革命、互助合作以及兴办合作社等实践探索，不断提升组织力和凝聚力，并在政治、经济、组织等方面为抗美援朝战争的胜利提供了重要保障。

可以说，农业合作化是把农民组织起来的最佳方式。早在 1943 年 11 月 29 日中共中央招待陕甘宁边区劳动英雄大会上，毛泽东就指出：“目前我们在经济上组织群众的最重要形式，就是合作社。”[2]新中国成立后，在解放区所实行的土地改革运动以及建立互助合作组织的尝试，也在全国范围内迅速展开。1949 年到 1953 年是农业合作化实践的起步阶段，但在这 5 年间，我国就经历了从土地改革到互助合作的开展，再到初级合作社的实践全面开展这三个重要阶段。其中，每一个阶段都蕴含了毛泽东关于走组织化的社会主义农业道路的重要理论思考。在毛泽东关于农业合作化认识的指导下，我国农业总产值从 1949 年的 325.9 亿元增长到 1953 年的 499.1 亿元，增长了 53.1%；粮食产量从 1949 年的 2162 亿斤增长到 1953 年的 3138 亿斤，增长了 31.1%；棉花产量也从 1949 年的 889 亿担增长到 1953 年的 2349 万担，增长了 62.2%。[3]

一、对农业合作化认识的三个阶段

1949 年到 1953 年，毛泽东对我国农业合作化的认识经历了从土地改革到互助合作，再到初级合作社三个阶段。这三个认识阶段并不相互孤立，而是交错推进、接续进行的。

（一）第一阶段：土地改革继续推进

土地的革命与改革是党在抗日战争和解放战争中取得胜利的根本保障，

[1]《毛泽东军事文集》（第 6 卷），人民出版社 1993 年版，第 355 页。

[2]《毛泽东选集》（第 3 卷），人民出版社 1991 年版，第 931 页。

[3] 国家统计局编：《伟大的十年——中华人民共和国经济和文化建设成就的统计》，人民出版社 1959 年版，第 23 页。

是全国人民组织起来的重要前提，也是新中国展开社会主义工农业建设的必要条件。新中国成立后，全国土地改革在更广的地区继续推进，而且呈现出任务更为紧迫的态势。国内解放战争基本结束后，在北方原有土地改革运动中所遗留的如地主反抗等问题显得更为突出，在南方以及西北等地区更是面临着土地改革运动要马上展开的境况。到 1950 年 6 月，我国北方已经约有 1.6 亿人完成了土地改革，紧接着在其他地区还将有 3.1 亿人进行土地改革。在毛泽东看来，土地改革运动的成功是新中国成立以来财政状况能获得根本好转的三大必要条件中最为基本的一条。1950 年 4 月 18 日，毛泽东在关于春耕、土改和干部整训工作的意见中还对华东局、中南局、西北局等作出了及时将土地改革规划上报中央的要求。

当然，为了进一步避免在大规模的土地改革运动中出现打击面过广的倾向，毛泽东主张在这一时期可以采用孤立地主、不动富农、保护中农、稳定民族资产阶级的措施来保障土地改革的稳妥推进。其中，“不动富农”是指“由征收富农多余土地财产的政策改变为保存富农经济的政策”[1]，其主要目的在于能够早日在抗日战争和解放战争后实现生产的恢复。在毛泽东看来，面对历史上从未有过的土地改革运动，一个重要办法就是要努力“把人民中间不满意我们的人变成拥护我们的人”[2]。要想得到更广大农民的拥护，减租减息、剿匪反霸及整顿基层组织是土地改革运动中党在农村的工作重心。这些措施也是为分田到户后农户之间可以进行互助合作而准备。毛泽东还反复强调，土地改革运动中不能耽误增加生产以及忽视群众教育的工作，同时还要不断总结土地改革过程中的经验。到 1952 年，土地改革这一历史任务在党的领导下基本获得了胜利，“全国大约有三亿无地和少地的农民无偿地获得了七亿亩土地和其他生产资料，免除了每年向地主交纳的大约 700 亿斤粮食的苛重的地租”，彻底改变了旧中国“占农村人口不到 10%的地主和富农，占有全部耕地的 70%”的极不合理的土地制度。[3]

（二）第二阶段：互助合作逐步展开

按照党中央计划，除小部分少数民族居住的地区以外，土地改革应于

---

[1] 《毛泽东文集》（第 6 卷），人民出版社 1999 年版，第 70 页。

[2] 《毛泽东文集》（第 6 卷），人民出版社 1999 年版，第 74 页。

[3] 国家统计局编：《伟大的十年——中华人民共和国经济和文化建设成就的统计》，人民出版社 1959 年版，第 23 页。

1952年全部完成。随后，在党的领导与号召下，带有社会主义萌芽性质的农业互助合作运动在全国展开。实际上，1951年年底，农业生产的互助合作运动就率先在东北展开。1951年10月，东北局向毛泽东提交了关于东北农业生产合作互助运动的报告。报告指出，政府可以在土地改革的基础上，根据群众需要，按照自愿原则，在生产工具、农业技术、统购统销等方面对互助合作组织加以扶持，并可以逐步把低级互助合作形式引向较为高级的互助合作形式。广阔的土地面积、优质的黑土资源、发展较快的工农业基础成为互助合作组织最早在东北进行尝试的客观原因。毛泽东在1951年10月17日就这个报告作出了重要指示。他指出："一切已经完成了土地改革任务的地区的党委都应研究这个问题，领导农民群众逐步地组成和发展各种以私有财产为基础的农业生产互助合作组织，同时不要轻视和排斥不愿参加这个运动的个体农民。"〔1〕

1951年12月15日，针对在党内印发的关于农业生产互助合作的决议草案，毛泽东强调要把农业互助合作当作一件大事去做。他认为，在新中国刚刚成立以及抗美援朝作战的关键时期，农业生产更要和爱国运动相结合、与国家的需要相结合，而互助合作就是体现这两个结合的最优选择。可见，互助合作是个体需求与国家需要的结合，而不是"片面地提出'发家致富'的口号"〔2〕。由此，该决议草案的印发标志着党中央把农业生产的互助合作上升为国家政策向全党进行动员并全面展开各项工作。这个决议草案最终于1953年2月15日由中共中央作为正式决议发出。我国参加互助组的农户比例从1950年的10.7%上升为1952年和1954年的39.9%与58.3%。〔3〕当然，这一时期上海市青浦县（现为青浦区）小蒸乡等地区也出现了农作物生产歉收却依然保持过高的征粮比率的现象，造成了农民生活的困难。毛泽东对此强调，应切实解决农民负担过重的问题，要求征粮比率绝对不得超出中央统一规定的全额累进税制，并根据地方实际情况来采取从7%到30%的税制。〔4〕

---

〔1〕《毛泽东文集》（第6卷），人民出版社1999年版，第180页。

〔2〕《毛泽东文集》（第6卷），人民出版社1999年版，第214~215页。

〔3〕国家统计局编：《伟大的十年——中华人民共和国经济和文化建设成就的统计》，人民出版社1959年版，第30页。

〔4〕《毛泽东文集》（第6卷），人民出版社1999年版，第241~242页。

（三）第三阶段：合作社迅速发展

1952年年底，毛泽东提出了党在过渡时期的总路线和总任务，即要在一个相当长的时期内，逐步实现国家的社会主义工业化，并逐步实现国家对农业、手工业和资本主义工商业的社会主义改造。随着抗美援朝斗争的胜利以及土地改革的基本结束，到1953年，党的工作重点就已经开始转变为在过渡时期总路线和总任务的指引下进行社会主义建设。从此，对农业进行社会主义改造、发展合作社经济就成为过渡时期总路线中极其重要的组成部分，并成为能否顺利实现社会主义工业化、满足人民日益增长的需要、增强国防力量、防止反革命复辟的关键。

1953年10月，陈云曾在政治局扩大会议上作了关于粮食问题以及在农村实行统购统销的建议报告。报告指出，全国粮食状况非常严峻，一些主要产粮区粮食收购任务未能完成，而粮食的销售量却不断攀升，与此同时，有些地区的面粉已不够供应，甚至到了只能通过配售来解决粮食问题的地步。如果粮食市场出现严重混乱局面，必然会造成物价大幅波动、工业生产以及国家建设计划展开的严重滞后。对此，毛泽东强调："粮食征购、整顿私商、统一管理这三个问题，势在必行。"〔1〕在面临严重粮食问题之时，我国政府所采取的粮食统购统销政策就成为从发展互助合作过渡到发展大合作社〔2〕的重要政策标志。由大合作社所带来的合作经济的发展成为这一时期国民经济"一体两翼"〔3〕中的重要侧翼，也被认为是由个体经济向社会主义集体经济过渡的重要形式。在毛泽东看来，这样一个"青黄不接"的时期最易造成一些农民的思想混乱。但基于小农经济的现实状况使广大农民走上合作化道路也是当时历史条件下农民的唯一出路。在毛泽东看来，向合作化过渡的一般规律是要经过土地革命后建立互助组，然后再到建立初级合作社，但也可以尝试从单干农民出发直接办初级合作社。面对这一阶段国内的粮、棉、肉、油等供不应求的现实状况，毛泽东坚持从生产关系与生产力不相适应的矛盾出发来解决现存的社会问题。他希望通过变革农村生产关系中最根本的所有制问

〔1〕《毛泽东文集》（第6卷），人民出版社1999年版，第297页。

〔2〕注：在毛泽东看来，在中国规模较大的合作组不一定要称为集体农庄，而是可以称作大合作社。这里的大合作社就是指初级以及高级合作社。

〔3〕注：国民经济的"一体两翼"是指毛泽东所指明的我国当时国民经济的主体是国营经济，两翼是国家资本主义经济和合作经济。

题即从个体所有制过渡到集体所有制，来解决这种供求矛盾。由此，在 1953 年年底召开的第三次农业互助合作会议上，党中央提出了从 1953 年冬到 1954 年春，农业生产合作社从 1.4 万多个发展到 3.58 万个的计划。而实际上，截至 1954 年年底，我国农业合作社发展到 10 万个。在此期间，合作社经济在国民经济中的占比也从 1952 年的 1.5%提升到 1953 年的 2.5%和 1954 年的 4.8%。[1]

二、对农业合作化经济效益、发展原则与外部因素的认识

（一）农业合作化的经济效益

从农业合作化在经济效益上的重要作用出发，毛泽东得出了合作经济在巩固土地革命的经济成果以及在生产效率、工农业互哺、所有制变革等方面的优越性。

第一，巩固土地革命的经济成果。虽然 1952 年土地革命在全国基本完成，但是并不牢固，广大贫农还极有可能再次处于少地或无地的境遇。如何巩固土地革命成果直接关系到社会主义经济建设全局，关系到社会主义政权及工农联盟的基础性地位。毛泽东在第三次农业互助合作会议召开前明确指出："对于农村的阵地，社会主义如果不去占领，资本主义就必然会去占领。"[2]为了巩固农村的社会主义阵地并使广大贫农真正摆脱再次被地主、富农剥削的命运，一系列合作化政策应运而生。如，在土地改革后未及时进行互助合作实践的地区出现了只利于富农及投机商人，不利于国家和人民的粮食收购问题的典型事例。由此，在毛泽东关于充分准备、紧急动员的要求下，粮食统购统销政策迅速展开。再如，在全国互助合作运动还未开展的"青黄不接"之时，出现了贫农因农业经营失败等问题而卖地给地主和富农的情况。毛泽东认为，解决地主窃取土地改革果实的根本办法还是要兴办合作社，因此"互助组还不能阻止农民卖地，要合作社，要大合作社才行"[3]。

第二，解决分散生产的经济效率弊端。毛泽东针对互助合作运动明确指

---

〔1〕 国家统计局编：《伟大的十年——中华人民共和国经济和文化建设成就的统计》，人民出版社 1959 年版，第 36 页。

〔2〕《毛泽东文集》（第 6 卷），人民出版社 1999 年版，第 299 页。

〔3〕《毛泽东文集》（第 6 卷），人民出版社 1999 年版，第 299 页。

明："关键是对合作互助组领导的实际成效如何，即是否提高了农业生产力，多打了粮食，增加了农民的收入。"〔1〕毛泽东把农业生产作为农村中压倒一切的工作来抓，并强调农村中的其他工作也都要围绕农业生产展开。同时，毛泽东还强调要在社会主义农业生产中高度重视机械化，用最先进的机械大规模提高农产品的产量和质量。在毛泽东看来，几千年来一家一户分散的个体生产是封建统治的经济基础，这是农村长久得不到发展的原因。从中可以看出，毛泽东所倡导的合作化、集体化道路绝不仅是从政治组织的视角出发的抉择，而是切实考察了中国农民几千年积贫积弱的经济状况，进而得出个体农民必须通过发展互助合作才能实现较大幅度增产增收的结论。毛泽东指明："克服这种状况的唯一办法，就是逐渐地集体化；而达到集体化的唯一道路，依据列宁所说，就是经过合作社。"〔2〕

第三，实现工农业互哺。不仅抗日战争和解放战争是依靠农民取得胜利，而且新中国成立以来的工业化建设也离不开有组织的农民的参与。1951 年 10 月，毛泽东在土地改革后进行互助合作运动伊始就要求，"每个省区都要建立生产新式农具的国营工厂，以便农民购用此种农具"〔3〕。我国要想由落后的农业国向工业国转化，无疑要优先发展重工业和国防工业。与此同时，我国当时政策也重点强调，要"农轻重"并举，要使重工业和国防工业带动农业的发展。同时，毛泽东还强调："为了完成国家工业化，必须发展农业，并逐步完成农业社会化。"〔4〕农业社会化必然含括农业从供销到生产、合作从初级到高级、土地从入股到集体所有形式的过渡。邓子恢也认为，中国农业社会主义改造的三个极为重大的历史意义在于，"为了我国建成为社会主义国家，为了实现国家的工业化、为了实现农业机械化电气化"〔5〕。他强调，"正如毛泽东所指出的：'社会主义工业化是不能离开农业合作化而孤立地去进行的'，'我们不能把一只脚踩在社会主义工业的基础上，而把另一只脚踩在小农经济的基础上'。因此，实行农业的社会主义改造，争取五亿农民来参

〔1〕《毛泽东文集》（第 6 卷），人民出版社 1999 年版，第 181 页。
〔2〕《毛泽东选集》（第 3 卷），人民出版社 1991 年版，第 931 页。
〔3〕《毛泽东文集》（第 6 卷），人民出版社 1999 年版，第 180 页。
〔4〕《毛泽东文集》（第 6 卷），人民出版社 1999 年版，第 207 页。
〔5〕《辉煌的十年》（下册），人民日报出版社 1959 年版，第 534 页。

加社会主义建设，就成为我国完成工业化的决定性条件”[1]。

第四，重视合作化进程中的速度问题。毛泽东对于社会主义农业发展以及过渡速度问题的理论探究，为社会主义实践探索提供了重要思考。从土地改革到互助合作运动的过渡速度是一个受内部发展和外部环境等诸多因素影响的难点问题。在合作化理论研究中，绝不能简单地用“过快或过慢”来评价合作化实践的成败，因为每一次过渡速度的变化都含有客观的历史必然因素。处理好速度问题归根结底还是要处理好合作社的数量与质量的问题。一些人对20世纪50年代初合作化运动诟病最多的地方在于，只注重以成倍的速度办合作社而忽视合作社的质量问题。但实际上，在毛泽东看来，通往合作的道路与“巩固、提高”合作社质量的方法论要求密不可分。例如，在1951年全国的土地改革即将取得全面胜利以及工作重点转向城市和工业之时，毛泽东还作出了“不要因领导重点转移而放松对土改工作的领导”的号召，并同意中南局土改报告中所指出的“只顾赶急图快，就有流于形式不能切实解决问题的危险”[2]。再如，1953年10月，毛泽东还提出发展合作社“要做到数多、质高、成本低”的基本要求，这也是首次把合作社的数量与质量放在同样重要的高度来研究。[3]这里的“成本低”是指要多生产粮食、棉花、甘蔗、蔬菜，而不是生产出无法满足人们生产、生活的废品。

此外，1953年，在我国农业合作化运动迅速发展阶段，毛泽东更是准确分析了我国农业发展的阶段与合作化的现状，明确提出党在农村工作的危险之处在于把小农经济混同于集体经济，这会造成“五多”等干涉农民、影响农民积极性的行为。具体来说：首先在生产力层面，与苏联当时发达的农业机械化相比，我国的农业机械还是以旧式生产工具为主。其次在生产关系层面，相比苏联集体农庄，我国基本上还存在一些互助合作特点的小农经济。也就是说，虽然当时我国进行了建立农业互助组以及生产合作社，但是规模小、稳定性弱，总体而言还建立在农业生产资料私有的基础之上。最后在经济体制层面，相比苏联的计划经济，我国的农业不能通过强制计划生产来干预农民的生产意愿，只能通过经济工作和政治工作来指导农业生产，并力争

〔1〕《辉煌的十年》（下册），人民日报出版社1959年版，第534页。

〔2〕《毛泽东文集》（第6卷），人民出版社1999年版，第212页。

〔3〕《毛泽东文集》（第6卷），人民出版社1999年版，第275页。

使其与工业生产计划相协调。毛泽东强调："超过这种限度的所谓农业'计划'、所谓农村中的'任务'是必然行不通的，而且必然要引起农民的反对，使我党脱离占全国人口百分之八十以上的农民群众，这是非常危险的。"[1]

（二）农业合作化的发展原则

毛泽东在《读苏联〈政治经济学教科书〉谈话记录稿》中明确指出："政治是经济的集中体现。"[2]他在1949—1953年间对农业合作化提出了一系列政治原则，这些原则可直接作用于经济，并成为发展合作经济、壮大集体经济的准则。

第一，注重党的引导。在合作化的第一阶段，毛泽东对征粮、收税、催缴公债过程中所出现的干部官僚主义、强制命令主义等深恶痛绝，并认为"整训干部已经成了极端迫切的任务"[3]。在反贪污斗争和反浪费斗争深入开展的过程中，党内存在的各种程度的官僚主义和自由主义等工作作风得到纠正，党的领导力进一步加强。使得毛泽东所提出的把农业互助合作当作一件大事去做的号召，可以在全国各地得到很好的落实。在合作化的第二阶段，军队的党员干部利用部队所修建的小型水库、房屋等生产资料带领当地农民试办农业生产合作社。在抗日战争中，部队集体从事农业劳动的经验就曾很好地传授给当地农民。随着中国解放事业的完成以及抗美援朝战争取得决定性胜利，广大部队也逐渐转向投身经济建设。他们可以充分利用其高度组织性纪律性的战斗队优势，迅速转变为有熟练技术的突击队。在合作化的第三阶段，实行综合粮食统购统销政策就需要依靠、发挥党员引领性作用。为顺利实现社会主义改造，党领办合作社不仅是国家的发展计划和政治方向，也是一项切实的经济任务。

第二，自觉发动群众。在我国"一五"计划关于发展农业的道路中就明确指明，"为着克服分散的个体经济的落后性，提高农业生产，必须积极地和有步骤地在自愿互利原则的基础上把贫农和中农联合起来，发展农业合作化"[4]。

---

〔1〕《毛泽东文集》（第6卷），人民出版社1999年版，第273页。

〔2〕中华人民共和国国史学会：《毛泽东读社会主义政治经济学批注和谈话》（上），《国史研究学习资料·清样本》，1998年，第358页。

〔3〕《毛泽东文集》（第6卷），人民出版社1999年版，第56页。

〔4〕《中华人民共和国发展国民经济的第一个五年计划（1953—1957）》，人民出版社1955年版，第82页。

无论是土地改革还是合作化实践，一个重要前提条件都是发动群众。在土地改革过程中，减租、退押、反霸需要发动群众，整顿基层。在对粮食采取统购统销的过程中，也需要在党员的带领下充分发挥乡村干部以及贫农、中农、缺粮户等积极分子的作用。

第三，强调自愿互利。在互助合作运动的最开始，毛泽东就高度重视个体农民加入互助组的个人意愿，对其不强制、不干扰，但也不忽视积极引导。“共同纲领”和《土地改革法》也都承认个体农民的合法权益。毛泽东重视通过一切从事农村工作的党员以及非党积极分子来教育与引导单干农民，但是绝不允许以威胁、限制、孤立等方法来强制农民加入互助组或合作社。毛泽东强调：“一个农村内，哪怕绝大多数农民都加入了互助组或合作社，单干农民只有极少数，也应采取尊重和团结这少数人的态度。”〔1〕

第四，重视示范效应、因地制宜。当时在省、专区和县都要建立示范性国营农场来为互助组和合作社提供生产工具与技术指导。毛泽东在关于发展农业互助合作的决议草案上加上了“在农民完全同意并有机器条件的地方，亦可试办少数社会主义性质的集体农庄，例如每省有一个至几个，以便取得经验，并为农民示范”〔2〕的指示。重视合作社的示范效应就是要在合作社的数量、规模、质量等方面避免出现冒进的现象，也就是要注重发展合作社的因地制宜原则。在毛泽东看来，可以根据每个地区发展合作社的条件来决定发展合作社的大、中、小规模，但要注意坚持“应搞尽搞”的原则。

第五，坚持思想领先的原则。促进“爱国增产”运动是我国这一时期进行经济建设的重要口号。土地改革的全面实现以及互助合作的全面开展，极大地增强了农民的生产积极性，这种积极性与新中国成立及抗美援朝的爱国主义精神相结合，就更加激发了农民自身的创造性。毛泽东所提倡的遵化县王国藩合作社的“穷棒子”精神就是要继续发扬自力更生、艰苦奋斗的革命精神，积极推动合作社运动的蓬勃发展。1952 年，“穷棒子社”响应“组织起来”的号召提出了“书记动手、全党办社”的口号。从 1952 年到 1954 年的短短 3 年间，遵化县在互助组的基础上兴办了初级农业生产合作社，基本

〔1〕《毛泽东文集》（第 6 卷），人民出版社 1999 年版，第 275 页。
〔2〕《毛泽东文集》（第 6 卷），人民出版社 1999 年版，第 215 页。

完成了社会主义形式的合作化。[1] 合作社主任王国藩说："1952 年办社以前，虽然政府每年救济 18 万斤粮食和 400 件衣服，但是不少人还是过着少吃没穿的生活。1952 年秋季建社以后，生产逐年提高，生活日益改善。1955 年冬转为高级合作社以后，贫穷的状况才有了彻底改变的希望。"[2]1956 年"穷棒子社"粮食亩产 440 斤，比 1955 年增加 66%；棉花亩产 180 斤，比 1955 年增加了 125%；花生亩产 270 斤，比 1955 年增加了 50%。[3]这些产量提前完成了全国农业发展纲要所规定的 12 年内所要达到的产量水平。而且，该合作社意识到由于山多地窄的资源限制，只靠农业无法使农民富裕起来，必须要多种经营，由此，林业、牧业、副业也都有了较大的发展。

(三) 农业合作化的外部因素

新中国成立后，我国农村走组织化道路也要考虑帝国主义的经济封锁和军事干预等重要因素。从朝鲜战争的爆发就可以看出，毛泽东所强调的"美帝国主义也可能在今天要乱来，它是什么都可能干出来的"是完全正确的判断。[4] 在如此严峻的外部环境下，经济建设工作依然被作为极其重要的后盾与保障。在统筹推进国防建设和经济建设的部署下，我国开展的土地改革、抗美援朝、镇压反革命的大规模运动在全国范围内都取得了伟大胜利。其中，土地改革还为即将到来的互助合作运动奠定了"耕者有其田"的土地基础，并且有效地打击了封建的恶霸势力，进而为互助合作营造了淳朴的乡土氛围。相较抗美援朝与镇压反革命的政治和军事斗争，土地改革以及之后的互助合作探索不仅是坚持社会主义方向的政治运动，更是一场经济变革，为完全正义与必要的抗美援朝战争奠定了坚实的政治、经济和组织基础。

在毛泽东看来，在土地改革的基础上把广大农民在政治上、经济上组织起来的最重要形式就是壮大合作社经济。毛泽东强调："为了继续坚持这个必要的正义的斗争，我们就需要继续加强抗美援朝的工作，需要增加生产，厉行节约，以支持中国人民志愿军。"[5] 在加强抗美援朝工作的急迫要求下，

---

[1] 燕山樵：《穷棒子精神绘新图——河北省遵化县人民学大寨自力更生艰苦奋斗的事迹》，农业出版社 1972 年版，第 4 页。

[2] 中共中央办公厅编：《巩固农业生产合作社的经验》，人民出版社 1957 年版，第 10 页。

[3] 中共中央办公厅编：《巩固农业生产合作社的经验》，人民出版社 1957 年版，第 10~11 页。

[4] 《毛泽东文集》(第 6 卷)，人民出版社 1999 年版，第 93 页。

[5] 《毛泽东文集》(第 6 卷)，人民出版社 1999 年版，第 184 页。

客观上必须要增加工农业的生产，并加速农业合作化进程。因为，农业社会化、工业规模化是在农业和工业领域可以实现“增产节约”的最优选择。党中央在1951年10月的政治局扩大会议上决定实行“增产节约”的方针，并在人民政协全国委员会上通过。毛泽东明确提出了通过农业社会化、工业规模化来实现“增产节约”三个方面的重大意义：一是保证抗美援朝战争能够取得胜利。二是保证国内物价的继续稳定，并通过积累资金、取得经验来加速国家经济建设。三是整肃党纪，净化社会风气。

三、农业合作化探索的当代方法论意义

（一）继续坚持在党的领导下实现农业现代化和共同富裕

在社会主义改造与社会主义建设初期，毛泽东多次强调党中央及各级党委对政府工作以及对工农业建设要具有领导责任，“一切主要的和重要的方针、政策、计划都必须统一由党中央规定”[1]。社会主义过渡的总路线和总任务就是要在党中央的集中统一领导下逐步实现“一化三改”。毛泽东指出：“总路线也可以说就是解决所有制的问题。”[2]其中，农村由个体经济向集体所有制经济的过渡成为社会主义工业化建设的重要所有制基础。“一化三改”的总路线就是我国社会主义改造的“纲”，当时只有确立了农业走社会主义道路的“纲”，才能解决我国农业农村的矛盾，这就是毛泽东所强调的“纲举目张”。

进入新时代，党中央同样始终把“三农”问题作为关系国计民生的根本性问题以及全党工作的重中之重，并在党的十九大报告中提出要实施乡村振兴战略，加快推进农业农村现代化，壮大集体经济。[3]实施乡村振兴战略就是新时代实现农业农村现代化的“纲”。习近平总书记强调：“实施乡村振兴战略是关系全面建设社会主义现代化国家的全局性、历史性任务。”[4]实施乡村振兴战略具体需要对现代农业产业、生产、经营体系进行构建，对小农户和现代农业发展进行有机衔接等。新时代依然高度重视处理好工业和农业、城市和乡村的关系，并把其作为决定现代化成败的关键。而加速农业农村现

〔1〕《毛泽东文集》（第6卷），人民出版社1999年版，第252页。

〔2〕《毛泽东文集》（第6卷），人民出版社1999年版，第301页。

〔3〕习近平：《决胜全面建成小康社会 夺取新时代中国特色社会主义伟大胜利——在中国共产党第十九次全国代表大会上的报告》，人民出版社2017年版，第32页。

〔4〕《习近平谈治国理政》（第3卷），外文出版社2020年版，第255页。

代化建设的落脚点依然是通过工业反哺农业、城乡融合发展来解决农业农村发展不平衡和不充分的问题，最终目标是使广大农民更扎实地实现共同富裕。

（二）继续坚持统筹发展和安全工作

统筹发展和安全的工作是新中国成立以来我国国民经济和社会发展的持续性主题，其在不同的发展阶段被赋予了不同的内涵。其中，在不同的时期，发展可以表现为经济社会发展、科技创新能力、国家治理能力、精神文化软实力等层面，安全可以表现为国防安全、军事安全、政治安全、经济安全、公共卫生安全等几个不同方面。总之，发展和安全的命题越发重要，内涵也越发丰富。

在抗日战争、解放战争以及抗美援朝战争时期，共产党领导人民所取得的胜利都离不开在“组织起来”的基础上统筹推进军事斗争和生产斗争。“抓革命、促生产”是这一精神最简练的内在要求。面对日本侵略者在各革命根据地所采取的“三光”政策以及国民党反动派的重重封锁，共产党仅有军事作战能力还远不能适应持久战，还必须自己动手丰衣足食。共产党依靠群众基础并发挥善于发动群众的优势，完全可以通过“组织起来”的方式来发展，进而克服各种困难。毛泽东指出：“把群众组织起来，把一切老百姓的力量、一切部队机关学校的力量、一切男女老少的全劳动力半劳动力，只要是可能的，就要毫无例外地动员起来，组织起来，成为一支劳动大军。”〔1〕也就是说，取得抗日战争的胜利，打仗的大军和劳动的大军缺一不可。此后，毛泽东于1950年9月在《全国战斗英雄和劳动模范代表会议上的祝词》中也指明：“中国必须建立强大的国防军，必须建立强大的经济力量，这是两件大事。”〔2〕1951年10月，抗美援朝的伟大斗争还在进行之时，毛泽东就发出“增加生产，厉行节约”的号召来支持中国人民志愿军。中国人民能够完成“增加生产”这一中心任务离不开土地改革后农业互助合作运动在全国范围内的迅速展开。到1952年年底，组织起来的农户占全国总农户的40%左右，是1950年占比的3倍。1952年的农业总产值为483.9亿元，比1949年增加48.5%，年平均增长率为14.1%。〔3〕

〔1〕《毛泽东选集》（第3卷），人民出版社1991年版，第928页。

〔2〕《毛泽东文集》（第6卷），人民出版社1999年版，第95页。

〔3〕《中国共产党历史 1949—1978》，中共党史出版社2011年版，第126~134页。

新型农民合作经济组织正是能够通过组织化和市场化相结合的方式，为农业产业的兴旺提供全方位服务，并成为引导农民进入市场的重要桥梁。我国合作社从新中国成立初期以“生产发展”作为中心工作发展到新时代以“产业兴旺”作为总体要求，反映了新型农村合作经济适应市场化和组织化相融合、一二三产业相融合的新要求。合作经济还可以在面临国际环境和国内条件发生深刻而复杂变化的背景下，保持农业经济的双循环发展，抵御资本市场的盲目性风险，助力实现稳就业、保民生等重大经济任务。

（三）继续坚持重大战略部署接续递进

1952年，全国范围内所进行的土地改革接近尾声，而生产规模较小、农业效益普遍较低等问题都亟待新的、符合社会主义农业发展特点的接续变革。毛泽东反复强调，对于由个体经济向合作经济、集体经济过渡的社会主义改造，不去发展或发展过猛都是容易出现问题的。互助合作运动只能是在党中央的倡议下坚持农民自愿的原则，有计划、有准备、有步骤地积极展开。毛泽东在第三次农业互助合作会议结束前夕指明，应该把共同劳动的互助组看作社会主义的萌芽，把生产资料入股的初级合作社看作半社会主义性质的组织形式，而且“互助组还是农业生产合作社的基础”，由此，可以从半公有、半私有的所有制形式稳步向集体所有制形式过渡。[1]

习近平总书记强调：“党的十九届四中全会和党的十八届三中全会历史逻辑一脉相承、理论逻辑相互支撑、实践逻辑环环相扣，目标指向一以贯之，重大部署接续递进。”[2]社会主义国家的国家治理的重要优势之一就体现在历史、理论、实践的逻辑一致性层面，体现在理论与实践的不断接续向前发展之中。在新时代实施乡村振兴战略中，习近平总书记高度重视处理好长期目标和短期目标、顶层设计和基层探索、市场作用和政府作用、群众获得感和适应发展阶段的四大关系问题。其中，每个关系问题都是关乎处理好农业改革与发展的速度和效能关系的新时代思考，具体来说，要着眼长远而后动，坚持长远规划与聚焦阶段任务的并重，久久为功；要在明确乡村振兴的顶层设计的基础上精准施策，并且发挥广大农民的主体作用和首创精神；要坚持

〔1〕《毛泽东文集》（第6卷），人民出版社1999年版，第95页。

〔2〕“落实党的十九届四中全会重要举措　继续全面深化改革实现有机衔接融会贯通”，载《人民日报》2019年11月27日。

农业农村改革的社会主义大方向，改革不可能一蹴而就，在方向问题上不能出大的偏差；要坚持尽力而为、量力而行，不能超越发展阶段。[1]

（四）继续坚持“增产节约”的方针

新中国成立初期，农业生产一直被作为农村中具有压倒性地位的工作，其他工作都应围绕生产工作展开，并为生产工作服务。特别是，要不断破除“五多”[2]等妨碍农民进行生产劳动的所谓工作性任务。毛泽东认为，这种“五多”的现象并不是来自乡、县一级的问题，而是“县以上各级党政领导机关中存在着严重的分散主义和官僚主义所引起的”[3]。毛泽东高度重视粮食生产问题。他在1951年12月审阅《中共中央关于实行精兵简政，增产节约，反对贪污、反对浪费和反对官僚主义的决定》时批示道：“中央要求党的各级领导机关在此次精兵简政的工作中，在展开全国规模的爱国增产节约运动中，在进行反对贪污和反对浪费的斗争中，同时展开一个反对官僚主义的斗争。”[4]毛泽东赋予了合作社多产粮食的首要职责，并指出，“不能多打粮食，是没有出路的，于国于民都不利”[5]。

“增产节约”在新时代又被赋予了更丰富的内涵。一方面，增产不再单纯指增加产量，而是在增产的同时把产业振兴作为乡村振兴的长久之计。在脱贫攻坚战中，产业增收也是重要途径和长久之策。新时代的产业增收更加强调精准施策和压茬推进。精准施策就是要做到因地制宜、因村因户因人施策。压茬推进就是要注重长期培育和发展并防止急功近利。2020年7月15日，习近平总书记到赤峰市马鞍山村考察时指出，产业是发展的根基，产业兴旺，乡亲们收入才能稳定增长，要坚持因地制宜、因村施策，宜种则种、宜养则养、宜林则林，把产业发展落到促进农民增收上来。[6]马鞍山村就是通过对传统的山葡萄合作社进行转型升级，成立了葡萄酒酿造公司。通过“扶强带贫”的合作化经营，49户贫困户成为公司股东、8户贫困户参与企业和基地

---

[1] 《习近平谈治国理政》（第3卷），外文出版社2020年版，第261~262页。

[2] 注：“五多”是指任务多，会议集训多，公文报告表册多，组织多，积极分子兼职多。

[3] 《毛泽东文集》（第6卷），人民出版社1999年版，第271页。

[4] 《毛泽东文集》（第6卷），人民出版社1999年版，第209页。

[5] 《毛泽东文集》（第6卷），人民出版社1999年版，第300页。

[6] “牢记初心使命贯彻以人民为中心发展思想　把祖国北部边疆风景线打造得更加亮丽”，载《人民日报》2019年7月17日。

劳动，实现了产业增收。马鞍山村的村级集体经济从2014年的0.1万元提高到2019年的8.1万元，村民人均可支配收入也从2015年的4577元上升到2019年的14 654元，通过合作社培训贫困户200人次、带动59户贫困户、户均增收2000元以上，由此，马鞍山村的贫困发生率从2015年的10.4%降至2019年的0.17%。[1]另一方面，节约也不再单指粮食节约，而是在生态文明等领域被赋予更为深刻的内涵。新时代以来，习近平总书记反复强调要在粮食安全和生态环境等领域厉行节约、反对浪费。在生态环境方面，党已经把生态问题上升为重大政治问题和关系民生的重大社会问题的高度，节约资源和保护环境是国家的基本国策，可持续发展是国家的重要战略。新时代进一步增强了经济生态化理念在农村治理中的重要性，并把生态宜居作为乡村振兴的内在要求。

（五）继续坚持发展合作社和家庭农场两大新型农业经营主体

毛泽东在审阅《中共中央关于农业生产互助合作决议》稿时加写上了一段体现积极引导、自由合作、平等对待等基本原则的批示。他明确指出："农业贷款必须合理地贷给互助合作组织和单干农民两方面，不应当只给互助合作组织方面贷款，而不给或少给单干农民方面贷款。"[2]对于发展合作社，毛泽东所秉持的态度是必须要切合实际，要重视发展合作社的"需要与可能"。其中，"需要"是指广大农民对于合作社的需要，"可能"是指发展合作社要注重政治、经济等条件。毛泽东反复强调计划不等于命令主义和主观主义，计划更要符合客观实际，对于合作社的发展也要既反对盲目冒进又要反对强行推倒。在我国"一五"计划的第四章"农业"部分也提出进一步发展互助合作组织以及充分发挥个体经济的潜在力量的双向计划。"一五"计划指出："五年计划必须进一步地发展和提高各种具体形式的农业劳动互助组织，而为农业生产合作社的迅速发展准备条件。五年计划同时也估计到农业个体经济还有一定的潜在力量，必须正确地充分地把它发挥起来，提高单位面积的产量。"[3]

---

[1] "总书记要求我们发展产业促增收"，载《人民日报》2019年8月13日。

[2] 《毛泽东文集》（第6卷），人民出版社1999年版，第275页。

[3] 《中华人民共和国发展国民经济的第一个五年计划（1953—1957）》，人民出版社1955年版，第83页。

新时代以来，我国继承与发展了新中国成立初期实事求是、因地制宜发展合作经济的规划。2013年中央农村工作会议指出："这些年，在创新农业经营体系方面，广大农民在实践中创造了多种多样的新形式，如专业大户、家庭农场、专业合作、股份合作、农业产业化经营等。……从各地实践看，各种经营主体、各种经营形式，各有特色、各具优势，在不同地区、不同产业、不同环节都有各自的适应性和发展空间，不能只追求一个模式、一个标准。"[1]习近平总书记在2018年主持中央政治局集体学习时强调："当前和今后一个时期，要突出抓好农民合作社和家庭农场两类农业经营主体发展，赋予双层经营体制新的内涵，不断提高农业经营效率。"[2]可见，党中央对于作为农业经营两大主体的农民合作社和家庭农场并没有明确的政策倾向，但在理论和实践中都出现了偏重发展农业大户和家庭农场，而忽视农民合作社、壮大集体经济的偏向。这与习近平总书记在2019年"两会"上所强调的"发展多种形式农业适度规模经营，突出抓好家庭农场和农民合作社两类农业经营主体发展"的要求显然并不相符。[3]壮大新型集体经济的关键在于，革新"统一生产、统一分配、统一管理"的传统指令性集体经济模式，探索在坚持土地集体所有制的前提下承包权和经营权的多种实现模式，构建适应社会主义市场经济、规模经济要求并且具有合作化、集约化特征的农业经济体系以及产、供、销经营服务体系。

第三节　对集体经济理论的构建与社会主义经济规律的认识

合作经济与集体经济理论是社会主义建设过程中绕不开的重要理论问题。毛泽东从中国具体国情出发，对集体化经济理论进行过深入的思考。在他看来，集体化不仅是集体所有制的理论内涵和重要实现形式，也是全民所有制的重要前提条件和组织基础，是两种所有制之间产生经济联系的前提。针对两种社会主义所有制的实现形式，毛泽东一方面提出要分清两种所有制的界

---

〔1〕中共中央文献研究室编：《十八大以来重要文献选编》（上），中央文献出版社2014年版，第669~670页。

〔2〕《习近平谈治国理政》（第3卷），外文出版社2020年版，第260页。

〔3〕"习近平李克强王沪宁韩正分别参加全国人大会议一些代表团审议"，载《人民日报》2019年3月9日。

限，另一方面又把这两种社会主义所有制的基本形式统一为相辅相成的有机整体。从总体上来说，集体化属于生产关系的范畴即政治经济学的主要研究对象。由此，厘清集体化的问题与研究生产关系的方法论要求是基本一致的，即“要研究清楚生产关系，就必须一方面联系研究生产力，另一方面联系研究上层建筑对生产关系的积极作用和消极作用”〔1〕。而在判断社会主义社会所处的具体革命和发展阶段时，“生产关系比生产力更具有直接的意义”〔2〕。毛泽东认为：“先要改变生产关系，然后才有可能大大地发展社会生产力，这是普遍规律。”〔3〕他批判了苏联《政治经济学教科书》中关于“要有拖拉机，才能合作化”的说法〔4〕，认为只有生产关系的改变、所有制方面的胜利才能更好地促进与其相适应的生产力的大发展。也就是说，从发展生产力的视角出发，“生产关系的革命，是生产力的一定发展所引起的”；从解放生产力的视角出发，“生产力的大发展，总是在生产关系改变以后”；从保护生产力的视角出发，“先把上层建筑改变了，生产关系搞好了，上了轨道了，才为生产力的大发展开辟了道路”。〔5〕

一、对集体经济与经济发展的思考

对社会主义经济规律的不断认识伴随整个经济社会发展的全过程。毛泽东在《矛盾论》中就提出：“矛盾是普遍的、绝对的，存在于事物发展的一切过程中，又贯穿于一切过程的始终。”〔6〕其中，对于集体化经济理论与实践的认识是社会主义道路绕不开的矛盾性问题。集体化的组织形式既是集体所有制的重要内核，又是巩固全民所有制的重要条件。而集体所有制和全民所有制的两种所有制并存的形式又是社会主义建设时期必须要长期坚持与完善的经济基础。由此，集体化与社会主义经济规律的认识又紧密地联系在一起。但是，由于理论界对于集体化理论的认识长期陷入误区，所以有必要从认识社会主义经济规律的视角出发去阐明以下四个关于集体经济理论的认识。

---

〔1〕《毛泽东年谱 1949—1976》（第4卷），中央文献出版社2013年版，第282页。
〔2〕程恩富：“社会主义发展三阶段新论”，载《江西社会科学》1992年第3期。
〔3〕《毛泽东年谱 1949—1976》（第4卷），中央文献出版社2013年版，第299页。
〔4〕《毛泽东年谱 1949—1976》（第4卷），中央文献出版社2013年版，第299页。
〔5〕《毛泽东年谱 1949—1976》（第4卷），中央文献出版社2013年版，第270页。
〔6〕《毛泽东选集》（第1卷），人民出版社1991年版，第307页。

（一）集体经济离不开对社会主义经济规律、价值规律的客观认识

认识客观规律、研判主客观条件，并在实践中对其进行检验，是毛泽东经济思想的重要方法论。针对社会主义若干经济法则不能改造的观点，毛泽东认为，这种观点的错误之处在于不能把法则和客观规律相混淆，即经济发展的客观规律是不能随意改造的，但为了解决新的不平衡问题，“计划常常要修改”〔1〕。也就是说，农业经济制度的制定与调整要不断去适应社会主义经济规律，因为“不能认为社会主义社会里就没有自发性和自流性”〔2〕。在毛泽东看来，对农业集体化等发展规律的探索与实践，不仅要看到胜利，还要看到失败并发现问题，“在实践中必须采取马克思主义的态度来进行研究，而且必须经过胜利和失败的比较”〔3〕。

（二）只有不断完善集体经济的组织形式，才能使社会主义生产关系不断适应生产力发展的新形势

在毛泽东看来，国家工业化和农业集体化是社会主义基本经济规律所决定的必然抉择，而两者也是相辅相成的统一整体。把两者割裂开来或是对立起来的做法不利于社会主义生产关系的完善以及与生产社会化的进一步适应。新中国成立后，党和国家长期致力于兴建农田水利设施以及提升农业机械水平，才确保了粮食的增产增收，而大中型水库等大规模建设也得益于合作化规模的不断扩大，才使各种利害关系得以综合平衡。总之，不断解放生产力、发展生产力才能够更好地满足人们日益增长的物质文化需求，并以此“不断创造新的需求”〔4〕。

（三）集体经济不是建立在剥夺农民的基础上的，要坚持党的引导、自愿互利、示范先行的基本原则

一方面，毛泽东结合中国国情继承了马克思主义关于合作社的自愿互利和注重示范的原则。恩格斯曾在《法德农民问题》中指出：“我们对于小农的任务，首先是把他们的私人生产和私人占有变为合作社的生产和占有，但不

〔1〕《毛泽东文集》（第8卷），人民出版社1999年版，第121页。

〔2〕《毛泽东文集》（第8卷），人民出版社1999年版，第118页。

〔3〕《毛泽东年谱1949—1976》（第4卷），中央文献出版社2013年版，第275页。

〔4〕《毛泽东文集》（第8卷），人民出版社1999年版，第137页。

是用强制的办法，而是通过示范和为此提供社会帮助。"[1]其中含有社会主义发展农业合作社的两个基本原则即自愿互利、示范先行。列宁也指出："掌握国家政权的工人阶级，只有在事实上向农民表明了公共的、集体的、共耕的、劳动组合的耕作的优越性，只有用共耕的、劳动组合的经济帮助了农民，才能真正向农民证明自己正确，才能真正可靠地把千百万农民群众吸引到自己方面来。"[2]列宁的合作社思想充分表明合作社的发展与巩固不仅要找到自愿原则的适用度，还要通过典型合作社的示范以及工业的反哺来实现。毛泽东也反复强调集体化的自愿和示范原则，并认为，代表无产阶级利益的马克思主义政党如果走剥夺农民的土地等生产资料的道路，那样会把农民长久地抛到无产阶级的敌人的阵营中。对于苏联曾采取的余粮收集制的办法，毛泽东认为，这种办法非常不妥，与此相对照，在我国22年的根据地建设的基础上一直采取的是公粮征收和粮食购买的办法，在此基础上可能避免走苏联的弯路。因为，他深知"中国的土地私有，深入人心，农民一寸土地也是得来不易"[3]。由此，他从体恤农民的观念出发，如何更好地保障耕者有其田、避免走向两极分化是其发展农业合作化的出发点。在互助合作运动中，毛泽东就强调要保证合作组织和单干农民的平等发展的权利与意愿。此外，毛泽东还高度重视示范先行的原则。他在中共中央1951年12月15日关于发展农业互助合作的决议草案上特意批示道："在农民完全同意并有机器条件的地方，亦可试办少数社会主义性质的集体农庄，例如每省有一个至几个，以便取得经验，并为农民示范。"[4]

另一方面，毛泽东进一步发展了马克思主义农业发展的原则，即在自愿和示范的前提下要通过党来引导农业集体化在质与量层面的发展。毛泽东在《关于农业合作化问题》一文中指出："干部和农民是在党的领导之下前进的，运动基本上是健康的……领导不应当落在群众运动的后头。而现在的情况，正是群众运动走在领导的前头，领导赶不上运动。这种情况必须改变。"[5]20世纪50年代，我国的广大农民在党的引导下行之有效地组成合作社。以农业

〔1〕《马克思恩格斯文集》（第4卷），人民出版社2009年版，第524页。

〔2〕《列宁全集》（第37卷），人民出版社1986年版，第390页。

〔3〕《毛泽东年谱1949—1976》（第4卷），中央文献出版社2013年版，第253页。

〔4〕《毛泽东文集》（第6卷），人民出版社1999年版，第215页。

〔5〕《毛泽东文集》（第6卷），人民出版社1999年版，第419页。

合作化运动初期的发展状况为例：1951 年 12 月，在党中央作出农业生产互助合作决议时，全国只有 300 多个农业生产合作社；1953 年 12 月，党中央发布了关于农业生产合作社的决议，此时的农业生产合作社已经发展到 1 万 4 千多个，这个决议原计划用 1 年的时间使合作社的数量增加 1.5 倍，而实际上合作社已经增加到 1954 年年底的 10 万个；1954 年 10 月，党中央计划再用 1 年的时间发展到 60 万个，实际上截至 1955 年 6 月核准的合作社数量是 65 万个。[1]面对如此规模的合作社数量的增加，如何巩固合作化的成果和效率成为关键。对此，毛泽东不仅重视依靠广大贫下中农走社会主义道路的积极性，而且还重视“农业合作化在经济效益上的重要作用”[2]。他曾强调，“反对不顾质量、专门追求合作社和农户的数目字的那一种偏向”[3]，合作化、集体化就是要在生产效率上体现出比单干或简单互助的优势。

（四）集体经济的完善需要有步骤、分阶段进行

在合作化高速发展期，毛泽东就高度重视不断巩固合作化成果、提高合作化效率，并强调要时刻处理好人民内部的矛盾以及国家、集体、个人之间的矛盾，以此来分阶段向农业集体化过渡。因为只有这种过渡才能使土地革命以及农业合作化的革命果实得到根本保障，才能最大程度地支持工业化的发展。无论是社会主义改造的进程，还是由集体所有制向全民所有制过渡的步骤，甚至是从社会主义到共产主义过渡的愿景，所有这些问题的有效解决都需要处理好过渡的速度与条件的问题。向社会主义和共产主义过渡的速度与步骤问题也是要随着理论与实践的深入而不断调整。这个问题直接关系到社会主义国家的成败，一旦过渡的速度过快就有可能成为高质量发展的绊脚石，而过渡速度过慢则可能使来之不易的革命果实化为乌有。毛泽东高度重视这个问题，并在集体化的进程中不断进行反思与调整。例如，1958 年 8 月，毛泽东在审阅《中共中央关于在农村建立人民公社问题的决议稿》时批示道，“人民公社建成以后，不要忙于改集体所有制为全民所有制，在目前还是以采用集体所有制为好，这可以避免在改变所有制的过程中发生不必要

---

〔1〕《毛泽东文集》（第 6 卷），人民出版社 1999 年版，第 420~421 页。

〔2〕张杨：“组织起来的力量——论毛泽东对农业合作化的探索与贡献（1949—1953）”，载《毛泽东邓小平理论研究》2020 年第 11 期。

〔3〕《毛泽东文集》（第 6 卷），人民出版社 1999 年版，第 423 页。

的麻烦”[1]。到1960年11月，毛泽东又对在这一批示中关于用三四年、五六年或者更多的时间实现向全民所有制过渡的设想进行了反思，并说“设想得过快了”，对曾犯的错误“一定要改正”。[2]从中可以看出，他对于集体化的速度、对于集体所有制向全民所有制过渡的条件与时机是有深入思考的。在这里，实际上对由集体所有制向全民所有制的过渡提出了一个极高的要求，即只有实现农业劳动的高度机械化以及集体所有制下产品和积累的无条件调拨才能最终实现这种过渡。在他看来，绝不能把集体所有制同全民所有制混同起来，因为在我国社会主义初期，商品生产和交换都很不发达，要在这个时期努力繁荣商品生产和商品交换，并承认两者在社会主义初级阶段的积极作用。

二、对集体经济与生产资料所有制变革的思考

毛泽东认为，生产资料由私有制向公有制的演进，需要经过一个不断变革的过程。他的构想可以分为两条主线：一条是把官僚资本主义私有制和民族资本主义私有制变为生产资料公有制，另一条是把地主土地所有制变为个体农民或个体手工业私有制，再变为社会主义集体所有制。毛泽东批评了把生产关系和使用关系、生产资料与生活资料并列的错误认识，指明生产关系是“人们对生产资料的所有关系”[3]，“生产关系中的所有制在法律上的名称就叫所有权”[4]。在新民主主义革命基本结束和社会主义革命开始的阶段，党和国家“立即没收了占全国工业、运输业固定资产百分之八十的官僚资本，转为全民所有”[5]，并且用3年的时间基本完成全国的土地革命。

（一）生产资料公有制的确立为集体所有制的演进提供基础

在对资本主义所有制的变革中，我国对官僚资本采用没收政策，对民族资本经过统购包销、加工订货、公私合营的社会主义改造步骤来实现所有权变革。生产资料公有制的确立为农业集体化的发展提供了坚实的经济基础和制度保障，并且为集体所有制的演进提供了可能。在毛泽东看来，新中国成

[1]《毛泽东文集》（第8卷），人民出版社1999年版，第224页。
[2]《毛泽东文集》（第8卷），人民出版社1999年版，第222页。
[3]《毛泽东文集》（第6卷），人民出版社1999年版，第63页。
[4]《毛泽东文集》（第5卷），人民出版社1996年版，第23页。
[5]《毛泽东年谱1949—1976》（第4卷），中央文献出版社2013年版，第251页。

立后也只能先把一部分生产资料转归国有即全民所有。1950 年 4 月，在参加全国统战工作会议工商组讨论会上，毛泽东针对发言记录稿中“国营经济是无限制地发展”的表述指出，“这是长远的事，在目前阶段不可能无限制地发展，必须同时利用私人资本”〔1〕。到 1958 年 11 月，他依然认为：“现在我们的全民所有是一小部分，只占有生产资料和社会产品的一小部分。”〔2〕“各种社会经济成分，在具有社会主义性质的国营经济领导之下，分工合作，各得其所”〔3〕，成为毛泽东这一时期主要的经济思想。

（二）合作化的过渡形式为集体所有制的实现提供可能

在对地主所有权的变革中，把地主阶级的土地私有权变为个体农民的私有权，再进一步变革为社会主义集体所有权，符合新中国成立后的客观历史背景。在农民通过平分得到土地后又出现了贫农因农业经营失败等问题而卖地给地主和富农的情况，而且有的村党支部也出现了思想消极、组织涣散的“退坡”现象。1950 年山西省的一份《晋东南武乡县农村考察报告》显示，从 1949 年到 1950 年“有 139 户（占总农户的 11.8%）出卖土地 410 亩（占耕地总数的 2.28%）”〔4〕，有些富裕农民占有的土地超过了村里人均占有的 1 倍—3 倍，甚至有些买不到地的富裕农民通过放年利率高达 60%—180% 的高利贷来变相占有他人的生产资料。基于此，毛泽东认为，互助组还不能阻止农民卖地，而是需要合作社或大合作社的经济形式。因为，农民仅靠辛勤劳作是无法真正实现增产增收的目的。防止土地改革的果实被窃取的根本办法，就是要通过兴办合作社来为农民提供农业改良技术、资金以及合作医疗、教育等保障。

第一，坚持土地、生产资料的集体所有。我国从农村的土地等生产资料到劳动产品都是农民集体所有，这就在很大程度上提高了农村集体的生产与经营的决策权、商品生产与流通的自主权。1959 年 10 月，毛泽东特别强调：“现在我们公社的生产资料所有制是集体所有制加个人所有，主要的是集体所有制。”〔5〕我国所实行的集体所有制相较于苏联集体农庄的模式更有利于发动

---

〔1〕《毛泽东文集》（第 6 卷），人民出版社 1999 年版，第 50 页。

〔2〕《毛泽东文集》（第 7 卷），人民出版社 1999 年版，第 438 页。

〔3〕《毛泽东文集》（第 6 卷），人民出版社 1999 年版，第 71 页。

〔4〕陶鲁笳：《毛主席教我们当省委书记》，辽宁人民出版社 2012 年版，第 173 页。

〔5〕《毛泽东年谱 1949—1976》（第 4 卷），中央文献出版社 2013 年版，第 212 页。

群众以及走群众路线。农村集体所有制的建立有利于提升农业生产、防灾减灾等能力，促进合作医疗、民办教育、文化生活等民生保障。

第二，注重对集体所有制与全民所有制进行区分。毛泽东曾多次强调，不能把集体所有制与全民所有制混同起来，因为不能把农民等同于工人，不能把人民公社等同于国营农场。在充分考虑我国地少人多的基本国情的基础上，他提出应因地制宜地发展国营农场、国营企业。在读到苏联《政治经济学教科书》中关于在收归国家的公有土地上组织大型国营企业时，他强调，“在我们的国家里，这部分土地不能很多，只能很少。……只有在他们完全自愿的条件下，才把极少一部分土地建立成国营农场”〔1〕。

第三，以分步推进的方式来巩固土地集体所有制。巩固土地集体所有制的互助组、初级社、高级社等螺旋式上升形式，在理论上具有一定的渐进式性质。毛泽东说：“我们所采取的步骤是稳的，由社会主义萌芽的互助组，进到半社会主义的合作社，再进到完全社会主义的合作社。”〔2〕这里蕴含着毛泽东一个重要的思想，即只有分步推进所有制的变革才能给农民的土地私有观念带来相应的变化。当然，在他看来，不能把农民的问题都归结为集体化的问题，在土地集体所有制条件下，农业政策是否正确、执行是否得力也是问题的关键所在。

第四，既反对平均主义，又反对过分悬殊，提倡共同富裕。1958 年 11 月郑州会议后，毛泽东进一步调整了农村的核算单位和分配方式，纠正人民公社化运动中的“共产风”“浮夸风”等错误思潮。1961 年 3 月，毛泽东主持制定了《农村人民公社工作条例（草案）》，进一步明确了实行“三级所有、队为基础”的集体所有制形式。通过把经营权下放到小队的办法在一定程度上调动了农民的生产积极性，并在一定程度上克服了农村工作中的冒进作风。在毛泽东看来，“三级所有”的集体所有制形式在一定程度上有利于在保障必要劳动即满足生产者及其家庭需要的同时，又可以满足剩余劳动即社会劳动的需要，而这种社会劳动不仅可以直接用于扩大再生产，还可以用于社会文化教育和福利健康事业等间接的扩大再生产。实际上，既反对平均主义，又反对贫富悬殊一直是这一时期社会主义分配制度的重要原则。毛泽东在读苏

〔1〕《毛泽东年谱 1949—1976》（第 4 卷），中央文献出版社 2013 年版，第 253~254 页。

〔2〕《毛泽东文集》（第 6 卷），人民出版社 1999 年版，第 303 页。

联《政治经济学教科书》的谈话时说："反对平均主义，是正确的；反过头了，会发生个人主义。过分悬殊也是不对的。"[1]他曾在1955年10月的资本主义工商业社会主义改造问题座谈会上强调，我国所实行的社会主义制度和计划是可以逐步实现富强的，"这个富，是共同的富，这个强，是共同的强"。[2]但是，这些经济思想在实践中并没有得到很好的贯彻，随着供给制的实行和浮夸风的盛行，"人民公社化运动，不仅造成对农民的剥夺，而且使农村生产力受到灾难性的破坏"[3]。

三、对集体经济与"农轻重"并举的思考

在社会主义过渡时期，集体化在农业领域主要体现在农业合作化运动，在工业领域主要体现在通过公私合营来实现工农并举，并且由此形成社会主义的经济基础。毛泽东1952年11月曾说："为了完成国家工业化，必须发展农业，并逐步完成农业社会化。但是首先重要并能带动轻工业和农业向前发展的是建设重工业和国防工业。"[4]这就非常清晰地论述了工业和农业之间的辩证关系。毛泽东高度评价列宁所作的《粮食税》以及其中的"合作制政策"[5]，并依据我国"农轻重"产业（农业、轻工业、重工业）发展实际强调，合作社经济对于实现农业社会主义改造的重要性。从我国第一个五年计划时期国民收入中各经济类型比重的变化来看，合作社经济的占比从1953年的2.5%，到1955年的14.1%，再到1957年的56.4%，[6]其迅速发展到相当的规模，并成为国民经济中主要的经济类型。

除工农业并举之外，毛泽东还强调要实行洋土并举、中央和地方等并举。在学习西方技术来做大做强本土企业的问题上，毛泽东强调既"不搞经济关门，需要交换"[7]，也要"以自力更生、不依赖外援为原则"[8]，如在汽车

[1]《毛泽东文集》（第8卷），人民出版社1999年版，第130页。

[2]《毛泽东文集》（第6卷），人民出版社1999年版，第495页。

[3]《中国共产党历史1949-1978》（第2卷），中共党史出版社2011年版，第499页。

[4]《毛泽东文集》（第6卷），人民出版社1999年版，第207页。

[5]《列宁选集》（第4卷），人民出版社2012年版，第508页。

[6] 国家统计局：《伟大的十年——中华人民共和国经济和文化建设成就的统计》，人民出版社1959年版。

[7]《毛泽东文集》（第8卷），人民出版社1999年版，第71页。

[8]《毛泽东年谱1949—1976》（第4卷），中央文献出版社2013年版，第320页。

领域“我们这样的大国，最少应该有三四个像长春汽车厂那样的制造厂”〔1〕。这就奠定了我国独立自主、自力更生发展国民工业的总基调。而且他还反复强调，社会主义赶超主要资本主义国家的任务只讲工业领域不行，还一定要包含农业领域。因为，在农业和尖端技术中间夹着工业，要通过抓两头来分别推动“工业在量和质两方面迅速地发展”〔2〕。在中央与地方并举方面，毛泽东强调，“为了建设一个强大的社会主义国家，必须有中央的强有力的统一领导，……又必须充分发挥地方的积极性”〔3〕，而且“中央和地方都要注意发挥企业的积极性”〔4〕。

（一）集体经济是构建工业化体系的基础

在农业领域，合作化和集体化直接关系农民利益的保障、工业化的实现、社会主义方向的确保等重大问题。综合苏联和中国的经验，毛泽东得出，没有农业和轻工业的发展就不会更好地促进重工业发展、没有农业合作化也就不能很好地解决过渡时期多种经济成分并存的问题的结论。他指明：“只有在合作化的基础上，统购统销的政策才能继续，才能彻底执行。”〔5〕而统购统销又是对民族资本进行社会主义改造的三大步骤的起点。因此，有了合作化、集体化才能以统购统销的方式来支持农业机械化、工业化的发展，才能够更好地实现工业的社会主义改造。也就是说，集体化和工业化是社会主义建设过程中密不可分的统一整体，缺一不可，而且“社会主义工业化是不能离开农业合作化而孤立地去进行的”〔6〕。在生产关系层面实现集体化、在生产力层面实现机械化和工业化，并且共同促进工农业的现代化，然后使两者相结合才能真正使工农联盟得以巩固，最终实现工农差别、城乡差别的消除。在此基础上，毛泽东认为，工农差别的消失、脑力劳动和体力劳动差别的消失，根本上还是要依靠生产力的高度发展，“农业的根本出路在于机械化”〔7〕。他曾指明：“单有合作化、人民公社化，而没有机械化，工农联盟还是不能巩

〔1〕《毛泽东文集》（第8卷），人民出版社1999年版，第126页。

〔2〕《毛泽东年谱1949—1976》（第4卷），中央文献出版社2013年版，第328页。

〔3〕《毛泽东文集》（第7卷），人民出版社1999年版，第32页。

〔4〕《毛泽东文集》（第8卷），人民出版社1999年版，第126~127页。

〔5〕《毛泽东年谱1949—1976》（第4卷），中央文献出版社2013年版，第254页。

〔6〕《毛泽东文集》（第6卷），人民出版社1999年版，第431页。

〔7〕《毛泽东文集》（第8卷），人民出版社1999年版，第49页。

固的。"[1]

虽然毛泽东主张在优先发展重工业的条件下实行工农并举，但是他也指出，"苏联和我们的经验都证明，农业不发展，轻工业不发展，对重工业的发展是不利的"[2]，"因此就必须使农业能够和工业得到相适应的发展"[3]。他早在1948年1月就强调："现在工业不发达，将来工业发达了，工人从哪里来？还不是从农村来。"[4]在他看来，农业开始生产出剩余产品是工业发展的前提条件。农业集体化实现之后，可以逐步从农村解放出大量劳动力，在生产力水平还较为落后的时期，还可以有组织、成规模地满足工业发展的需要。此外，在城市中兴办的合作社可以为工业生产提供大量的有组织的劳动力，同时在农村兴办的工业合作社又为农业发展直接提供生产所必备的生产资料。毛泽东指明："过去我们经常讲把我国建成一个工业国，其实也包括了农业的现代化。"[5]可见，在他看来，社会主义农业最终是要走以小农联合和先进农业技术设备发达为基础的农业现代化道路。

（二）工业化是引领集体经济发展的先决条件

在工业领域，优先发展重工业、实现工业化是一个重要的战略目标，也为农业合作化和集体化提供了必不可少的反哺支持。农业集体化以及手工业的集体化都离不开工业的国有化，即"离开城市工人阶级、强大国有工业，不能有农业集体化"[6]。也就是说，只有优先生产资料的生产才能满足国民经济和扩大再生产的需要，这样的大工业才能成为社会主义的物质基础。毛泽东强调："我们把生产资料优先增长的公式具体化为：在优先发展重工业的条件下，实行几个同时并举；每一个并举中间，又有主导的方面。"[7]具体来说，一方面，当时我国面临帝国主义的外部封锁，需要钢产量的大幅提升来保障国家总体建设。如果我国没有赶上并超越发达资本主义国家的计划与信心，那么社会主义的发展始终会受到威胁。他指明："如果不在今后几十年

---

〔1〕《毛泽东年谱1949—1976》（第4卷），中央文献出版社2013年版，第254页。
〔2〕《毛泽东年谱1949—1976》（第4卷），中央文献出版社2013年版，第258~259页。
〔3〕《毛泽东年谱1949—1976》（第4卷），中央文献出版社2013年版，第315页。
〔4〕《毛泽东文集》（第5卷），人民出版社1996年版，第24页。
〔5〕《毛泽东文集》（第7卷），人民出版社1999年版，第310页。
〔6〕《建国以来重要文献选编》（第2册），中央文献出版社1992年版，第373页。
〔7〕《毛泽东年谱1949—1976》（第4卷），中央文献出版社2013年版，第258页。

内，争取彻底改变我国经济和技术远远落后于帝国主义国家的状态，挨打是不可避免的。"[1]另一方面，社会主义制度的优越性也决定了社会主义工业化可以实现高速度、按比例、可协调。在这一时期，计划经济体制奠定了制度和思想基础、工业化基础、基础设施基础、较高质量的人力资源基础以及和平发展的外部环境。[2]当然，毛泽东对片面发展重工业、轻视轻工业和农业的发展模式也进行了批判，并认为其会造成商品供应的紧张，不利于人民的生活。由此，他提出，要坚持工业和农业、重工业和轻工业并举的方针，既要以钢为纲，又要以粮为纲，既要重工业迅速发展，又要讲物质刺激和提升劳动者积极性，因为"精耕细作，机械化，集约化，都是'事在人为'"[3]。

社会主义经济要求处理好国营工业与农业经济之间的辩证关系，即工业化为农业提供拖拉机等生产资料以及安定的外部环境的同时，农业合作化为工业提供组织起来的劳动力以及工业生产所必需的科学技术、原材料及消费品市场。关于工农业的关系问题，毛泽东认为，"工业向农业要求扩大市场"，"农业向工业要求增加各种工业品的供应"。[4]当然，他所强调的工业化为社会主义提供物质基础并不是说要等大工业彻底发展后才能进行社会主义改造、才能走社会主义道路。他说："一切革命的历史都证明，并不是先有充分发展的新生产力，然后才改造落后的生产关系。"[5]在革命实践中，新的生产关系的确立能够更好地为生产力的发展开辟道路。毛泽东基本上认同苏联《政治经济学教科书》中所论述的"由于把农民的生产资料简单地集合在一起和实行集体劳动，农作物单位面积产量一般都比单干户高"[6]的结论。

第四节　对集体经济理论的构建与商品交换关系的认识

一、对集体经济与繁荣商品生产和利用价值规律的思考

毛泽东认为，在生产资料部分归国有的条件下，不仅不应废除商品生产，

〔1〕《毛泽东年谱 1949—1976》（第 5 卷），中央文献出版社 2013 年版，第 259 页。
〔2〕于鸿君："经济体制选择的逻辑"，载《政治经济学研究》2020 年第 1 期。
〔3〕《毛泽东文集》（第 8 卷），人民出版社 1999 年版，第 128 页。
〔4〕《毛泽东年谱 1949—1976》（第 4 卷），中央文献出版社 2013 年版，第 261 页。
〔5〕《毛泽东年谱 1949—1976》（第 4 卷），中央文献出版社 2013 年版，第 257 页。
〔6〕苏联科学院经济研究所：《政治经济学教科书》，中国人民大学出版社 1964 年版，第 181 页。

反而应活跃商品生产，并充分利用好商品与价值规律这一有力的工具和手段。商品生产与社会生产力的发展水平密切相关，能够最大限度地满足社会需要的重要手段，并且可以使工农联盟的基础性作用得以进一步巩固。从集体化的视角出发，毛泽东对商品生产有以下四个基本认识。

（一）明确新中国成立初期利用商品生产和商品交换的重要性

在毛泽东看来，社会主义在两种所有制并存的阶段，就需要把商品生产和商品交换作为向下一阶段过渡的首要条件，而且要想引导农民进行社会化大生产，就离不开商品生产和商品交换的极大繁荣。早在1948年1月，毛泽东在对任弼时的《土地改革中的几个问题》一文进行批阅时就指明，在土地改革中还是要通过农业技术改良和勤劳生产来走互助合作之路，并且在农民生活改善的基础上，“求得日益增多的当作商品出卖的粮食及原料，使城市人民与工业获得足够的农业产品”[1]。在他看来，农业以及手工业的生产也可以是商品，而这些商品的存在不仅不会导致资本主义，反而可以实现工农业的互哺。可见，通过结合中国的实际发展国情和发展阶段表明，我国社会主义建设时期的国民经济发展绝不是要消除商品生产和交换，而是要活跃商品生产和交换。

（二）注重在集体化的形式下提升商品生产的效用

毛泽东从辩证法的视角出发强调，农业集体化应该在保证粮食生产的同时，提倡工农并举，鼓励多种经营，比如，“应该按照满足社会需要的原则，有计划地从两方面发展生产，既要大大发展直接满足本公社需要的自给性生产，又要尽可能广泛地发展为国家、为其他公社所需要的商品性生产”[2]。可见，在他看来，工农商学兵相结合的组织化形式，不仅与商品生产和商品交换不矛盾，而且集体化的组织形式还可以更好地促进商品生产的计划性和商品交换的目的性，这样可以促进商品的形式最终可以为民服务、为国家服务。在组织化的前提下，商品生产还具有重要的内外部效用。其中，在内部可以满足社员基本的物质和文化的需要，在外部可以通过农业商品的生产与交换为工业及工人提供基本保障，并通过公社直接兴办工业实现工农互哺。这种组织形式体现了毛泽东所讲的小仁政与大仁政的关系问题，具体到这个问题

---

〔1〕《毛泽东文集》（第5卷），人民出版社1996年版，第12~13页。

〔2〕《毛泽东年谱1949—1976》（第3卷），中央文献出版社2013年版，第507页。

中，小仁政就是农民的生活得到逐渐改善，其改善程度虽然不快，但是到改革开放前，人均粮食、寿命和受教育年限都已达到新中国成立前的一倍到数倍。大仁政就是通过将剩余劳动力组织起来的制度优势来获得更多生产性收益和公共性积累，并以此来实现工业化的快速发展以及国家的富强。

（三）注重区分社会主义商品生产和资本主义商品生产的本质差别

毛泽东反复强调，资本主义的商品生产是无政府主义的、自由放任的，而社会主义的商品生产应当是有计划的。社会主义商品生产的目的是发展生产力、丰富商品种类、繁荣贸易往来，并把其出发点和落脚点都放在更好地满足日益增长的人民群众的物质和精神需求上。可见，社会主义商品生产与资本主义商品生产中资本的逐利性和剥夺性有本质区别。此外，他还对当时中国资产阶级的资本进行了性质上的区分，即对官僚资产阶级的资本采取没收的政策、对民族资产阶级的资本采取赎买的政策。从总体上看，在毛泽东看来，通过集体经济组织起来的劳动力不再是商品，也不再存在剥削制度。在这个前提下，只要农业商品生产和商品流通有其所依托的集体所有制性质与经济条件，完全可以使商品生产来为社会主义建设服务。他指明："商品生产，要看它是同什么经济制度相联系，同资本主义制度相联系就是资本主义的商品生产，同社会主义制度相联系就是社会主义的商品生产。"[1]也就是说，社会主义商品生产可以主要通过国有经济、集体经济和合作经济的内部交换来实现。

（四）坚持两点论，重视价值规律和计划之间的辩证关系

在毛泽东看来，"计划第一，价格第二"[2]，价值规律虽然不起主要调节作用，但绝不是说价值规律不起作用。而是"价值规律作为计划工作的工具"[3]，价值规律作为"一个伟大的学校"[4]还要充分发挥其重要的作用。特别是不能把农业集体化混同于农业计划，不能用"五多"等计划手段来强加于农民，否则必然会导致农民起来反对。对此，他指明："在农业方面，除国营农场外，还不可能实行统一的有计划的生产，不能对农民施以过多的干涉，还只能用价格政策以及必要和可行的经济工作和政治工作去指导农业生

〔1〕《毛泽东年谱 1949—1976》（第 3 卷），中央文献出版社 2013 年版，第 504~505 页。

〔2〕《毛泽东年谱 1949—1976》（第 4 卷），中央文献出版社 2013 年版，第 289 页。

〔3〕《毛泽东年谱 1949—1976》（第 4 卷），中央文献出版社 2013 年版，第 288 页。

〔4〕《毛泽东文集》（第 8 卷），人民出版社 1999 年版，第 34 页。

产，并使之和工业相协调而纳入国家经济计划之中。”[1]此外，毛泽东还强调，并不是所有的计划都合乎客观经济规律，有合乎的或基本合乎的，也有不合乎或基本不合乎的。他说：“不以规律为计划的依据，就不能使有计划按比例发展的规律的作用发挥出来。”[2]因此，如何认识、掌握与利用经济规律和价值规律可以看作计划能否充分发挥作用的重要前提。

二、对集体经济与社会主义经济关系人格化的思考

毛泽东高度重视生产资料公有制内部的全民所有制与集体所有制的区分，尤其是在社会主义经济建设和社会化大生产的发展初期，两种公有制实现形式的并存，与两种公有制内部的商品生产和商品交换是极其必要的。他曾多次强调，不能把集体所有制与全民所有制混同起来，因为不能把农民等同于工人，不能把人民公社等同于国营农场。可见，在社会主义建设阶段，建立在社会化大生产基础上的生产分工和商品交换体系仍是劳动者相互联合的基础。这样的公有制内部的不同生产资料所有制之间、不同产业之间、不同企业组织之间所需要的、相互满足的劳动产品的载体仍然可以是商品。这种商品是由有用的、具体的劳动生产出的产品，也体现着无差别的人类劳动的凝结，同样还体现出全民所有制与集体所有制之间、劳动者内部特别是工农内部相互为对方劳动、彼此承认的社会基础。在毛泽东看来，巩固工农联盟的出路就在于坚持土地集体所有制。因为，集体化及其经济形式是使小农最终彻底免于剥削和破产的唯一出路，也是避免单一公有制对农民的严重平调。毛泽东还指出，在中国正处于大变革的时代，“如果地主、资产阶级、小资产阶级不解放，无产阶级本身就不能解放”，这些旧式的剥削阶级“以后要同大家一起共同富裕起来”[3]。综上所述，可以看出，在研究社会主义商品生产和交换的背后，同样要研究“生产者与总劳动的社会关系”[4]。从社会主义经济关系人格化的分析中，可以看到社会化大生产和劳动者之间联合的客观阶级基础，也只有重视研究阶级关系才能反过来把集体化所呈现的经济关系研究清楚。

---

[1] 《毛泽东文集》（第6卷），人民出版社1999年版，第273页。

[2] 《毛泽东文集》（第8卷），人民出版社1999年版，第119页。

[3] 《毛泽东文集》（第6卷），人民出版社1999年版，第490~491页。

[4] 马克思：《资本论》（第1卷），人民出版社2004年版，第89页。

（一）集体经济的实现需要党的领导和无产阶级觉悟的提升

农村的领导权掌握在谁的手里，对农村的发展方向关系极大。在毛泽东看来，历次运动已经表明政治上过硬、讲究斗争艺术和领导艺术的党来领导农民才能使农业走上社会主义道路，但是如果领导权为“坏分子”所篡夺，那么就会极大地阻碍农业的发展。他认为，“广大农民是愿意在党的领导下逐步地走上社会主义道路的”和“党是能够领导农民走上社会主义道路的”是农业合作化的本质和主流。〔1〕可见，广大农民在党的引导下如何行之有效地结合成经济组织至关重要。党中央的引导对合作社的发展起着关键的作用。以农业合作化运动初期的发展状况为例：1951 年 12 月，在党中央作出农业生产互助合作决议时，全国只有 300 多个农业生产合作社；1953 年 12 月，党中央发布了关于农业生产合作社的决议，此时的农业生产合作社已经发展到 1 万 4 千多个，这个决议原计划用 1 年的时间使合作社的数量增加 1.5 倍，而实际上合作社已经增加到 1954 年年底的 10 万个；1954 年 10 月，党中央计划再用 1 年的时间发展到 60 万个，实际上截至 1955 年 6 月核准的合作社数量是 65 万个。〔2〕面对如此规模的合作社数量的增加，如何巩固合作化的成果和效率成为关键。对此，毛泽东不仅重视依靠广大贫下中农走社会主义道路的积极性，而且还重视“农业合作化在经济效益上的重要作用”〔3〕。毛泽东曾强调，“反对不顾质量、专门追求合作社和农户的数目字的那一种偏向”〔4〕，集体化就是要在生产效率上体现出比单干或简单互助的优势。

毛泽东高度重视政治建设的问题，重视上层建筑对经济基础的反作用。他说：“共、农、商、学、兵、政、党这七个方面，党是领导一切的。”〔5〕在这个过程中党始终起到领导作用，当然不是对一切工作都包办代替。在上层建筑中，党的问题始终是无产阶级政权可以长期执政的根本性问题。毛泽东曾指出，“中国和俄国的历史经验证明：要取得革命的胜利，就要有一个成熟

---

〔1〕《毛泽东文集》（第 6 卷），人民出版社 1999 年版，第 430 页。

〔2〕《毛泽东文集》（第 6 卷），人民出版社 1999 年版，第 420-421 页。

〔3〕张杨：“组织起来的力量——论毛泽东对农业合作化的探索与贡献（1949—1953）”，载《毛泽东邓小平理论研究》2020 年第 11 期。

〔4〕《毛泽东文集》（第 6 卷），人民出版社 1999 年版，第 423 页。

〔5〕《毛泽东文集》（第 8 卷），人民出版社 1999 年版，第 305 页。

的党，这是一个很重要的条件”。[1] 除应坚持生产资料公有制的经济基础层面以外，他着重强调在上层建筑领域坚持共产党的领导、坚持走马克思列宁主义路线、坚持工人阶级领导的无产阶级专政政权，就不会因商品生产与流通的繁荣而走向资本主义。定期整风运动的兴起、干部下放与参加劳动规定的实施、群众运动的开展等，也都是毛泽东为了适应集体化的经济基础对上层建筑进行的调整。他曾号召“要教育干部懂得一些马列主义，懂得多一些更好”[2]，因为只有政权掌握在马克思主义者手里，人民的权利才能有保证，而且共产党员“必须在斗争中教育自己，取得经验，才能领导群众得到胜利”[3]。

此外，劳动者的阶级精神面貌的改变和思想觉悟的提高也是社会主义国家建设与发展的关键要素与制胜法宝。在毛泽东看来，集体化在思想和政治上的保证就是要“提倡以集体利益和个人利益相结合的原则为一切言论行动的标准的社会主义精神”[4]。社会主义的劳动者要有个人、暂时、局部的利益服从于集体、长远、全局利益的觉悟，这样生产资料所有制的社会主义改造的革命成果才能从根本上得以保证。当然，这并不意味着要通过加重劳动者的负担来实现，而是要通过消灭被他人剥削的剩余劳动来减少剩余劳动时间，并以此来增加劳动者用于接受知识和技术教育的时间。当然，在党性觉悟的精神层面中，也要注意不能把“党团员混同于非党团员群众”[5]。毛泽东还强调，社会劳动生产率的提高有三要素，分别是物质技术、文化教育和思政工作[6]，其中劳动者思想觉悟提高的关键就在于提高全体劳动者的文化水平和政治思想水平。

（二）对待农民不能采用两种极端的办法

在做好党的领导工作的同时，如何对待工人阶级的同盟军——农民的问题也同样重要。毛泽东始终把农民的问题作为中国革命的首要问题，并把能否处理好工农同盟的问题作为直接关系党执政基础的问题。他认为，对待农

[1] 《毛泽东年谱 1949—1976》（第4卷），中央文献出版社2013年版，第248页。
[2] “认真读书，加强党委的思想建设”，载《人民日报》1971年4月9日。
[3] 《毛泽东文集》（第5卷），人民出版社1996年版，第37页。
[4] 《毛泽东文集》（第6卷），人民出版社1999年版，第450页。
[5] 《毛泽东文集》（第6卷），人民出版社1999年版，第446页。
[6] 《毛泽东文集》（第6卷），人民出版社1999年版，第423页。

民的"左"右的极端倾向都是错误的。他严重地批评过，党政组织在农村工作中出现了一些严重地脱离农民群众以及损害农民群众利益的"五多"问题，即"任务多，会议集训多，公文报告表册多，组织多，积极分子兼职多"[1]。农民进行不断革命就需要有政社合一的组织保障来建立贫农的优势，并通过繁荣工业和商品生产来实现全体农民的共同富裕。从中可以看出，发动群众、依靠群众是社会主义必不可少的制胜法宝，而且这个法宝是不能随着物质基础的积累、科学技术的进步、市场经济的繁荣而被逐渐抛弃的。

（三）将被消灭的旧式阶级改造为劳动集体的一员

对于地主、官僚资产阶级等被消灭的旧式剥削阶级，毛泽东一贯的态度是，"凡是一切爱国者、能够团结的人都应该团结起来，而且永远是这样"[2]。

关于如何对待地主阶级的问题，毛泽东指明："地主作为一个阶级要消灭，作为个人要保护。"[3]也就是说，消灭地主阶级只是变革土地私有的生产关系为集体所有的生产关系，既然是集体所有，那么经过劳动改造的旧式剥削者仍然是要作为社会劳动者的一分子来参加生产劳动并享有政治权利的。

对于官僚资产阶级的所有权，在新中国成立以前就规定要全部归新民主主义国家所有。而关于如何对待民族资产阶级以及如何使其更好地为社会主义服务的问题，毛泽东有着深入的思考。这种思考也随着新中国的发展阶段而不断深入。早在1948年1月，毛泽东就强调，"边区政权机关不应只代表农民"，而"应当代表一切劳动群众（工人、农民、独立工商业者、自由职业者及脑力劳动的知识分子）及中产阶级（小资产阶级、中等资产阶级、开明绅士）"[4]，并且其中劳动群众仍然占主体地位。由此，从阶级的视角出发来观察集体化，其涵盖了以劳动者为主体的最广大的阶级群体。1952年6月，毛泽东指出，随着地主阶级和官僚资产阶级被消灭，中国内部的主要阶级矛盾已经转变，由此"不应再将民族资产阶级称为中间阶级"[5]。但是，这并不意味着要把民族资产阶级与地主和官僚资产阶级同等对待。随后1952年9月，在毛泽东"给黄炎培的信"中就明确指出至少不宜在"一五计划"

---

〔1〕《毛泽东文集》（第6卷），人民出版社1999年版，第271页。

〔2〕《毛泽东文集》（第6卷），人民出版社1999年版，第260页。

〔3〕《毛泽东文集》（第5卷），人民出版社1996年版，第23页。

〔4〕《毛泽东文集》（第5卷），人民出版社1996年版，第33页。

〔5〕《毛泽东文集》（第6卷），人民出版社1999年版，第231页。

时期就要求资产阶级接受社会主义，“在现阶段，允许资产阶级存在，但须经营有益于国家人民的事业，不犯‘五毒’，这就是工人阶级对于资产阶级的领导”[1]。

三、集体化经济理论实现的总体条件探究

列宁在《论合作社》中曾指出：“私人利益服从共同利益的合适程度，这是过去许许多多社会主义者碰到的绊脚石。”[2]的确，正如列宁所言，从生产资料私有制向集体所有制的过渡、从资产阶级的雇佣或依附关系向社会主义的集体组织形式过渡需要一个艰辛的理论与实践探索过程。特别是，结合内外部条件的综合分析，向集体化过渡的速度问题就是其中的主要难点。虽然从总体上来看，我国二十世纪五六十年代的农业合作化运动在实践中出现了“一种组织形式还没有来得及巩固，很快又变了”[3]等冒进问题，但在这个过程中，毛泽东也对过渡速度的问题进行着思考与反思、纠正与调整。在开展农业互助合作运动之时，他强调，“要坚持自愿原则”，“不去发展，就会走资本主义道路，这是右倾。搞猛了也不行，那是‘左’倾。要有准备有步骤地进行”。[4]在农村掀起合作化高潮之时，他强调，“应当积极地热情地有计划地去领导这个运动，而不是用各种办法去拉它向后退”[5]，当然应认识到“将大约一亿一千万农户由个体经营改变为集体经营”[6]确实会遇到各种困难，而且在逐步完成合作化的过程中“必须一开始就注重合作社的质量”[7]。由此，毛泽东在1958年11月强调：“搞社会主义没有耐心怎么行?”[8]1959年12月，他在读到苏联政治经济学教科书关于彻底巩固集体化时指出，“任何东西的巩固，都是相对的，怎么能彻底?”[9]到1960年2月，他在读该教科书的“结束语”时，也明确指出：“集体所有制本身有个变化、变革的过程，

[1]《毛泽东文集》(第6卷)，人民出版社1999年版，第236页。
[2]《列宁全集》(第37卷)，人民出版社1986年版，第390页。
[3]《邓小平文选》(第2卷)，人民出版社1983年版，第424页。
[4]《毛泽东文集》(第6卷)，人民出版社1999年版，第280页。
[5]《毛泽东文集》(第6卷)，人民出版社1999年版，第418页。
[6]《毛泽东文集》(第6卷)，人民出版社1999年版，第422页。
[7]《毛泽东文集》(第6卷)，人民出版社1999年版，第425页。
[8]《毛泽东文集》(第7卷)，人民出版社1999年版，第441页。
[9]《毛泽东年谱1949—1976》(第4卷)，中央文献出版社2013年版，第263页。

全民所有制本身也有变化、变革的过程，如体制下放、分级管理、企业自治权等。”〔1〕

综上所述，处理好集体化理论和实践的问题之所以成为社会主义革命中的理论难点与艰巨任务，其原因之一就在于集体化在深刻而复杂的社会变革中需要有多方面的实现条件。结合毛泽东对集体化问题的理论思考，可以初步总结出以下五个历史性条件：第一，集体化需要在生产力层面以现代化、集约化作为这种生产关系得以变革的促进力量和根本出路。第二，集体化作为社会主义发展阶段中较高级的生产关系需要一个从生产资料的私人占有发展到互助合作形式的农户所有，再到合作化、集体化的一个长期演化、不断巩固的过程。第三，集体化需要在另一条并列的所有制变革中不断巩固公有制的主体地位，并在不断消除城乡差别、工农差别的同时，最终向社会主义中高级阶段过渡。第四，集体化需要在党的引导下行之有效地提升合作经济和集体经济的规模与质量，并不断解放劳动者阶级。第五，集体化要符合客观经济规律，而且需要以商品生产和交换的活跃与产业结构的合理布局及综合平衡作为基本的前提条件。

---

〔1〕《毛泽东年谱 1949—1976》（第 4 卷），中央文献出版社 2013 年版，第 325 页。

第四章

新中国合作化和集体化及其相关经济理论关系辨析

第一节　工农业现代化与合作化、集体化的辩证关系

新中国成立以来，社会主义经济建设一直都在围绕工业和农业发展的现代性问题展开。在社会主义建设时期，工业的国有化和农业的集体化成为构建这一现代性的重要手段。可以说，工业的国有化和农业的集体化既为中国式的现代化实践奠定了物质基础、经济体系，又进一步推进了政党与制度建设。而辩证认识工业化与集体化相互间的作用关系、比例关系、发展速度问题，进而明确现代化、工业化、集体化之间的关系以及厘清集体化的内涵与外延，这些对于社会主义现代化建设都是不可回避的重要理论问题。新时代以来，习近平总书记仍然明确强调："在现代化进程中，如何处理好工农关系、城乡关系，在一定程度上决定着现代化的成败。"〔1〕

一、工农业现代化与集体化的内在关系说

工业与农业之间紧密相连的产业关系问题在理论界有所共识，但是针对工业化与集体化之间的关系问题就存在很多的争议和分歧。本书通过梳理对党史上工业化与集体化之间关系的认识问题，更有利于从现代化的视角出发加深对工业化与集体化之间关系问题的辨析。

---

〔1〕《习近平谈治国理政》(第3卷)，外文出版社2020年版，第255页。

（一）现代化与集体化的矛盾说

在学界有一种观点认为，对于新中国而言实现现代化是最终目标，而集体化的推进会因过渡速度把握不当以及效率低下等问题而影响现代化的进程。这种观点认为，现代化的进程必然伴随社会总财富的增加，而效率与财富产生的根源又在于产权的私有，由此得出，土地集体所有制以及集体经济是低效率的，通过社会主义改造对生产关系进行调整也是失败的。这种认识实际上遵循了一种弱肉强食的丛林法则和资本逻辑，只片面强调效率而无视公平，进而无视公平与效率可以同向共促的经济学假设，更无视集体化为现代化所提供的工业积累、公共保障、交换市场、有组织的劳动力资源等经济基础层面的支持，更加忽视社会主义集中力量办大事的制度优势以及实现共同富裕和人的全面发展的社会经济发展的最终目标。

有学者认为，土地公有制和集体经济是没有效率的，是阻碍现代化进程的。这种观点认为，商鞅变法成功的关键就在于“把所有的田分给个人，土地开始私有化，不再分公田、私田”[1]，“而其他的变法，并不是着眼于社会财富总量的增加，以及资源使用效率的提高，而仅仅是利益的重新分配，因此遭到了各方面的反对，最后归于失败”[2]。这一观点的问题在于无视生产资料私有制条件下农民的自发性以及两极分化的风险，及对前后历史时期的割裂。习近平总书记指出：“改革开放前的社会主义实践探索为改革开放后的社会主义实践探索积累了条件，改革开放后的社会主义实践探索是对前一个时期的坚持、改革、发展。”[3]这里所讲的积累的条件主要指思想、物质、制度三个方面。这三个条件都是社会总财富提升的综合要素，仅就物质条件一个层面而言，新中国成立后的工业国有化和农业集体化实践也绝不是只着眼于分配的重组，同时也着眼于社会财富总量的综合增加。以新中国成立十年间的统计数据为例，工农业总产值从 1949 年的 466.1 亿元，增长到 1958 年的 1841.0 亿元，增长了 3.95 倍；工业总产值从 1949 年的 140.2 亿元，增长到 1958 年的 1170.0 亿元，增长了 8.35 倍；农业总产值从 1949 年的 325.9 亿

[1] 许小年：“商鞅、邓小平为什么能成功”，载《同舟共进》2013 年第 12 期。

[2] 许小年：“商鞅、邓小平为什么能成功”，载《同舟共进》2013 年第 12 期。

[3] 中共中央文献研究室编：《十八大以来重要文献选编（上）》，中央文献出版社 2021 年版，第 112 页。

元，增长到1958年的671.0亿元，增长了2.06倍；工业总产值在1949年的产业比重占30.1%，到1958年占比达到63.6%；国家财政收入从1950年的65.2亿元，增长到1958年的418.6亿元，增长了6.42倍；国民收入到1954年是1949年的2.04倍，到1958年是1949年的3.48倍。[1]从这些数字可以看出，随着社会主义改造的完成以及工业国有化、农业集体化的进程，无论是工农业产值还是国家财政收入及国民收入都有很快的增长，其中工业化的进展速度最快。

此外，在学界还有一种常见的学术观点是任何国家都有趋向现代性的“自觉性”，但是集体化的趋向总是被动的，也就是说，都是非自愿的“被集体化”行为。这种观点并不符合新中国经济史的发展历程。在土地改革基本实现之后，广大农民仍希望通过生产合作社、供销合作社等形式来实现增产增收。1951年7月，李先念指出：“建立合作社已成为群众的迫切要求，你不搞，群众自己搞起来了，已经发现有新生合作社。”[2]也就是说，合作化运动的展开并不是自上而下的强制性指令命令，而是生产发展和农民增收的一种主动需要。那种认为毛泽东在20世纪50年代推进合作化进程只是被动的“战时体制”的抉择的观点是有待商榷的。在“一穷二白”基础上成立的新中国，要想实现资本积累走工业化道路，又不走西方资本掠夺和扩张的道路，就只能依靠合作化、集体化等内部积累方式。这种所谓的“战时体制”正是亟须通过集体化为工业化提供必要的剩余来建立完整的工业部门的客观历史背景。

（二）认为存在绝对的先集体化、后工业化和机械化说

从新中国经济史研究出发，党始终没有割裂现代化与集体化、工业国有化与农业集体化的辩证关系问题，并没有把现代化仅理解为生产力层面的工业化，更没有把农业的集体化作为实现工业化以后的目标。

第一，合理的农业制度才能避免小农最终走向雇佣工人。马克思关于所有制变革以及分工的理论，不仅包含工业以及手工业方面的变革，而且必然包含农业的社会主义改造对提高生产力层面的效用问题。在马克思看来，历

[1] 国家统计局编：《伟大的十年——中华人民共和国经济和文化建设成就的统计》，人民出版社1959年版，第13~21页。

[2] 《建国以来李先念同志文稿》（第1册），中央文献出版社2011年版，第211页。

史的经验已经充分表明，“用自己的生产资料进行生产的手工业者或农民，不是逐渐变成剥削别人劳动的小资本家，就是丧失自己的生产资料，变成雇佣工人”。[1]从中可以看出，农民的分化现象是一个应该高度重视的问题，如果不从生产方式层面进行变革，那么这种两极分化的趋势是不可避免的。由此，在重视农民增收以及生产效率提升的同时，也应重视农民通过集体经济来实现共同致富的问题。

第二，从历史唯物主义出发，不能片面强调“唯生产力论”，而应从生产力的发展阶段出发重视改进生产关系的反作用力问题。毛泽东曾批评苏联的政治经济学教科书把大工业绝对地作为“对经济进行社会主义改造的基础”，并强调“并不是先有充分发展的新生产力，然后才改造落后的生产关系”[2]。毛泽东的这一论述符合社会主义从理论到实践、从一国到多国的发展历程。例如，新中国成立后经过土地改革获得土地的农民就出现了再次卖地、放高利贷的现象，而有的村的党支部也出现了思想消极、组织涣散的“退坡”现象。1950 年山西省的一份《晋东南武乡县农村考察报告》显示，在对 6 个村进行调查后发现从 1949 年到 1950 年“有 139 户（占总农户的 11.8%）出卖土地 410 亩（占耕地总数的 2.28%）”[3]，有些富裕农民占有的土地超过了村里人均占有的 1 倍—3 倍，甚至有些买不到地的富裕农民通过放年利率高达 60%—180%的高利贷来变相占有他人的生产资料。造成这种两极分化的原因是多方面的，既有刚刚分到土地的农民缺乏生产经验和生产工具等小农的局限性原因，又有因受传统阶级固化思维的影响，在资本的干扰下再度变为雇佣劳动者的状况。这种生产关系层面的新变化、新趋势必然会引起刚刚成立的人民政府的高度重视。这一时期卖地现象的出现不能轻描淡写地被认为是土地余缺的调整，对于再度出现的放高利贷的问题并不是长期无法杜绝的现象，而是可以通过生产关系的变革与巩固加以阻断。

第三，集体化的实现必然同时需要工业化和机械化的发展，而工业化又是实现农业机械化的基本前提。毛泽东并没有把工业化、农业机械化与合作化、集体化割裂开来。20 世纪 50 年代，他一直认为社会主义的工业化、农业

[1] 《马克思恩格斯全集》（第 26 卷），人民出版社 1972 年版，第 441 页。

[2] 中华人民共和国国史学会：《毛泽东读社会主义政治经济学批注和谈话》，《国史研究学习资料·清样本》1998 年版，第 170 页。

[3] 陶鲁笳：《毛主席教我们当省委书记》，辽宁人民出版社 2012 年版，第 173 页。

机械化要与集体化同时进行，相互促进、相互影响。这一时期党的最重要的历史使命就是要实现“一化三改”的过渡时期总路线。其中，工业化的进程与社会主义改造是同时进行的，而且还把工业化作为社会主义改造的基础。毛泽东还反复强调工业化、国防和科技现代化与社会主义改造都是这一时期的新问题、总任务。他指明：“我们进入了这样一个时期，就是我们现在所从事的、所思考的、所钻研的，是钻社会主义工业化，钻社会主义改造，钻现代化的国防，并且开始要钻原子能这样的历史的新时期。”[1]

（三）“两个忽视”的问题说

20世纪50年代，农业合作化分为三个发展阶段：第一阶段是从1949年到1953年土地改革完成后准备向社会主义过渡的阶段；第二阶段是从1953年到1956年的集体化完成阶段；第三阶段是1956年以后一直到1958年进入“大跃进”时期。在这里，并不是简单地以时间来划分，而是把每一时期标志性的纲领性文件作为划分依据。这种以纲领性文件及所提出的路线作为阶段研究的出发点相较于以合作化的程度或数据作为出发点更加具有理论研究的意义。把党的七届二中全会文件和第一届政协《共同纲领》作为第一阶段的标志，把“一化三改”的过渡时期总路线作为第二阶段的标志，把《论十大关系》《关于正确处理人民内部矛盾的问题》等党的重要文献作为第三阶段前期所提出的正确路线的重要标志。但是，学界在关于现代化和集体化的阶段与起点的研究中，还是容易产生以下“两个忽视”的问题。

一方面，忽视生产力和生产关系的相互作用、忽视工农业的密切关系等问题。现代化与集体化的矛盾说就容易产生对于两者发展阶段研究的孤立性问题，也就容易产生工业化的演进史和合作化的实践史相互割裂的问题。由此，对于合作化和集体化实践史的研究，就容易仅把新中国成立以后的互助合作运动作为逻辑起点及实践起点，而忽略工农业的总体现代化进程。

另一方面，忽视集体化、工业化理论与实践研究的起点都是土地改革。在《资本论》中，马克思就通过研究资本主义的原始积累方式揭示出未来社会是以土地和依靠劳动所积累起来的生产资料被全社会共同占有为基础的社会。从1950年6月29日毛泽东就《关于土地改革问题的报告》的信中认为，英国是依靠侵入农村所推翻的封建土地所有制，德国、意大利也大体如此但

[1] 《毛泽东思想年编（1921—1975）》，中央文献出版社2011年版，第782页。

保有大量封建残余，日本的封建土地制还大量存在，而美国因为欧洲移民一开始就具有广大的资本主义农业市场，这些西方国家的历史不符合中国国情，中国只能通过“先进行土改，后发展工业”的方式向社会主义过渡。〔1〕在这里毛泽东强调的是先进行废除封建土地所有制残余的土地改革，再进行“一化三改”。可见，土地改革并不能等同于合作化，工业化也不等于农业的机械化。这两对概念不能混淆。总之，土地改革不仅是合作化和集体化的实践起点，而且还为工业化提供了基本前提。

二、工业化与集体化关系的现代化进程

既然有了对党史上的现代化、工业化、机械化与集体化之间辩证关系问题的综述，那么沿着这一思路，对于党史上工业化与集体化关系的发展进程研究就更有了针对性，就更有利于通过史论结合的方式来研究两者关系的逻辑起点、发展阶段和时代背景，并进一步做到对党史研究的正本清源。

（一）最有力的研究起点是七届二中全会

党的七届二中全会已经把生产发展和经济建设作为党的重要任务。毛泽东在会议上提到了一个非常重要的“现代性”的概念。在党史上，现代化与集体化关系研究最有力的研究起点是七届二中全会，其中有两个关键方面。

一方面是农业现代化的率先提出。毛泽东指出：“中国的工业和农业在国民经济中的比重，就全国范围来说，在抗日战争以前，大约是现代性的工业占百分之十，农业和手工业占百分之九十左右。”〔2〕在这里，毛泽东指明，由于半殖民地半封建社会性质决定了我国现代性的畸形以及工农业比重的极不协调。而这一问题“也是在中国革命的时期内和在革命胜利以后一个相当长的时期内一切问题的基本出发点”〔3〕。可见，现代性并不仅是工业化的问题，更是一个农轻重全产业协调发展的问题。毛泽东认为，新中国成立之前现代性的工业经济已经占到10%左右，而更为落后的是分散的、个体的农业经济和手工业经济。他就此进一步指出：“在这点上，我们已经或者即将区别于古代，取得了或者即将取得使我们的农业和手工业逐步地向着现代化发展

〔1〕《毛泽东年谱1949—1976》（第1卷），中央文献出版社2013年版，第160页。

〔2〕《毛泽东选集》（第4卷），人民出版社1991年版，第1430页。

〔3〕《毛泽东选集》（第4卷），人民出版社1991年版，第1430页。

的可能性。”[1]这里向农业现代化发展的可能性条件就是实现生产关系层面的变革。而此时在毛泽东看来，这一变革并不是激进的，而是要在相当长的时期内基于现有国情来进行变革。从中可以看出，党关于实现农业现代化的提法并不晚于工业现代化的提法，因为也只有农业现代化的发展才能够提升现代性工业的比例。

另一方面是现代化和集体化的并列提出。基于农业现代化自身的发展需要，以及对工业现代化的实现所起到的直接作用关系，毛泽东对农业和手工业的发展提出了现代化与集体化并进的发展方向。他指出：“占国民经济总产值百分之九十的分散的个体的农业经济和手工业经济，是可能和必须谨慎地、逐步地而又积极地引导它们向着现代化和集体化的方向发展的，任其自流的观点是错误的。”[2]其中，含有两个重要的方法论意义，既要积极引导其发展而不应任其自流，又要在推进农业现代化与集体化的过程中注重谨慎和逐步发展的原则。

（二）工业化进程中的集体化发展三阶段

社会主义国有工业化与农业集体化有着密切的联系，两者不能割裂。当新民主主义阶段的经济基础和上层建筑巩固以后所步入的社会主义阶段要经历“两个步骤”，分别是实行工业国有化和农业集体化。对于这“两个步骤”的认识，不能把其绝对化为要先发展工业化和机械化，才能发展集体化。而这“两个步骤”实际上并不是先后的关系，而是并列的、互为条件的关系，因为国有工业化和农业集体化是社会主义生产关系改造的一个综合体。为了使这一生产关系的改造顺应生产力发展的方向，必然需要通过社会主义工业化的发展和技术的变革来为其创造物质基础。可以说，从国家的长远发展来看，只有工业化的夯实、现代化的进展才能为农业提供机器、科技等新的生产力基础。另外，在工业化的进程中，有时生产力的革新会受内外部因素的限制甚至是会发生滞后。实践证明，在一定的发展阶段和生产力水平下，生产关系的有效调整可以在一定程度上推动生产的发展。实际上，毛泽东在集体化的三个阶段一直都高度重视对生产力和生产关系的辩证认识。例如，1950 年 6 月，他在审阅全国政协一届二次会议所作的《关于土地改革问题的报

---

〔1〕《毛泽东选集》（第 4 卷），人民出版社 1991 年版，第 1430 页。

〔2〕《毛泽东选集》（第 4 卷），人民出版社 1991 年版，第 1432 页。

告》稿后强调，“所谓生产力，是指劳动者和生产资料（亦称生产手段）两部分。……所谓生产关系，是指人们对生产资料的所有关系，即财产的所有权关系”〔1〕。

总体上来说，在新中国经济史上，集体化的发展不仅要划分为合作化和集体化的两个阶段，还应从“耕者有其田”的小农经营、合作化、集体化的三个发展阶段来理解这个问题。以下从新中国工业化进程中集体化所经历的三个阶段来进行具体分析。

第一，集体化的第一阶段是完成土地革命。新中国的成立首先带来的是上层建筑的改变，但经济基础的变革还需要一个探索与过渡阶段。当时在农村，地主还占有大量的土地等重要的生产资料。而任何经济建设以及工业化的发展都需要先从土地改革开始。特别是在反革命斗争、抗美援朝战争的内外部背景下，既要进行内外部斗争，又要大力发展生产。1952 年 11 月，李先念在湖北省农村工作会议上指出：“今后的基本矛盾仍然是在抗美援朝的条件下解决发展生产的问题，任务是发展生产，进行建设。思想、生活都要与此相适应，离开了发展生产，统统都是错误的。”〔2〕这一时期为了发展与解放生产力，就必须实现对旧有极不合理的生产关系进行变革。而经过土地改革的最终完成，原本占 90%以上的贫农、中农所占有的不到 30%的耕地已经上升到占 90%以上，并且“免除了过去每年向地主缴纳的 700 亿斤粮食的荷重的地租”。〔3〕

第二，集体化的第二阶段即重要的过渡阶段就是合作化。农业合作化是马克思主义普遍真理同中国具体实际相结合的又一个典范。正如邓小平曾评价说：“在改造农业方面我们提倡建立互助组和小型合作社，规模比较小，分配也合理，所以粮食生产得到增长，农民积极性高。”〔4〕在土地改革后，不仅又出现了雇工剥削的现象，而且还出现了富农在商业上放高利贷以及进行投机倒把等行为。可见，随着土地改革后农村经济的逐渐恢复，农民的自发性与自流性的势力增强，并形成了向富农经济发展之势。1951 年，山西省委向

---

〔1〕《毛泽东思想年编（1921—1975）》，中央文献出版社 2011 年版，第 691~692 页。

〔2〕《建国以来李先念同志文稿》（第 1 册），中央文献出版社 2011 年版，第 397 页。

〔3〕国家统计局编：《伟大的十年——中华人民共和国经济和文化建设成就的统计》，人民出版社 1959 年版，第 23 页。

〔4〕《邓小平文选》（第 2 卷），人民出版社 1983 年版，第 314 页。

中央所提交的《把老区互助组提高一步》的报告中就深刻地认识到了这个问题，认为目前“不是向着七届二中全会所指出的集体化现代化的方向发展，而是向着富农的方向发展”[1]。在这一阶段，农业生产的社会主义方向发展就得益于在党的领导下自愿联合建立起来的土地入股的合作社，并把其作为互助组发生涣散现象的根本原因。除生产合作社、供销合作社以外，此时在我国农村还成立了信贷合作社。对此，李先念认为：“对于商业限制高利贷的复活，主要的是积极发挥国家银行贷放工作的职能与大力发展信贷合作社。原则上讲，发展社会主义与合作经济是绝对的，发展私营经济是相对的，对我有利就发展，对我不利就不发展。”[2]党在这一时期着重强调要明确区分合作化与工业化、合作化与计划经济、工业与农业的差别。1953 年 3 月，毛泽东在起草反对乡村“五多”的指示时强调：“我国在目前过渡时期，在农业方面，除国营农场外，还不可能施行统一的有计划的生产，不能对农民施以过多的干涉，还只能用价格政策以及必要和可行的经济工作和政治工作去指导农业生产，并使之和工业相协调而纳入国家经济计划之中。”[3]也就是说，过渡阶段在农村还只能发展合作经济，而不是计划经济，并且这一发展要与工业化相协调。特别是这一时期，大部分农业合作社还是建立在私有生产资料的基础之上，再加上劳动资料多为旧式工具，因为将“分散的经济混同于集体的经济”以及对这些互助组和初级社体农庄“施行过多的干涉”都是非常危险的。[4]

第三，集体化的第三阶段即在合作化的基础上再向集体化方向发展的曲折过程。由于土地入股和统一经营的合作社在生产效率层面所体现出的优越性，因此这种合作社从 1952 年的 3600 个发展到 1955 年上半年的 67 万个。毛泽东在 1955 年 7 月作了《关于农业合作化问题》的报告，党中央也于 10 月份作出《关于农业合作化问题的决议》，由此掀起了农业合作化的高潮。到 1956 年年底，参加农业生产合作社的农户达 1.2 亿，占全国农户总数的 96%，其中高级社的农户占到了 88%。而到了 1958 年，这 1.2 亿农户又几乎全部参加了“26 000 多个大规模的、工农商学兵相结合的、政社合一的人

[1] 陶鲁笳：《毛主席教我们当省委书记》，辽宁人民出版社 2012 年版，第 178 页。
[2] 《建国以来李先念同志文稿》（第 1 册），中央文献出版社 2011 年版，第 400 页。
[3] 《毛泽东文集》（第 6 卷），人民出版社 1999 年版，第 273 页。
[4] 《毛泽东思想年编（1921—1975）》，中央文献出版社 2011 年版，第 748 页。

民公社”。[1]虽然人民公社刚成立的时候取得了农业的部分增产、工业产值的部分提升以及福利事业的部分发展，例如，“1958 年粮食产量比 1957 年增加 1300 亿斤”，“1959 年上半年人民公社工业产值达 71 亿元，约占全国工业总产值的 10%”，并且建立了托儿组织 340 多万个、敬老院 15 万所、文化馆约 6 万个。[2]但是，1958 年 8 月，北戴河扩大会议后全国很快又掀起了“大跃进”以及人民公社化运动的高潮，1958 年年底和 1959 年年初所召开的两次庐山会议及时地觉察到“共产风”以及人民公社所有制的一些错误主张，并根据毛泽东的意见，开始实行三级管理、三级核算、队为基础的体制。通过 1960 年的“农业十二条”开始实行“三级所有，队为基础”即以原来生产小队为基础，后又通过“人民公社六十条”进一步纠正了一些平均主义、规模大、管得死等问题。

从历史进程可以看出，从初级社到高级社，再到人民公社，如果集体化的规模过大、速度过快，必然会出现其与工业化、机械化的发展程度不相符的问题。1963 年 9 月，邓小平同志在会见日本共产党访华团时指出：“我们现在的农业生产，主要依靠手工劳动，使用简单的农具。公社规模太大，生产队规模太大，同这种情况不相适应。”[3]由此，集体化的进程中必须要处理好质与量的问题，如果没有与工业化发展相适应的“质”，仅追求高速度的“量”，那么集体化最终会阻碍现代化的进程。

（三）工农业现代化和集体化的并行发展符合时代背景

西方的现代化进程不符合中国的国情。因为西方的现代化进程走的是资本主义道路，而中国所要走的道路必定是社会主义的现代化道路。这两条道路由以下四点所决定。

第一，由自发性和计划性的经济特性的不同所决定。以工业化为代表的西方现代化进程，从总体上来说是建立在剥削广大劳动者的基础之上，而资本的无序性和自发性又必然造成资本主义周期性的生产过剩危机。为了不再走资本主义激进式的周期性危机之路，这就需要在利用现有的现代性工业基

[1] 国家统计局编：《伟大的十年——中华人民共和国经济和文化建设成就的统计》，人民出版社 1959 年版，第 27 页。

[2] 国家统计局编：《伟大的十年——中华人民共和国经济和文化建设成就的统计》，人民出版社 1959 年版，第 37 页。

[3] 《邓小平文集 1949—1974》（下），中共中央文献研究室 2014 年版，第 162 页。

础以及改造现有生产关系的基础上，有计划、按比例、可协调地发展国民经济。社会主义国家可以通过制定国民经济发展五年计划来有效实现物质资料在各生产部门之间的合理分配。只有做到这一点，才能符合社会主义工业化的发展需要，并且实现重工业的优先发展。也只有重工业的优先发展，才能为社会主义工业化的建立和国民经济体系的完善提供最基本的保障。

第二，由是否以人的全面而自由地发展为最终目标所决定。社会主义工业化的实现和国民经济的发展都以不断满足劳动者的需要为最终目的。社会主义工业化的发展可以为劳动者的消费以及物质、精神、文化的水平提供前提条件。而资本主义工业的发展始终离不开资本家以追逐最高利润为最终目的。

第三，由是否可以通过内部积累来实现所决定。社会主义工业化完全可以通过内部积累来实现。这一内部积累的重要来源是在工业、商业、银行业、对外贸易等领域内的社会主义经济成分的主导地位，以及国营经济质和量的提升。资本主义国家的工业化道路要通过殖民地的原材料掠夺、国际剩余价值的榨取、外债的举借等方式才有可能消解生产过剩的危机。

第四，由工业和农业是否能协调发展所决定。社会主义的工业化与集体化有着密切的联系。工业化可以为集体化提供先进的机器设备等生产资料以及物质基础。无产阶级掌握政权以后所面临的最困难的任务就是对农业进行合作化、集体化的改造问题。如果仅有大工业的高速度发展，而没有农业的大生产体系，甚至是农业经济依然受市场或自发势力的控制，那么工业化乃至现代化也无法实现。但是资本主义发展现代大农业的道路是资本雇佣劳动的大工业在农业经济中的延伸，这必然造成劳动者进一步的分化与破产。由此，必须要处理好工业化、城镇化与农业现代化之间的关系。

三、从工农业现代化的征途看集体化研究方法的内涵与外延

纵观新中国经济思想史可以得出，我国社会主义所要实现的现代化不是“唯生产力论”的改良主义学说。我国所要实现的现代化始终内含生产力和生产关系两个层面。那种仅把党史上所提出的实现现代化理解为生产力层面的机械化、科技化、信息化、自动化，并不符合党的经济思想中客观的发展规律和历史事实。杜润生曾对现代化进行物质与精神层面的划分，从财富的富有和精神的富足两个方面来阐释现代化的内涵。他指出：当然，如果从生产

力和生产关系的综合层面来考察现代化，就可以更为清晰地得出社会主义现代化不仅包含生产力的现代化，也包含与生产力水平相适应的生产关系的调整与完善。毛泽东在《关于正确处理人民内部矛盾的问题》中就指明："在社会主义社会中，基本的矛盾仍然是生产关系和生产力之间的矛盾，上层建筑和经济基础之间的矛盾。"[1] 他在《矛盾论》中还指出："生产关系、理论、上层建筑这些方面，在一定条件之下，又转过来表现其为主要的决定的作用。"[2] 国家现代化还是"一个物质的精神的多系统结构性变化"，"资源供给、资本积累、人才培养、科学技术发展等等都属于经济发展所必备的条件，都需要经过长期而又实实在在的努力才能具备"[3]。可见，在社会主义现代化建设的征途中，最主要也是最根本的依然是要处理好生产力和生产关系的矛盾问题。综上所述，社会主义农业现代化在生产力层面应包含工业化以及由此得以发展的机械化、信息化等，在生产关系层面应包含与生产力发展水平相适应的全民所有制和集体所有制为主体的所有制关系的完善。当然，社会主义现代化还需要有党的集中统一领导，完善新型举国体制，并且把人的全面而自由的发展作为最终目标。

（一）联系全民所有制发展集体化理论

从社会主义的长远发展来看，还是要通过所有制的完善来消除工农差别和城乡差别，不能一边是全民所有的先进和统一，一边又是集体所有的落后和分散，更要警惕架空土地集体所有制的行为。1956 年 1 月 25 日，毛泽东在最高国务会议上强调："社会主义革命的目的是解放生产力。"[4]他在《读斯大林〈苏联社会主义经济问题〉谈话记录》中就以集体所有制的变革作为主线之一，进一步把社会主义向共产主义过渡分成四个阶段。这四个阶段可以分别理解为：第一阶段是由个体经济向集体所有制过渡；第二阶段是全民所有制和集体所有制并存的阶段；第三阶段是单一的全民所有制阶段；第四阶段是单一的共产主义全民所有制阶段。其中，以下具体分析的第一阶段和第二阶段都是社会主义初级阶段所必须要经过的。

---

〔1〕《毛泽东文集》（第 7 卷），人民出版社 1999 年版，第 214 页。

〔2〕《毛泽东选集》（第 1 卷），人民出版社 1991 年版，第 325 页。

〔3〕杜润生：《杜润生自述：中国农村体制变革重大决策纪实》，人民出版社 2005 年版，第 191 页。

〔4〕《毛泽东文集》（第 7 卷），人民出版社 1999 年版，第 1 页。

第一阶段，由个体经济向集体所有制过渡。因为小农经济所具有的生产资料私有制的局限性以及现代性基础的薄弱，使其极易受市场自发性的影响，并使农民陷入雇佣劳动与贫穷的陷阱。如果这一趋势任其发展，那么必然会走向资本主义农业的漩涡。因此，需要通过合作化的过渡形式在坚持自愿原则的基础上引导农民向集体化过渡。而社会主义经济成分的提升、工业化的发展、国民经济体系的完善以及社会主义国家政权的巩固都有利于通过合作之路来克服放任自由的趋向。当然，工业化是通过逐步准备来实现质的飞跃，而集体化也要在空间和时间上都分几个步骤来实现渐进式演变。具体来说，在空间上，可以"首先在东北，其次在华北，再其次在其他地区"；在时间上，"集体化的时间在一片地区可能延长几年，才能达到绝大部分农民的集体化，剩下少数个体农民也让他单干"〔1〕。

第二阶段，全民所有制和集体所有制相互并存、相互促进。1954 年 6 月，毛泽东在中央政府第三十次会议上就宪法草案指明，"我们的宪法草案，结合了原则性和灵活性"，其中，原则性是指民主和社会主义原则；"灵活性是国家资本主义，并且形式不是一种，而是'各种'，实现不是一天，而是'逐步'"〔2〕。也就是说，"社会主义全民所有制是原则，要达到这个原则就要结合灵活性"〔3〕。除国家资本主义经济等过渡形式以外，集体经济也体现了这一原则。这一原则的总目标是建设社会主义国家，实现社会主义现代化。这一现代化目标主要包含"实现社会主义工业化"和"实现农业的社会主义化、机械化"。〔4〕毛泽东在这里指明的农业的社会主义化正是集体化，也就是指农业的现代化要包含有集体化和机械化的两个层面，缺一不可。马克思在《1857—1858 年经济学手稿》中说："在一切社会形式中都有一种一定的生产决定其他一切生产的地位和影响，因而它的关系也决定其他一切关系的地位和影响。这是一种普照的光，它掩盖了一切其他色彩，改变着它们的特点。"〔5〕在这里，"普遍的光"绝不是一个超阶级的概念，而是在社会中占主体地位的生产关系以及相对应的生产力的综合协调与发展，其决定着社会主

〔1〕《建国以来重要文献选编》（第 2 册），中央文献出版社 1992 年版，第 371 页。
〔2〕《毛泽东思想年编（1921—1975）》，中央文献出版社 2011 年版，第 765 页。
〔3〕《毛泽东思想年编》（1921—1975），中央文献出版社 2011 年版，第 765 页。
〔4〕《毛泽东思想年编（1921—1975）》，中央文献出版社 2011 年版，第 765 页。
〔5〕《马克思恩格斯文集》（第 8 卷），人民出版社 2009 年版，第 31 页。

义现代化的成败。我国《宪法》第六条明确规定，“中华人民共和国的社会主义经济制度的基础是生产资料的社会主义公有制，即全民所有制和劳动群众集体所有制”，“国家在社会主义初级阶段，坚持公有制为主体、多种所有制经济共同发展的基本经济制度”，《宪法》第八条第三款规定，“国家保护城乡集体经济组织的合法的权利和利益，鼓励、指导和帮助集体经济的发展”。我国《宪法》充分表明，没有公有制就没有社会主义，没有公有制为主体，就没有社会主义初级阶段的基本经济制度[1]。

（二）联系生产力完善集体化理论

改革开放以来，我国农村所实行的以家庭联产承包责任制为基础的统分结合的经济体制与农业现代化的发展要求越发契合，新时代以来，又进一步赋予集体化新的内涵与更加多样化的外延。

一方面，集体化的生产力基础。社会主义革命与建设就是要解放和发展生产力，两者不能偏废其一。当然，如果现代化中仅是生产力提升的一个方面，而不注重对生产关系的相应改造，那么就必然造成生产、交换、分配和消费之间的相互脱节，最终必然会阻碍现代化的进程。遵循社会主义经济的发展规律和客观世界的规律就是要做到生产力和生产关系的统一。1955 年 3 月 21 日，毛泽东在中国共产党全国代表会议上致开幕词时指出：“只要我们更多地懂得马克思列宁主义，更多地懂得自然科学，一句话，更多地懂得客观世界的规律，少犯主观主义错误，我们的革命工作和建设工作，是一定能够达到目的的。”[2] 改革开放以来，邓小平在总结“大跃进”和人民公社化运动的教训时，第一条就指明了社会主义首先要发展生产力的主要方面，进而提出了“三个有利于”的标准。特别是在低水平的集体化向高水平的集体化发展的过程中，更需要注意生产力的发展、社会分工的优化以及商品经济的繁荣。这就是邓小平所提出的“第二次飞跃”的思想，即在以家庭联产承包责任制为基础的统分结合的双层经营的基础上实现向更高水平、更有效率、更可持续、更加公平的集体化方向发展。当然，更为关键的是，邓小平指明了实现这一转变的四个条件，即机械化水平、管理水平、多种经营方式、集

---

[1] 卫兴华：“关于当前三个重要经济理论问题”，载《政治经济学研究》2020 年第 1 期。

[2] 《毛泽东思想年编（1921—1975）》，中央文献出版社 2011 年版，第 781 页。

体经济收入，其中，适应因地制宜原则的“广义的机械化”[1]水平的提高是首要条件。

另一方面，集体化实现形式的多样化。改革开放以来更多地赋予了从集体化实现形式的多样性层面来壮大集体经济的方法论外延。比如，1980 年，作为我国农村改革重大决策参与者和亲历者的杜润生指出改革开放对集体化的两个定位。一是“集体经济是实现农业现代化的不可动摇的基础”[2]，也就是说集体化的经济形式仍是实现农业现代化的基础。二是“确定集体化的方向，并不否认我们组织集体经济的经验是不成熟的”[3]。这里含有对我国农村改革的一个重要论断：因为我国经济发展不平衡和不充分的特性，再加上农业内部结构的多样特性，两者的结合决定了我国的社会主义集体经济的结构与形式也应是多样化的。由此，杜润生指出：“只有通过多样化，才能达到定型化，而定型化，仍然将是多样的定型化。”[4]新时代以来，习近平总书记也反复强调要“不断探索农村土地集体所有制的有效实现形式”，“落实集体所有权、稳定农户承包权、放活土地经营权”，[5]完善农业现代化的产业体系、生产体系和经营体系。在实践中，广大农民又不断创造多元化的新形式，如专业合作、股份合作、农业产业化经营、专业大户、家庭农场等。据此，以统分结合双层经营为基础、以合作与联合为纽带的组织化、社会化、集约化、专业化的现代农业经营体系逐步形成。

此外，实施乡村振兴战略也成为新时代全面实现农业现代化的题中之义。乡村振兴战略内含产业振兴、人才振兴、文化振兴、生态振兴、组织振兴的“五振兴”。这里的“五振兴”除了指生产力层面的提升，还包含生产关系内部的协调与优化。马克思就曾结合历史教训得出，“合理的农业所需要的，要么是自食其力的小农的手，要么是联合起来的生产者的控制”[6]。这一方法论要求运用到新时代就是要使小农经济与集体经济实现有机统一，要使土地

---

[1] 《邓小平文选》（第 2 卷），人民出版社 1983 年版，第 315 页。

[2] 杜润生：《中国农村改革发展论集》，中国言实出版社 2018 年版，第 1 页。

[3] 杜润生：《中国农村改革发展论集》，中国言实出版社 2018 年版，第 1 页。

[4] 杜润生：《中国农村改革发展论集》，中国言实出版社 2018 年版，第 2 页。

[5] 中共中央文献研究室编：《十八大以来重要文献选编》（上），中央文献出版社 2014 年版，第 669 页。

[6] 马克思：《资本论》（第 3 卷），人民出版社 2004 年版，第 137 页。

确权、流转以及“三权分置”成为粮食增产、生产增效、作物优化、集体分红的重要手段，并以此来壮大乡村振兴的集体化内生性动力，避免“三农”问题为资本所绑架。

（三）联系上层建筑夯实集体化理论

毛泽东在《矛盾论》中指明：“不同质的矛盾，只有用不同质的方法才能解决。”[1]这个方法论的重要启发在于不是所有矛盾都可以用发展生产力的办法来解决，如毛泽东给出了解决无产阶级和资产阶级、人民大众和封建制度、殖民地和帝国主义、工人阶级和农民阶级、共产党内部、社会和自然之间的六对矛盾的具体方法论要求。其中，解决社会和自然的矛盾是用生产力的方法去解决，而解决工农之间的阶级矛盾问题要“用农业集体化和农业机械化的方法去解决”[2]。而与社会生产力水平相适应的集体化水平的夯实，又离不开党的领导以及国家治理体系和治理能力的现代化。无论是发展生产力，还是解放生产力，都需要上层建筑来积极地引导与保护生产力的发展。与西方所谓的现代化相比，社会主义现代化的优势之一就在于有党的领导，有亿万人民共同的中国梦理想。邓小平同志曾指明：“中国由共产党领导，中国的社会主义现代化建设事业由共产党领导，这个原则是不能动摇的；动摇了中国就要倒退到分裂和混乱，就不可能实现现代化。”[3]可见，农业现代化的实现既离不开生产力的机械化、信息化、自动化，也离不开统分结合双层经营所有制结构的进一步完善，同时还离不开党对农村工作的正确领导以及政府对乡村振兴战略具体政策的科学实施。

第二节 五年计划中的合作化、集体化及其相关经济规划探究——以承上启下的《“二五”建议》为例

1956年4月29日，毛泽东在与拉丁美洲一些国家的领导人谈话时指出，“各国应根据自己国家的特点决定方针、政策，把马克思主义同本国特点结合

[1]《毛泽东选集》（第1卷），人民出版社1991年版，第311页。
[2]《毛泽东选集》（第1卷），人民出版社1991年版，第325页。
[3]《邓小平文选》（第2卷），人民出版社1983年版，第267~268页。

起来”。[1] 这实际上就是要促进马克思主义基本原理同中国具体实际的“第二次结合”。“第二次结合”的具体方法论要求就是毛泽东在1956年4月25日的中央政治局扩大会议上所谈到的《论十大关系》。这一讲话汲取了苏共二十大后所暴露出来的苏联在社会主义建设中的一些缺点和错误，是党比较系统地探索中国自己的建设社会主义道路的开始。毛泽东的《论十大关系》为党的八大的召开以及大会上通过的“二五”计划的建议奠定了思想遵循与理论准备。

在毛泽东思想的指导下，1956年9月16日，周恩来在党的八大上作了《关于发展国民经济的第二个五年计划的建议》（以下简称《“二五”建议》）的报告，并且在此基础上经过全会的充分讨论，于1956年9月27日在党的八大上通过。《“二五”建议》贯彻了毛泽东的《论十大关系》中的基本思想，饱含新中国第一代领导集体的治国理政智慧，体现了党对实现包括农业合作化、集体化在内的社会主义改造、建立社会主义工业体系、改善人民生活水平的信心和决心。该文献也是通过吸取苏联模式的教训，总结中国经验，调动一切积极因素，走适合中国国情的社会主义建设道路的重要探索。但是此前多是从“十大关系”为党的八大做的重要准备入手进行的研究，而对于《“二五”建议》是如何贯彻“第二次结合”和《论十大关系》的问题在学界鲜有研究。其中一个重要原因就是以《“二五”建议》为代表的八大路线因为一些没有预料到的复杂情况而没有在实践中完全坚持与实施。但是，这并不影响《“二五”建议》作为党史上的重要文献所确立的以经济建设为中心的政治路线，其“对于社会主义事业的发展和党的建设具有长远的重要的意义”[2]。只有深刻认识《“二五”建议》的理论价值才能更好地做到习近平总书记在党史学习教育大会上所强调的，“要旗帜鲜明反对历史虚无主义，加强思想引导和理论辨析，澄清对党史上一些重大历史问题的模糊认识和片面理解，更好正本清源、固本培元”[3]。

一、工业化与合作化的经济计划与问题

《“二五”建议》指出，“第二个五年计划是实现我国过渡时期总任务的

[1]《毛泽东文集》（第7卷），人民出版社1999年版，第64页。

[2]《中国共产党历史 1949—1978》（第2卷），中共党史出版社2011年版，第404页。

[3] 习近平：“在党史学习教育动员大会上的讲话”，载《求是》2021年第7期。

一个极其重要的关键”[1]。之所以“二五”计划极其重要，其原因在于“二五”计划在我国的社会主义建设中具有重要的承上启下的作用。承上是指“二五”计划的制定建立在“一五”计划胜利完成的基础上，为实现过渡时期的总任务奠定基础；启下是指继续推进社会主义建设，用大约三个五年计划的时间使我国从落后的农业国转变为发达的社会主义工业国，并建立完整的工业体系。

（一）在社会主义改造已经取得决定性胜利的背景下提出

《中华人民共和国发展国民经济的第一个五年计划（1953—1957）》（以下简称《“一五”计划》）是围绕我国过渡时期的总任务所提出的。《“一五”计划》认为，“逐步实现国家的社会主义工业化，逐步完成对农业、手工业和资本主义工商业的社会主义改造”的总任务需要大约三个五年计划的时间来完成。[2]《“一五”计划》作为我国发展国民经济的第一个计划，其计划的不仅是1953年到1957年的国家经济社会发展，更涵盖了建立一个完整工业体系的约三个五年的蓝图。例如，在《“一五”计划》的“农业”一章中就指明我国农业在“二五”乃至“三五”的发展道路，其中，明确指出，“这个计划将使我们第二个五年计划能够争取全国主要农业地区在基本上实现初级形式的合作化，并将为我们在第二个五年计划和第三个五年计划逐步地以至宽广地实现农业机械化和其他技术”[3]。此外，《“二五”建议》中关于兴修水利，发展林业、水产业以及运输业、邮电业等都是在《“一五”计划》的基础上继续展开的。

可以说，《“二五”建议》遵循了《“一五”计划》的经济社会发展规划，是加速社会主义建设、接续奋进的重要纲领，同时也保证了“一五”计划得以超额完成。《“二五”建议》指明，到1956年9月，仅用了3年多的时间，《“一五”计划》所规划的各项指标大部分已经超额完成，而且社会主义改造的计划也将于1957年即“一五”计划结束时提前完成。此时，社会主义建设

---

[1]《中国共产党第八次全国代表大会关于发展国民经济的第二个五年计划（一九五八到一九六二）的建议——关于发展国民经济的第二个五年计划的建议的报告》，人民出版社1956年版，第6页。

[2]《中华人民共和国发展国民经济的第一个五年计划（1953—1957）》，人民出版社1955年版，第18页。

[3]《中华人民共和国发展国民经济的第一个五年计划（1953—1957）》，人民出版社1955年版，第18页。

的内外部环境出现了新中国成立以来难得的转变。在外部，随着抗美援朝战争的胜利以及苏联对我国战略帮助的升级，使得我国缩减国防费用和行政费用成为可能。苏共二十大后，赫鲁晓夫所作的秘密报告客观上也加速了我国突破苏联模式、走上适合中国国情的社会主义建设道路的步伐。在内部，随着外部环境的变化以及社会主义改造的即将完成，经济和文化教育支出所占的比重不断提升，社会主义集中力量办大事的制度优势也充分展现。

（二）《“二五”建议》提出的基本任务与前期实施情况

《“二五”建议》所提出的主要任务是加速社会主义建设，其中心任务是建立社会主义工业化的基础。“二五”计划致力于增强“两个力量”即经济力量和国防力量，提高“两个水平”即科学技术水平和人民物质文化生活水平。在这一过程中，针对是否可以完全依靠苏联进行经济建设的问题，周恩来指出，“苏联和各人民民主国家的存在和发展，是我国社会主义建设的极有利的条件，但是像我们这样一个人口众多、资源较富、需要很大的国家，仍然有必要建立自己的完整的工业体系”〔1〕。但是这一独立自主建立工业体系的思想也绝不是意味着要搞关门主义，而是随着“国际局势日益趋于和缓，我国同世界各国在经济上、技术上、文化上的联系，必然会一天比一天发展”〔2〕。可以说，从1956年《“二五”建议》的提出到1958年进入“大跃进”阶段以前，该建议在具体实施中基本完成了一些计划任务。

1. 继续进行以重工业为中心的工业建设，巩固我国社会主义工业化基础，实现工业优先、农业并进，同时推进国民经济的技术改造

毛泽东在《论十大关系》中指明，“重工业是我国建设的重点。必须优先发展生产资料的生产，这是已经定了的。但是决不可以因此忽视生活资料尤其是粮食的生产”〔3〕。重工业作为社会主义工业化的主要标志具有三大基础性地位即国家经济力量、国防力量、国民经济技术改造的基础，而且“发展重

---

〔1〕《中国共产党第八次全国代表大会关于发展国民经济的第二个五年计划（一九五八到一九六二）的建议——关于发展国民经济的第二个五年计划的建议的报告》，人民出版社1956年版，第41页。

〔2〕《中国共产党第八次全国代表大会关于发展国民经济的第二个五年计划（一九五八到一九六二）的建议——关于发展国民经济的第二个五年计划的建议的报告》，人民出版社1956年版，第41~42页。

〔3〕《毛泽东文集》（第7卷），人民出版社1999年版，第24页。

工业，实现社会主义工业化，是为人民谋长远利益”[1]。《“二五”建议》以“加强工业中的薄弱环节、开辟新的领域”为基本要求，[2]明确了应继续加强机器制造、冶金、电力、煤炭、建筑材料、石油、化学、无线电等工业，首次提出要积极开展原子能工业的和平利用与建设、精密机床和仪表的制造、高级合金钢的生产、有机化学工业的建立等。具体来说，充分发挥华东的原有工业基地作用以及华北、华南地区的工业作用，继续推进东北、华中和内蒙古地区以钢铁工业为中心的工业基地建设以及新疆地区的石油工业与有色金属工业建设，开始进行西南、西北和三门峡地区以钢铁、水电站为中心的新工业基地建设。从实施的情况来看，计划实施前期相比《“二五”建议》提出的1956年，基本实现了预期增长（表4-1）。其中，1958年与1957年相比，主要工业产品钢的产量增长49.53%，生铁增长60.53%，煤炭增长107.73%，原油增长55.27%，发电量也增长42.32%。

表4-1　1956—1958年工农业总产值[3]

单位：亿元

年份	工农业总产值	工业总产值	农业总产值
1956	1 286.5	703.6	582.9
1957	1 387.4	783.9	603.5
1958	1 841.0	1 170.0	671.0

《“二五”建议》指出，要在“二五”计划期间加强国家的基本建设投资比重，从“一五”计划全部财政支出的35%左右提升到40%左右，这样随着“二五”计划财政收入总体增量的较大增加，“二五”计划的建设投资也将增加约一倍。其中，工业投资仍是重中之重。《“二五”建议》强调，工业投资比重应该从58.2%提高到60%左右，农业、林业、水利投资也应从7.6%提高到10%左右。以此来确保在国民经济的两个主要部门实现工业优先、农业并

〔1〕《周恩来选集》（下卷），人民出版社1984年版，第230页。

〔2〕《中国共产党第八次全国代表大会关于发展国民经济的第二个五年计划（一九五八到一九六二）的建议——关于发展国民经济的第二个五年计划的建议的报告》，人民出版社1956年版，第9页。

〔3〕国家统计局：《伟大的十年——中华人民共和国经济和文化建设成就的统计》，人民出版社1959年版，第14页。

进，同时通过增加产品品种，提高质量，降低成本来进一步扩大轻工业生产。这一变化的实现离不开对国防费用和行政费用的缩减，其中《“一五”计划》的两项费用约32%，《“二五”建议》对此要降至约20%。但这并不意味着要削弱国防力量，降低行政效率，恰恰相反，两者所发挥的作用极为重要，其关键在于提高效率。从《“二五”建议》的具体实施情况来看，1958年相比1956年国家财政支出比重中经济建设费用实际增长23.03%，国防费用减少39%，行政管理费减少35.63%，当然社会文教费的占比降低了29.33%（表4-2）。

表4-2　国家财政支出的比重（以支出总计为100%）[1]

单位:%

年份	经济建设费	社会文教费	国防费	行政管理费	其他支出
1956	52.1	15.0	20.0	8.7	4.2
1957	51.4	16.0	19.0	7.8	5.8
1958	64.1	10.6	12.2	5.6	7.5

2. 加强基础设施建设，增强国防力量，提高人民物质、文化生活水平

可以说，促进工农业发展，保障国防等国家建设，满足日益增长的人民生活的需要，成为加速我国社会主义一切建设工作的出发点和落脚点。首先，运输和邮电事业方面的计划。《“二五”建议》指出应发展铁路、公路、水运和民用航空等运输业以及建设与改建邮电通信网。五年内计划新修建的铁路达8000千米—9000千米，并建成兰州到新疆国境、包头到兰州、内江到昆明、重庆到贵阳、兰州到柴达木等铁路干线。在实施过程中，铁路通车里程从1949年的21 989千米增长到1957年的29 862千米和1958年的31 193千米，公路通车里程从1949年的8.1万千米增长到1957年的25.5万千米和1958年的40万千米。其次，调整商业网和扩大商品流通方面的计划。《“二五”建议》指出，除主要的农产品以及主要工业品外，“应该容许在国家的统一领导下自由买卖，以扩大商品流通和便利人民需要”[2]。以社会商品零售

[1] 国家统计局：《伟大的十年——中华人民共和国经济和文化建设成就的统计》，人民出版社1959年版，第22页。

[2] 《中国共产党第八次全国代表大会关于发展国民经济的第二个五年计划（一九五八到一九六二）的建议——关于发展国民经济的第二个五年计划的建议的报告》，人民出版社1956年版，第15页。

额的增长为例，1958 年相比 1957 年提高 13. 21%，相比 1952 年提高 97. 91%，是 1950 年的 3. 21 倍。最后，为人民生活水平的继续提高提供有利条件。《“二五”建议》认为，国民经济体系的构建以及文化教育、科学研究等事业的发展，可以为人民生活水平的继续提高创造有利的条件。以各种学校各年在校学生数为例，高等学校学生 1958 年为 66 万人，比 1957 年增长了 49. 66%，是解放前最高学生数的 3. 3 倍；普通中学学生 1958 年为 852 万人，比 1957 年增长了 35. 65%，是解放前最高学生数的 4. 7 倍；普通中学学生 1958 年为 8640 万人，比 1957 年增长了 34. 41%，是解放前最高学生数的 2. 6 倍。[1]

3. 加强科学研究工作，努力培养建设人才

发展科学研究事业是新中国成立以来党和政府一直高度重视的领域。因为在“一五”计划期间，我国还没有相关的科技发展经验和基础，主要是在苏联的技术援助下学习苏联及其他国家的先进科学技术。而到 1956 年我国着手制订“二五”计划之时，就提出要独立自主地开展“原子能科学、电子学、自动化和远距离操纵技术等世界上最先进的科学技术工作”[2]，并提出计划用三个五年计划的时间使许多重要的科技部门能接近世界先进水平。《“一五”计划》就“科学研究工作”指出，在关系国家建设以及带有关键性、普遍性的科学问题领域，扩建中国科学院所属的各个研究机构，以此来提高自然科学和社会科学的研究工作。《“二五”建议》更进一步强调了中国科学院和高校间应建立分工协作的全国科学工作网，努力培养更多建设干部、技术干部以及高校毕业生、技术工人等人才。到 1958 年，全国共有科学研究机构 848 个，比 1957 年增加 268 个、增长 46. 21%，“比解放前增长 20 倍以上，研究技术人员比解放前增长 50 倍以上”[3]。此外，面向人民群众的科学技术协会的科学技术普及活动也广泛展开。

(三)《“二五”建议》实施中的问题

以“一五”计划的实施情况作为基本参照，《“二五”建议》吸取了“一

---

〔1〕 国家统计局：《伟大的十年——中华人民共和国经济和文化建设成就的统计》，人民出版社 1959 年版。

〔2〕《中国共产党第八次全国代表大会关于发展国民经济的第二个五年计划（一九五八到一九六二）的建议——关于发展国民经济的第二个五年计划的建议的报告》，人民出版社 1956 年版，第 18 页。

〔3〕 国家统计局：《伟大的十年——中华人民共和国经济和文化建设成就的统计》，人民出版社 1959 年版，第 167 页。

五”计划中的经验和教训，调整了一些数字指标。因为当社会主义经济建设已经有了一定的积累，特别是社会主义改造逐渐巩固与实现的时候，发展比例、发展条件与实际困难越来越成为“二五”计划不可回避的重要问题。如在《“二五”建议》中指明，“要充分估计到各种不利的因素和可能发生的困难，反对那种缺乏实际根据、不考虑可能条件、不注意国民经济有计划、按比例发展的急躁冒进的偏向。”[1]在该建议的报告中也指明，“我们在编制年度计划的时候，在有利的情况下，必须注意到当前和以后还存在着某些不利的因素，不要急躁冒进；相反地，在不利的情况下，又必须注意到当前和以后还存在着许多有利的因素，不要裹足不前。”[2]《“二五”建议》还认为造成经济指标偏高的重要原因之一是有些难以预测的自然灾害等不可抗因素。当然，在“二五”计划的具体实践中发现，与自然灾害的外部因素相比，工业化和合作化进程中的急躁冒进等经济问题才是使经济蒙受损失的主要原因。事实证明，如果处理不好质量与速度的关系，必然会影响社会主义建设。特别是随着“反右派斗争的严重扩大化，使党探索适合中国情况的建设社会主义道路的良好开端受到挫折”[3]。

1. 增长速度和发展质量的问题

在增长速度方面，《“一五”计划》所预期的工农业总产值增长约51.5%，《“二五”建议》中预计到1957年实际的增长将达60%以上，基于此，“二五”计划要求到1962年工农业总产值比1957年计划增长约75%。可见，这一指标任务仍然是一个绝对的高速度。周恩来认为，“这样一个大国，数量上的增长稍微慢一点，并不妨碍我们实现工业化和建立基本上完整的工业体系”[4]。《“二五”建议》也意识到从1955年到1956年所出现的经济增长指标偏高的问题，并提出应通过积极、稳妥的增长速度来保证国民经济较为均衡地发展。但是，从1957年开始，党在反右派斗争中所发生的严重扩大化错误从政治领域不断波及经济领域。对于工业化和合作化的经济发展速度

[1]《中国共产党第八次全国代表大会关于发展国民经济的第二个五年计划（一九五八到一九六二）的建议——关于发展国民经济的第二个五年计划的建议的报告》，人民出版社1956年版，第24页。

[2]《中国共产党第八次全国代表大会关于发展国民经济的第二个五年计划（一九五八到一九六二）的建议——关于发展国民经济的第二个五年计划的建议的报告》，人民出版社1956年版，第35页。

[3]《中国共产党历史1949—1978》（第2卷），中共党史出版社2011年版，第460页。

[4]《周恩来选集》（下卷），人民出版社1984年版，第233页。

的反冒进主张甚至有可能被看作右派言论而受到批判。特别是1958年党的八大二次会议推动了“大跃进”运动的全面展开。八大二次会议又把《“二五”建议》所制定的经济指标再度进行了普遍的大幅提高，其中，工业指标提高1倍左右，钢的年产量指标从《“二五”建议》的1050—1200万吨提高到2500—3000万吨，基本建设五年投资总额由900亿元提高到1500—1600亿元。由此，党的八大二次会议把“二五”计划彻底纳入“大跃进”的轨道。[1]在发展质量方面，《“二五”建议》同样认为，重工业的优先发展绝不是走单纯追求发展速度的粗放型道路，而是要加强重工业领域的科技含量，走专业化、协作化的道路。但是，为了完成地方工业产值超过农业产值的经济任务，出现了不符合经济规律的乱上项目的问题，甚至开展了全民大炼钢铁的运动。这就造成了不少工业部门的经济效益低下，对于人力、物力、财力以及资源也造成了严重浪费，其对于农业、轻工业生产也带来了严重冲击。

2. 经济建设的地位问题

《“二五”建议》进一步根据“一五”计划的国家发展状况以及加速建设社会主义的主要任务调整了国家财政开支。在这样的前提条件下，《“二五”建议》认为，应加大对于经济建设和文化建设的财政支出比重，财政支出“应该从第一个五年计划的百分之五十六左右，提高到百分之六十到七十”[2]，在经济建设中还相应地增加信贷基金及国民收入，并且激发国营经济的活力。但是，《“二五”建议》所提出的集中力量发展社会生产力的主要矛盾问题，又因为反右斗争扩大化而把阶级矛盾上升为主要矛盾。事实证明，“在任何时候任何情况下，都不能轻易改变党对社会主要矛盾的科学判断”[3]。

3. 合作化的速度问题

《“一五”计划》和《“二五”建议》中关于农业合作化的计划都是五年计划中的重大组成部分，因为农业合作化直接关系农业的全面发展和经济计划的全面实现。《“一五”计划》指明了我国农业不断进步的方向，即经过土地入股以及部分技术改良的初级合作社形式，“而后再逐渐地过渡到高级形式的合作社，结合农业机械化和其他的技术改革，这是引导我国农业生产不断

---

[1] 《中国共产党历史 1949—1978》（第2卷），中共党史出版社2011年版，第481页。

[2] 《中国共产党第八次全国代表大会关于发展国民经济的第二个五年计划（一九五八到一九六二）的建议——关于发展国民经济的第二个五年计划的建议的报告》，人民出版社1956年版，第8页。

[3] 《中国共产党历史 1949—1978》（第2卷），中共党史出版社2011年版，第462页。

地进步的道路”[1]。《“一五”计划》所指出的是到“二五”计划结束时争取在全国实现初级形式的合作化。但是，在“一五”计划的后半期，部分地区就出现了因初级社的发展速度以及初级社合并成高级社的发展速度过快而造成的农民福利受损的问题。因为在这一时期，“农业机械化的条件还没有具备，这些，又使我们对农业生产的发展，不能要求有更高的速度”[2]。由此，《“二五”建议》进一步强调了示范先行、适当放活的合作化发展原则，并且提出要充分利用各种有利条件提高合作社社员的生产积极性。在合作社的生产与经营管理层面，积极发挥高级示范社的合作章程以及勤俭办社、民主办社的方针，并通过整顿组织、培养干部来加强合作社的生产组织和经营管理的工作。在合作社的分配方式层面，“应该在兼顾国家需要和农民福利的原则下，合理地安排集体和个人之间的分配关系；并且在不影响合作社集体生产的条件下，适当地给社员以必要的个人自由支配的劳动时间，容许农民经营适合个人经营的各种农副业”[3]。《“二五”建议》的报告中也指出了“一五”计划实施的问题，如在1953年有些部门和地区出现过盲目冒进的倾向，在1956年年初《1956到1967年全国农业发展纲要》公布后又出现了这一倾向，而且还出现了因计划制订得过高等而造成的原材料无法供应等问题。这一冒进倾向的延续，使得“农业合作化，一两年一个高潮，一种组织形式还没有来得及巩固，很快又变了。从初级合作社到普遍办高级社就是如此。如果稳步前进，巩固一段时间再发展，就可能搞得更好一些。一九五八年‘大跃进’时，高级社还不巩固，又普遍搞人民公社，结果六十年代初期不得不退回去，退到以生产队为基本核算单位”[4]。在这一过程中，农业还遭遇了三年严重灾害以及苏联的单方面撕毁合同，农业生产急剧下降，1960年农业总产值只完成了当年计划的47.2%，比1959年下降了12.6%。[5]当然，其中的重要原因之一就是限于对社会主义的认识水平，特别是“由于社会主

[1]《中华人民共和国发展国民经济的第一个五年计划（1953—1957）》，人民出版社1955年版，第82页。

[2]《中国共产党第八次全国代表大会关于发展国民经济的第二个五年计划（一九五八到一九六二）的建议——关于发展国民经济的第二个五年计划的建议的报告》，人民出版社1956年版，第53页。

[3]《中国共产党第八次全国代表大会关于发展国民经济的第二个五年计划（一九五八到一九六二）的建议——关于发展国民经济的第二个五年计划的建议的报告》，人民出版社1956年版，第13页。

[4]《邓小平文选》（第2卷），人民出版社1983年版，第424页。

[5]《中华人民共和国史稿1956—1966》（第2卷），人民出版社2012年版，第130页。

义现代化建设在中国是前无古人的伟大事业，实践的时间还很短”〔1〕，仍需要不断加强对中国社会生产力水平和经济社会发展规律的经验积累与理论准备。

二、按客观比例发展的政治经济学分析

《“二五”建议》是中国共产党通过“五年计划”的形式来指导社会主义经济建设和社会发展的重要典范，其中所蕴含的马克思主义政治经济学基本原理体现出“党历来重视对马克思主义政治经济学的学习、研究、运用”〔2〕。

（一）生产资料工业的增长速度高于消费资料工业的增长速度

按照《“一五”计划》关于工业产值比例的规定，到1957年，生产生产资料的工业占比达到38%。《“二五”建议》进一步强调，到1962年生产生产资料的工业占比要达到50%左右。可见，“二五”计划仍要求生产资料的增长速度要高于消费资料的增长速度。马克思认为，由简单再生产向扩大再生产的过渡需要优先增加生产资料的生产。马克思的社会总资本再生产理论表明，各生产部门能否按客观的比例进行生产和交换是社会总产品顺利实现的关键。在资本主义生产方式下，“社会的年劳动大部分用来生产新的不变资本（以生产资料形式存在的资本价值），以便补偿在生产消费资料上所花费的不变资本价值”〔3〕。马克思所研究的资本主义社会再生产理论，“不仅适用于资本主义社会，而且同样适用于社会主义社会”〔4〕。列宁认为，在社会主义建设时期，同样是“制造生产资料的社会生产部类应该比制造消费品的社会生产部类增长得快”〔5〕。《“二五”建议》指明，由于这一时期加速社会主义建设的紧迫性，所以生产性积累在国民收入中的比重可以稍高于“一五”计划，以此为人民生活的逐步改善提供保障。而与资本主义生产方式下生产消费常常脱离个人消费不同，社会主义生产消费总是要与个人消费相关联。《“二五”建议》认为应处理好国民收入中消费和积累的关系。具体来说，“积累部分在国民收入中所占的比重，不可能也不应该有过多的和过快的增长，但是

〔1〕《中国共产党历史 1949—1978》（第2卷），中共党史出版社2011年版，第403页。

〔2〕习近平：“不断开拓当代中国马克思主义政治经济学新境界”，载《求是》2020年第8期。

〔3〕马克思：《资本论》（第2卷），人民出版社2004年版，第489页。

〔4〕徐禾等：《政治经济学概论》（第3版），中国人民大学出版社2011年版，第146页。

〔5〕《列宁专题文集》（论资本主义），人民出版社2009年版，第23页。

可以稍高于第一个五年已经达到的水平”〔1〕。我国《中共中央关于制定国民经济和社会发展第十四个五年规划和二〇三五年远景目标的建议》（以下简称《“十四五”建议》）进一步把“全面促进消费”作为构建新发展格局的重要路径。〔2〕《“十四五”建议》认为，应增强消费对经济发展的基础性作用，培育新型消费即促进消费向绿色、健康、安全发展，创新无接触交易服务、线上线下消费等新型消费方式，进一步开拓城乡消费市场、服务业消费市场，放宽服务消费领域市场准入等发展限制。

（二）把发展农业作为完成经济计划的基本条件

马克思认为，农业是国民经济的基础。在马克思看来，因为“一切劳动首先并且最初是以占有和生产食物为目的的”〔3〕，“超过劳动者个人需要的农业劳动生产率，是全部社会的基础”〔4〕。《“一五”计划》的“农业”一章就明确提出，“发展农业是保证工业发展和全部经济计划完成的基本条件”的重要要求。〔5〕农业为工业提供条件是完全符合我国国情的重要认识。1956年11月，周恩来针对“一五”计划指标的完成情况指明，在46种工业指标中已经有39种超额完成，但是农业的完成情况相比工业要差一些，8种农产品中麻、大豆、油料作物等还没有完成。对此，周恩来指出，“同工业相比，我们对农业的重视和安排不够，农业量大面广，有时也不容易考虑得很得当”〔6〕。“一五”计划的实施经验也表明，农业的生产计划中有很多难以预料与避免的自然灾害，而“农业生产计划完成的好坏，对我国整个国民经济计划的实施又有着重大的影响”〔7〕。《“二五”建议》进一步强调，“必须大力发展农业

〔1〕《中国共产党第八次全国代表大会关于发展国民经济的第二个五年计划（一九五八到一九六二）的建议——关于发展国民经济的第二个五年计划的建议的报告》，人民出版社1956年版，第44~45页。

〔2〕习近平：“中共中央关于制定国民经济和社会发展第十四个五年规划和二〇三五年远景目标的建议”，载《人民日报》2020年11月4日。

〔3〕马克思：《资本论》（第3卷），人民出版社2004年版，第713页。

〔4〕马克思：《资本论》（第3卷），人民出版社2004年版，第888页。

〔5〕《中华人民共和国发展国民经济的第一个五年计划（1953—1957）》，人民出版社1955年版，第79页。

〔6〕《周恩来选集》（下卷），人民出版社1984年版，第235页。

〔7〕《中国共产党第八次全国代表大会关于发展国民经济的第二个五年计划（一九五八到一九六二）的建议——关于发展国民经济的第二个五年计划的建议的报告》，人民出版社1956年版，第24页。

生产，使农业的发展同工业的发展互相协调，满足国家和人民的需要"[1]。而农业首先要在保证粮食增产的同时，促进棉花、大豆等主要经济作物的生产，并以此来推进轻、重工业的发展，因为"延缓农业的发展，不仅直接地影响轻工业的发展和人民生活的改善，而且也将极大地影响重工业以至整个国民经济的发展，影响工农联盟的巩固"[2]。

（三）依靠合理计划来解决生产过剩现象

《"二五"建议》坚持以"一五"计划在实施过程中所出现的经济问题为导向，直面问题，解决问题。其中，1955年最为突出的经济问题是，在财政上出现了过多的结余，以及钢材、水泥、木材等建筑材料出现了"虚假的过剩现象"。[3]《"二五"建议》认为，其原因是在增产节约运动中出现了"不适当地削减了某些非生产性的基本建设的投资"[4]。仅仅依靠对过剩资源的出口只能解决一时的问题，而从长远来考虑，还是要通过有计划地扩大建设规模以及增加物资储备来解决生产过剩问题。《"二五"建议》强调，该问题会转化为大规模的基本建设与物资供应之间不相匹配的矛盾，并且还可能造成各种建筑材料的严重不足。面对这一紧张局面，《"二五"建议》的报告认为，"应该按照我们实现社会主义工业化的根本要求和国家物力、财力、人力的可能条件，实事求是地规定各项指标，同时，还应该保留一定的后备力量，使计划比较可靠"[5]。通过增加后备力量来健全物资储备制度，是这一时期解决经济发展不平衡问题的主要措施。这一措施也符合马克思在《资本论》中对生产过剩问题的分析。在马克思看来，资本主义是依靠停滞、繁荣、生产过剩和危机的周期性暴力破坏来强制性应对生产过剩问题的。因为在资本

---

[1]《中国共产党第八次全国代表大会关于发展国民经济的第二个五年计划（一九五八到一九六二）的建议——关于发展国民经济的第二个五年计划的建议的报告》，人民出版社1956年版，第6页。

[2]《中国共产党第八次全国代表大会关于发展国民经济的第二个五年计划（一九五八到一九六二）的建议——关于发展国民经济的第二个五年计划的建议的报告》，人民出版社1956年版，第42页。

[3]《中国共产党第八次全国代表大会关于发展国民经济的第二个五年计划（一九五八到一九六二）的建议——关于发展国民经济的第二个五年计划的建议的报告》，人民出版社1956年版，第34页。

[4]《中国共产党第八次全国代表大会关于发展国民经济的第二个五年计划（一九五八到一九六二）的建议——关于发展国民经济的第二个五年计划的建议的报告》，人民出版社1956年版，第34页。

[5]《中国共产党第八次全国代表大会关于发展国民经济的第二个五年计划（一九五八到一九六二）的建议——关于发展国民经济的第二个五年计划的建议的报告》，人民出版社1956年版，第35页。

主义社会内部，生产过剩是“一个无政府状态的要素”[1]。只有通过不断对相对生产过剩的固定资本以及原料进行储备，才可能实现“社会对它本身的再生产所必需的各种物质资料的控制”[2]。马克思在这里所提到的“社会”就是一种政府对经济计划的运行能力。《“二五”建议》还指出，“今后若干年内，我国农业生产受自然灾害的影响还是很大的，为了应付歉收，就必须有粮食和主要经济作物的储备；为了满足我国建设和生产的规模日益扩大的需要，就必须有器材和原料的储备”[3]。可见，计划会在实施中因各种条件的变化而出现偏差，因此在计划制订时未必能充分考虑今后的各种发展条件，但需要在实施过程中实事求是地计划与调整每年的指标。周恩来指出，“计划不合实际就得修改，实际超过了计划也得承认，计划不能一成不变。建议中有些数字当时觉得是恰当的，现在发现还有矛盾需要解决，那就应该解决”[4]。由此，1956 年上半年，因为社会主义改造基本完成及农业丰收和基本建设规模扩大等原因，国民经济基本实现了较高速度的增长。

（四）劳动生产率的增长速度高于职工工资的增长速度

与生产资料工业的增长速度略高于消费资料工业的增长速度的原理相对应，在“一五”计划和“二五”计划中劳动生产率的增长速度也高于职工工资的增长速度。以国营工业的劳动生产率和职工工资的增长率为例，1956 年劳动生产率比 1952 年提高了 70.4%，这一指标超过了《“一五”计划》所规定的提高 64%的指标；1956 年职工工资比 1952 年提高了 33.5%，这一指标略微高于《“一五”计划》所规定的提高 33%的指标。马克思认为，劳动生产率的提高可以通过减少对象化劳动时间和活劳动时间的途径来实现。在资本主义生产方式下，劳动力作为商品只能把其支配权让渡给资本家，而且随着机械化、专业化程度的深化，工人会被转化为局部机器的一部分，其主动性与积极性也必然被压抑。不仅如此，在资本主义条件下，工资作为劳动力价值或价格的转化形式也常常被降低到劳动力价值以下。正如马克思所言，“劳动生产率的提高正是在于：活劳动的份额减少，过去劳动的份额增加，但结

---

[1] 马克思：《资本论》（第 2 卷），人民出版社 2004 年版，第 526 页。

[2] 马克思：《资本论》（第 2 卷），人民出版社 2004 年版，第 526 页。

[3] 《中国共产党第八次全国代表大会关于发展国民经济的第二个五年计划（一九五八到一九六二）的建议——关于发展国民经济的第二个五年计划的建议的报告》，人民出版社 1956 年版，第 37 页。

[4] 《周恩来选集》（下卷），人民出版社 1984 年版，第 233 页。

果是商品中包含的劳动总量减少；因而，所减少的活劳动大于所增加的过去劳动”。[1]由此，价值创造与价值分配之间的有机统一，在本质上需要变革资本雇佣关系。[2]我国社会主义改造基本完成后，在社会主义公有制的经济条件下，劳动可以成为获得消费品的唯一尺度，并以此实现价值创造与价值分配之间、劳动生产率与劳动报酬之间的统一。但是，“一五”计划实施中的1954—1955年出现过工业部门生产率提高约10%、职工的平均工资仅提高0.6%的反差。这种工资增长速度过分低于劳动生产率增长速度的问题在1955年年底也被纠正。对此，《“二五”建议》强调，“从1956年4月份起，我们在全国范围内实行了工资制度的改革，并且确定1956年职工的平均工资比1955年提高13%左右”[3]。在社会主义条件下，价值创造与价值分配之间的统一也不是自动实现的，更加需要与扩大再生产的需求、积累的不断增加以及工业化体系的建立相适应，并对社会总产品进行各项必要的扣除。由此，在这一时期，劳动生产率的增长速度高于职工工资的增长速度符合社会主义经济发展规律，但是两者增长速度的差异也要保持在合理的区间。

（五）适当发展国家领导下的自由市场

《“二五”建议》指出，“应该在国家市场以外，有计划地保留和适当发展一些国家领导下的自由市场，以活跃城乡物资交流，并且补充国家市场的不足”[4]。从战时共产主义政策转变为新经济政策的时候，列宁就指出，“用‘强攻’办法即用最简单、迅速、直接的办法来实行社会主义的生产和分配原则的尝试已告失败”[5]，需要利用国家资本主义由“强攻”转向“围攻”。在列宁看来，社会主义与资本主义之间的较量与斗争，经济层面要比军事层面复杂得多、困难得多。苏维埃政权在1921年的实践表明，简单地用工业品换取农产品的商品交换的做法，无法有效地巩固与实现社会主义工业化。

---

〔1〕《马克思恩格斯文集》（第7卷），人民出版社2009年版，第290页。

〔2〕周建锋、杨继国：“劳动生产率与劳动报酬能否同步提高——基于马克思经济学的分析”，载《经济学家》2019年第10期。

〔3〕《中国共产党第八次全国代表大会关于发展国民经济的第二个五年计划（一九五八到一九六二）的建议——关于发展国民经济的第二个五年计划的建议的报告》，人民出版社1956年版，第32页。

〔4〕《中国共产党第八次全国代表大会关于发展国民经济的第二个五年计划（一九五八到一九六二）的建议——关于发展国民经济的第二个五年计划的建议的报告》，人民出版社1956年版，第15~16页。

〔5〕《列宁专题文集（论社会主义）》，人民出版社2009年版，第279~280页。

基于此，列宁认为，有必要采取由国家调节的商品和货币流通。而我国《“二五”建议》所提出的适当发展国家领导下的自由市场具有对繁荣社会主义商品生产、交换以及流通的重要思考。在国家统一市场的领导下，有计划地实行自由市场，就是为了“防止由于统一过多过死而发生产品质量下降和品种减少的现象”〔1〕。毛泽东在读斯大林的《苏联社会主义经济问题》时指出，“不能孤立地看商品生产，要看它与什么经济相联系。商品生产和资本主义相联系，是资本主义商品生产；商品生产和社会主义相联系，是社会主义商品生产”〔2〕，商品生产是一个有力的工具，“为了五亿农民，应当充分利用这个工具发展社会主义生产”〔3〕。《“二五”建议》也指明，价值规律在国民经济生活中仍然起作用，甚至是在某些方面还起着重要的作用，因此应“正确地运用价值作用，正确地掌握物价政策”〔4〕，并以此促进工农业的发展。一些不宜过分集中的服务性行业应继续保持分散活动和原有的经营特点，即应“保持相当数量的小商小贩，采取合作商店、合作小组、代销，甚至完全自购自销”〔5〕。由此可见，要立足国内发展条件、国际发展格局制定中长期发展规划，必须要处理好政府和市场的关系。

（六）继续实行严格的节约制度

早在抗日战争时期，毛泽东就指出：“节约是一切工作机关都要注意的，经济和财政工作机关都要注意。”〔6〕以发展重工业为中心的“一五”计划和“二五”计划必然需要大量建设基金的积累，而此时社会主义国家的大部分积累也只能来自内部。《“一五”计划》为我国社会主义建设所定下的建设准则就是“必须实行极严格的节约制度，消除一切多余的开支和不适当的非生产的开支，……以便积累一切可能的资金，用来保证国家建设事业的需要，并增

〔1〕《中国共产党第八次全国代表大会关于发展国民经济的第二个五年计划（一九五八到一九六二）的建议——关于发展国民经济的第二个五年计划的建议的报告》，人民出版社1956年版，第58页。

〔2〕《毛泽东年谱1949—1976》（第3卷），中央文献出版社2013年版，第504~505页。

〔3〕《毛泽东年谱1949—1976》（第3卷），中央文献出版社2013年版，第505页。

〔4〕《中国共产党第八次全国代表大会关于发展国民经济的第二个五年计划（一九五八到一九六二）的建议——关于发展国民经济的第二个五年计划的建议的报告》，人民出版社1956年版，第57页。

〔5〕《中国共产党第八次全国代表大会关于发展国民经济的第二个五年计划（一九五八到一九六二）的建议——关于发展国民经济的第二个五年计划的建议的报告》，人民出版社1956年版，第60页。

〔6〕《毛泽东选集》（第3卷），人民出版社1991年版，第898页。

加国家必要的后备力量"[1]。《"二五"建议》同样认为，"应继续贯彻实施增产节约的原则，实行严格的节约制度"[2]。增产节约、勤俭建国、艰苦奋斗作为社会建设的一个长期性和经常性任务，在建议中也被作为应该继续严格坚守的准则。马克思认为，劳动生产率的提高，不仅可以通过生产不变资本的劳动的节约，还可以通过不变资本本身使用上的节约。马克思指出："由生产资料的集中及其大规模应用而产生的全部节约，是以工人的聚集和协作，即劳动的社会结合这一重要条件为前提的。"[3]在他看来，节约是资本主义生产方式下提高劳动生产率的重要手段之一，但是这种节约是建立在"资本家强加给工人的纪律"以及"生产要素的掺假"的基础之上。[4]马克思还进一步指明，"生产力的这种发展，最终总是归结为发挥着作用的劳动的社会性质，归结为社会内部的分工，归结为脑力劳动特别是自然科学的发展"。[5]也就是说，生产力发展最终还是要依靠科技进步以及生产关系内部优化的劳动组织的结合。新中国成立初期，正是利用这一优化的劳动组合方式，使工人完全在为国家即为自己的社会状态中实现增产节约。《"二五"建议》所强调的节约就是要通过纠正"只顾单干不顾协作的思想"来确保生产的专业化和协作化。[6]当然，严格的节约制度并不意味着要以牺牲产品的质量为前提。努力提高生产力水平，建立工业化体系以及向人民提供数量更多、更丰富的物质产品仍是新中国成立后社会主义经济社会发展的主题。因此，这一阶段经济发展的主要矛盾还是在生产力水平的限制下如何处理好产品的量与质的关系问题。如，《"二五"建议》指出，"有一些建设单位只注重赶进度，忽视质量和安全，以致工程质量低劣，事故很多，并且造成浪费，这是应该引以为戒的"[7]。

---

〔1〕《中华人民共和国发展国民经济的第一个五年计划（1953—1957）》，人民出版社1955年版，第152页。

〔2〕《中国共产党第八次全国代表大会关于发展国民经济的第二个五年计划（一九五八到一九六二）的建议——关于发展国民经济的第二个五年计划的建议的报告》，人民出版社1956年版，第16页。

〔3〕马克思：《资本论》（第3卷），人民出版社2004年版，第93页。

〔4〕马克思：《资本论》（第3卷），人民出版社2004年版，第98页。

〔5〕马克思：《资本论》（第3卷），人民出版社2004年版，第96页。

〔6〕《中国共产党第八次全国代表大会关于发展国民经济的第二个五年计划（一九五八到一九六二）的建议——关于发展国民经济的第二个五年计划的建议的报告》，人民出版社1956年版，第53页。

〔7〕《中国共产党第八次全国代表大会关于发展国民经济的第二个五年计划（一九五八到一九六二）的建议——关于发展国民经济的第二个五年计划的建议的报告》，人民出版社1956年版，第29页。

三、协调发展的当代价值

毛泽东在《矛盾论》中指明，中国共产党人必须学会唯物辩证法的根本法则即矛盾分析法，这样“才能正确地分析中国革命的历史和现状，并推断革命的将来”[1]。而且“中国共产党人必须学会这个方法，才能正确地分析中国革命的历史和现状，并推断革命的将来”[2]。所以，《“二五”建议》实际上也是要处理好社会主义建设过程中重工业和轻工业、农业和工业、经济建设和文化建设、积累和消费、国家建设和人民生活、中央和地方、近海和内地等各方面矛盾的辩证关系问题。特别是毛泽东提出的“十大关系”成为党的八大以及《“二五”建议》的重要指导方针。

（一）接续推进“五年计划”

《“二五”建议》指出，“鉴于第一个五年计划即将胜利实现，我国发展国民经济的第二个五年计划（一九五八到一九六二）应该及时拟定。为此，中国共产党第八次全国代表大会提出关于我国发展国民经济的第二个五年计划的建议”。[3]周恩来建议，国务院应尽快拟定“二五”计划的草案，并提请全国人大审议决定，为动员全国人民完成“二五”计划的各项任务而努力。从1953年到2020年，我国共实施了13个五年计划或规划，其在国家的经济运行中处于统领性地位，具有极强的前瞻性、战略性、指导性，成为中国共产党治国理政的重要方式。习近平总书记在《“十四五”建议》的说明中指出，“党中央的建议主要是管大方向、定大战略的”。[4]从“一五”计划的工业建设工程，“二五”计划的工业体系构建，到“九五”计划的科教兴国战略和可持续发展战略，“十五”计划的西部大开发战略和城镇化战略，再到“十三五”规划的创新驱动发展战略、网络强国战略，“十四五”规划的新发展格局等，就是“按照党的主张和人民意愿来制定一个又一个五年计划或规划的过程，就是通过一个又一个五年计划或规划来体现党的主张和人民意愿

[1]《毛泽东选集》（第1卷），人民出版社1991年版，第299页。

[2]《毛泽东选集》（第1卷），人民出版社1991年版，第308页。

[3]《中国共产党第八次全国代表大会关于发展国民经济的第二个五年计划（一九五八到一九六二）的建议——关于发展国民经济的第二个五年计划的建议的报告》，人民出版社1956年版，第5页。

[4] 习近平：“关于《中共中央关于制定国民经济和社会发展第十四个五年规划和二〇三五年远景目标的建议》的说明”，载《人民日报》2020年11月4日。

的过程”〔1〕。

（二）使增长速度符合客观经济规律

《“二五”建议》在综合国内外发展条件及发展趋势的基础上指出，“我国的国民经济有必要而且也有可能继续保持比较高的发展速度”〔2〕。该建议考虑到经济增长速度要以实际增长速度作为基准，而不是以《“一五”计划》制定时的增长速度为基准，由此，“第二个五年计划的增长速度将会相对地下降一些”〔3〕。《“二五”建议》并不是单纯追逐绝对的增长速度，而是要把既积极又稳妥作为主要基调。在1956年2月的国务院会议上，周恩来指出，“绝不要提出提早完成工业化的口号。冷静地算一算，确实不能提。工业建设可以加快，但不能说工业化提早完成”〔4〕。《“二五”建议》明确指出，为了更好地克服主观主义和官僚主义，政府在实际工作中要经常深入群众、体察群众，精简行政机构，加强实际的调查研究，认清有利和不利的条件，有效应对顺利和困难的局面。在社会主义建设的积极性日益高涨的发展时期，《“二五”建议》所提出的既反保守又反急躁冒进的要求，对于社会主义建设保持在正确的前进轨道上起到了至关重要的理论指导作用。习近平总书记在2020年“两会”上就强调，要坚持用全面辩证的长远的眼光来分析经济形势，不以GDP增长率论英雄，要追求经济的科学发展和新发展理念的贯彻以及广大人民群众的幸福美好生活，确保“六稳”“六保”，不能把着眼点和着力点放在GDP增速上。〔5〕GDP的指标仅体现出货币层面上生产规模量的扩大，而产业构造、幸福指数、生态保护、共同富裕等质的层面容易被忽视，其具有明显的信息不对称性与虚假性。“十四五”规划就是要“坚持稳中求进工作总基调，以推动高质量发展为主题”，而且要“以满足人民日益增长的美好生活需要为根本目的”〔6〕，实现经济行稳致远。

---

〔1〕詹成付：“中国‘五年规划’的力量”，载《党建研究》2020年第10期。

〔2〕《中国共产党第八次全国代表大会关于发展国民经济的第二个五年计划（一九五八到一九六二）的建议——关于发展国民经济的第二个五年计划的建议的报告》，人民出版社1956年版，第6页。

〔3〕《中国共产党第八次全国代表大会关于发展国民经济的第二个五年计划（一九五八到一九六二）的建议——关于发展国民经济的第二个五年计划的建议的报告》，人民出版社1956年版，第7页。

〔4〕《周恩来选集》（下卷），人民出版社1984年版，第190页。

〔5〕“习近平总书记两会‘下团组’”，载《人民日报》海外版2020年5月23日。

〔6〕习近平：“中共中央关于制定国民经济和社会发展第十四个五年规划和二〇三五年远景目标的建议”，载《人民日报》2020年11月4日。

（三）促进各地经济平衡发展

《“一五”计划》第十章“地方计划问题”中指出了中国经济发展在各地方的不平衡性：在农业发展中粮食作物的差别、互助合作运动开展程度的差别，在工业发展中新老工业区发展程度的差别、以重工业为主或以轻工业为主的差别，以及在手工业中发展水平和产品种类的差别。对此，《“一五”计划》指出，“地方计划必须在全国平衡的基础上照顾地方平衡，力求避免发生比例失调的现象，而在一旦发生这种比例失调现象的时候，能够采取适当的措施加以克服”。[1]《“二五”建议》进一步强调了“根据资源情况和合理分布生产力”的原则，[2]并使全国各地区经济逐步走向平衡发展。其中，要在内地继续建立和筹备新的工业基地，并充分利用与发展近海的工业来支援内地建设。该建议强调，“近海地区原有的工业基础，是我国工业化的出发点。我们充分利用并且加强近海地区的工业基础，不但是为了适应国家和人民日益增长的需要，而且也正是为了在内地建立更强大的工业基础”[3]。对此，为了加速社会主义建设以及为坚持各国间和平共处、平等互利等基本原则，还应扩大国际经济、技术和文化的合作和联系。[4]习近平总书记在《“十四五”建议》的说明中指出：“我国发展不平衡不充分问题仍然突出。城乡区域发展和收入分配差距较大，促进全体人民共同富裕是一项长期任务。”[5]《“十四五”建议》明确指出，要“拓展投资空间”，通过“推进新型基础设施、新型城镇化、交通水利等重大工程建设，支持有利于城乡区域协调发展的重大项目建设”[6]，这样就可以加快补齐基础设施、农业农村、民生保障、

---

〔1〕《中华人民共和国发展国民经济的第一个五年计划》（1953—1957），人民出版社 1955 年版，第 146 页。

〔2〕《中国共产党第八次全国代表大会关于发展国民经济的第二个五年计划（一九五八到一九六二）的建议——关于发展国民经济的第二个五年计划的建议的报告》，人民出版社 1956 年版，第 10 页。

〔3〕《中国共产党第八次全国代表大会关于发展国民经济的第二个五年计划（一九五八到一九六二）的建议——关于发展国民经济的第二个五年计划的建议的报告》，人民出版社 1956 年版，第 47~48 页。

〔4〕《中国共产党第八次全国代表大会关于发展国民经济的第二个五年计划（一九五八到一九六二）的建议——关于发展国民经济的第二个五年计划的建议的报告》，人民出版社 1956 年版，第 72 页。

〔5〕习近平：“关于《中共中央关于制定国民经济和社会发展第十四个五年规划和二〇三五年远景目标的建议》的说明”，载《人民日报》2020 年 11 月 4 日。

〔6〕习近平：“中共中央关于制定国民经济和社会发展第十四个五年规划和二〇三五年远景目标的建议”，载《人民日报》2020 年 11 月 4 日。

生态环保、物资储备等方面的短板。

（四）贯穿协调发展的理念

处理好工业和农业的两个主要生产部门之间以及部门内部的协调关系，并实现“农轻重”的并举成为贯穿《“二五”建议》的主线。从《“一五”计划》到《“二五”建议》都一直坚持在优先发展重工业的同时，通过加速农业的合作化促进农业生产。周恩来指出，“如果没有工业化，农业即使合作化了，也不巩固。手工业也是如此。”〔1〕在“一五”计划期间，相比工业计划指标的提前与超额完成，大豆、油料作物和牲畜等并没有如期完成计划指标。由此，《“二五”建议》提出，要因地制宜地处理好粮食与经济作物的比例关系，“安排牲畜和副业生产，以保证农业内部各部分的协调发展”〔2〕。新时代的“十四五”规划把这一协调发展的理念拓展为坚定不移贯彻创新、协调、绿色、开放、共享的“五位一体”的新发展理念，其中，协调发展的理念又是推进新的“四个全面”的方法论要求。而且在产业链现代化的发展进程中，农业基础性地位更为重要，应进一步稳固，并进一步增强城乡以及区域间发展的协调性。尤为重要的是，在党的五年计划或规划的历史上，《“十四五”建议》首次提出构建以国内大循环为主体、国内国际双循环相互促进的新发展格局。相比“两头在外”的“世界工厂”发展模式，以内循环为主的双循环模式更加有利于促进国内经济协调发展。习近平总书记对此指出：“构建新发展格局，要坚持扩大内需这个战略基点，使生产、分配、流通、消费更多依托国内市场，形成国民经济良性循环。”〔3〕

第三节　工业化、集体化与经济自主权的关系

从百年党史的进程来看，牢牢掌握包括农业经济在内的国家经济发展自主权以及把经济发展的立足点放在国内，是党一以贯之的基本准则和大方向。从党成立初期对收回关税自主权的号召到党的十九届五中全会鲜明提出的加

〔1〕《周恩来选集》（下卷），人民出版社 1984 年版，第 191 页。

〔2〕《中国共产党第八次全国代表大会关于发展国民经济的第二个五年计划（一九五八到一九六二）的建议——关于发展国民经济的第二个五年计划的建议的报告》，人民出版社 1956 年版，第 12 页。

〔3〕习近平：“中共中央关于制定国民经济和社会发展第十四个五年规划和二〇三五年远景目标的建议”，载《人民日报》2020 年 11 月 4 日。

快构建新发展格局，党始终在坚持独立自主、自力更生的基础上，把内部动因作为经济发展的立足点、出发点，把外因作为经济发展的促进力量。基于此，国家经济发展自主权的掌握就是独立自主、自力更生在经济领域的核心任务。

早在1956年，毛泽东就说过："中国的革命和中国的建设，都要依靠中国人民自己的力量为主，以争取外国援助为辅。"[1]针对"国家建设是以国内力量为主还是以国外援助为主"的问题，周恩来也曾指明："我们的回答是以国内力量为主，即自力更生。小国应该这样，有四亿五千万人口的大国更应该这样。毫无疑问，生产建设上要自力更生，政治上要独立自主。"[2]当然，邓小平也曾指出："独立自主不是闭关自守，自力更生不是盲目排外。"[3]回顾中国共产党的百年发展史，党并不提倡搞关门主义，而是主张积极利用对外的一切积极因素，并希望通过自身的发展来实现世界范围内的共享、共赢。正如习近平总书记所说，"自力更生是中华民族自立于世界民族之林的奋斗基点"[4]，因为中国作为一个有着14亿人口、约960万平方公里土地的大国，粮食、实体经济、制造业等都要依靠自身经济的发展。他就"十四五"规划建议作说明时也明确强调："改革开放以来，我们遭遇过很多外部风险冲击，最终都能化险为夷，靠的就是办好自己的事、把发展立足点放在国内。"[5]通过这一党史研究可以看出，如果没有每一阶段党的领袖的伟大思想与理论创造，就无法形成包括合作化、集体化在内的自力更生的理论体系，也无法实现对于包括农业经济在内的国家经济自主权的把握。由此，围绕每一阶段党的经济思想的研究，对于深刻洞察这一问题的全貌具有重要意义。

一、自力更生的合作社等运动形式与争取经济自主权的斗争分析

在新民主主义革命时期，近代中国的半殖民地半封建社会的性质，仍是当时最基本的国情。这一国情决定了这一时期党的经济纲领需要通过新民主

---

〔1〕《建国以来毛泽东文稿》（第6册），中央文献出版社1992年版，第148页。

〔2〕《周恩来选集》（下卷），人民出版社1984年版，第10页。

〔3〕《邓小平文选》（第2卷），人民出版社1983年版，第91页。

〔4〕《习近平谈治国理政》（第3卷），外文出版社2020年版，第248页。

〔5〕习近平："关于《中共中央关于制定国民经济和社会发展第十四个五年规划和二〇三五年远景目标的建议》的说明"，载《人民日报》2020年11月4日。

主义经济成分来对抗国际垄断资本以及官僚资本，并实现“对内的节制资本和对外的统制贸易”。[1] 在毛泽东看来，帝国主义的侵略除加速了中国官僚资本的膨胀以及买办制度的确立之外，还在客观上“刺激了中国的社会经济，使它发生了变化，造成了帝国主义的对立物”。[2] 这一对立物就是使国家经济自主权觉醒的无产阶级、民族工业以及民族资产阶级，其也明确了这一时期推动国家和社会变革的主体力量。而新民主主义经济纲领的实现更为迫切地需要在这一主体力量的推动下实现新民主主义的政治纲领，即建立一个无产阶级领导的、以工农联盟为基础、各革命阶级联合专政的新民主主义共和国。无论是经济纲领还是政治纲领，党在这一时期所要达成的最终目标之一就是要在经济上完成民族独立，具体到数量庞大、苦难深重的农民阶级更是要通过党组织的领导，带领广大农民在政治上采取民主集中制原则、在军事上采取武装革命、在经济上采取合作社等经济合作形式来实现土地革命。

（一）党成立初期收回关税自主权和把农民组织起来的号召

中国共产党的成立为我国独立自主、自力更生地发展提供了先决条件和组织保障。虽然十月革命为我国送来了马克思主义以及俄国革命的实践经验，但是我国走社会主义道路的确立更是由先进知识分子在多种道路的探索与实践中经过反复比较所进行的自主抉择。可以说，“强烈的独立自主意识是中国共产党与生俱来的品质”[3]。早在党的一大上，面对“国际资本和国内武人的双重压迫”以及“给人民造成的灾难和痛苦”，[4]代表们纷纷通过分析政治形势明确了党所肩负的历史重任，那就是“领导无产阶级进行革命斗争，推翻资产阶级国家机器，实行无产阶级专政，消灭私有制，最终目的是实现社会主义和共产主义”[5]。此后，在大革命时期的 1924 年 1 月，在第一次国共合作背景下所召开的国民党第一次全国代表大会的宣言中也声明，“凡本国人及外国人指企业，或有独占的性质，或规模过大为私人之力所不能办者，如银行、铁道、航路之属，由国家经营管理之，使私有资本制度不能操纵国

[1] 《毛泽东选集》（第 4 卷），人民出版社 1991 年版，第 1433 页。

[2] 《毛泽东选集》（第 4 卷），人民出版社 1991 年版，第 1484 页。

[3] 《中国共产党 90 年研究文集》（上），中央文献出版社 2011 年版，第 181 页。

[4] 沙健孙：《中国共产党史稿（1921—1949）》（第 1 卷），中央文献出版社 2006 年版，第 333 页。

[5] 沙健孙：《中国共产党史稿（1921—1949）》（第 1 卷），中央文献出版社 2006 年版，第 335 页。

民之生计，此则节制资本之要旨也”〔1〕。在共产党人的参加、帮助与实际指导下，会议上所确立的“节制资本”以及“平均地权”的两大原则，充分展现出新民主主义国家掌握涉及国家经济命脉部门的所有权和主导权的重要性。

面对帝国主义对革命群众所进行的欺骗利诱，在党的领导和组织下，以北京为中心，掀起了强大的反对关税会议、争取关税自主权的群众运动。此时，李大钊带领早期党组织也做好了长期反帝斗争的准备。特别是面对帝国主义通过关税会议的经济诱导，北方区党委和共青团北方区委于 1925 年 10 月 7 日联合发布了《告工农学生军士书》，并根据人民的要求，提出了“关税自主”的口号，以期废除帝国主义在华的一切不平等条约。1925 年 10 月 25 日，北京学联反帝国主义大联盟、各界雪耻会等 200 多个团体 3000 余人，在天安门召开“关税自主运动大会”。〔2〕当时，中共中央的机关刊物《向导》上也连续发表文章，揭露关税会议就是在中国人民斗争浪潮的压力下，帝国主义“和缓中国的反帝国主义运动”的花招。〔3〕要想通过国定税则来裁撤其与厘金之间的联系，这在半殖民地的中国更是无法实现的。李大钊就此指明：“我们应该在取消一切不平等条约运动之下高喊收回关税自主权，更应该在打倒帝国主义、打倒媚外军阀进行民族革命的口号之下高喊收回关税自主权。”〔4〕陈独秀也指出：“我们所谓关税自主，具体说起来，乃指税则自主与管理自主二事”，〔5〕其中税则不自主就没有进口或出口的自主权，管理不自主就会使贸易最优越国掌控税务司乃至中国政府。

与李大钊、陈独秀在城市组织的卓有成效的城市关税自主运动和工人罢工运动遥相呼应，毛泽东更为重视农民和土地问题。1926 年，毛泽东在湖南湘潭西乡所作的《中国佃农生活举例》中，指出“中国佃农比世界上无论何国之佃农为苦”〔6〕。他在 1926 年 9 月所发表的《国民革命与农民运动》一文中，也指明“农民问题乃国民革命的中心问题”，“所谓国民革命运动，其大部分即是农民运动”，“若无农民从乡村中奋起打倒宗法封建的地主阶级之特

〔1〕《孙中山选集》（下），人民出版社 2011 年版，第 616 页。

〔2〕沙健孙：《中国共产党史稿（1921—1949）》（第 1 卷），中央文献出版社 2006 年版，第 228 页。

〔3〕魏琴：“关税会议与司法调查”，载《向导》1925 年第 127 期。

〔4〕《李大钊传》，人民出版社 1979 年版，第 185 页。

〔5〕陈独秀：“我们对于关税问题的意见”，载《向导》1925 年第 131 期。

〔6〕《毛泽东农村调查文集》，人民出版社 1982 年版，第 33 页。

权，则军阀与帝国主义势力总不会根本倒塌”。[1]1927 年 1 月 4 日到 2 月 5 日，毛泽东在参加湖南第一次全省农民代表大会之后，到湖南的湘潭、湘乡、衡山、醴陵和长沙等县考察农民运动，并撰写了著名的《湖南农民运动考察报告》。毛泽东在充分认识到农民问题严重性的基础上，强调要把农民组织起来，“在湖南农民全数中，差不多组织了一半”，“而且农民既已有了广大的组织，便开始行动起来”，“造成一个空前的农村大革命”。[2]毛泽东认为，此时农民组织起来的主要攻击目标是土豪劣绅，做到“一切权力归农会”[3]，在经济上采用减租减息减押、不准退佃等政策来打击地主。此时，他把合作社运动、文化运动以及修道路和堤坝作为农民运动的大事件，强调“合作社，特别是消费、贩卖、信用三种合作社，确实农民所需要的”，“假如有适当的指导，合作社运动可以随农会的发展而发展到各地”。[4]

（二）土地革命时期通过合作社等经济形式争取经济自主权的斗争

毛泽东在《矛盾论》中指出：“事物发展的根本原因，不是在事物的外部而是在事物的内部，在于事物内部的矛盾性。任何事物内部都有这种矛盾性，因而引起了事物的运动和发展。”[5]从中可以看出，党取得经济自主权的关键不在外部而在内部。毛泽东的这一论述在“工农武装割据”思想中也得到了充分地彰显。“工农武装割据”是指在党的领导下，以武装斗争为主要形式，以土地革命为中心内容，以农村革命根据地为战略阵地的三者密切结合，这是关于中国革命新道路理论的一个科学概念。其中，土地革命是中国民主革命的中心内容。1929 年 4 月，根据中共六大精神，毛泽东主持制定了《兴国土地法》，并将《井冈山土地法》中的“没收一切土地”改为“没收一切公共土地及地主阶级的土地”。此后，1931 年 2 月，毛泽东指示苏维埃政府，农民分到土地后有对土地的所有权，可以租赁买卖，田中收获除交政府土地税之外，归农民所有，这又进一步改进了《井冈山土地法》中土地所有权在政府而不在农民的规定。[6]

[1] 毛泽东：“国民革命与农民运动”，载《农民运动》1926 年第 8 期。
[2] 《毛泽东选集》（第 1 卷），人民出版社 1991 年版，第 13~14 页。
[3] 《毛泽东选集》（第 1 卷），人民出版社 1991 年版，第 14 页。
[4] 《毛泽东选集》（第 1 卷），人民出版社 1991 年版，第 39~41 页。
[5] 《毛泽东选集》（第 1 卷），人民出版社 1991 年版，第 301 页。
[6] 李颖：《文献中的百年党史》，学林出版社 2020 年版，第 83~84 页。

在土地革命时期，毛泽东对椰木乡合作社进行了深入的调查。〔1〕1932年9月，椰木乡合作社按每股五角集资了800股，仅半年的时间就赚了600多元，利润率达150%，规模不断扩大。该合作社规定入股份额的差别不能过大，如规定“改股金为一元，每人不得超过十股”，社员还享有买货优惠的权利，比市场价要优惠大致2%，并注重搭建分工明确的管理委员会，如“管理委员会十一人，审查委员会七人”。〔2〕这样的利润分配方式与管理方式就避免了新的资本大户的出现，既调动了农民的积极性，又实现了合作社经营层的扩大再生产。

随着土地革命的激烈展开，针对是否应该在革命环境中进行各种必要的和可能的经济建设，在党内也有不同的意见。有些党内同志认为，只有在和平的环境下才能进行经济建设及对外贸易。而毛泽东则认为：“你们看，敌人在进行经济封锁，奸商和反动派在破坏我们的金融和商业，我们红色区域的对外贸易，受到极大的妨碍。我们如果不把这些困难克服，革命战争不是要受到很大的影响吗?”〔3〕毛泽东在这里所指的影响主要是，如不开展自力更生的合作社等经济建设，就没有办法为革命战争提供物质条件、物质基础以及更好地使革命群众投身于革命工作。他主张，在红色区域内有计划地自主开展合作社运动、兴建谷仓，并且要抵制商人的剥削、打击商人的投机倒把等行为，在此基础上才把钨砂、木头、樟脑、纸张、烟叶等特产大批输出到白区。

此时，经济建设的中心任务就是围绕四项事业即农业、工业、对外贸易和合作社来展开。其中，毛泽东指明：“我们有计划地组织人民的对外贸易，并且由国家直接经营若干项必要的商品流通，例如食盐和布匹的输入，食粮和钨砂的输出，以及粮食在内部的调剂等，现在是异常需要的了。”〔4〕特别是从当时的三百万经济建设公债的发行与使用就可以看出，这一时期我们党在加强生产建设的同时，高度重视围绕自身的经济利益和发展特点来与白区进行对外贸易。这三百万经济建设公债中，“一百万给红军作战费，两百万借

〔1〕张杨、程恩富：“毛泽东农村调查对新时代实施乡村振兴战略的若干启示”，载《毛泽东邓小平理论研究》2018年第4期。

〔2〕《毛泽东农村调查文集》，人民出版社1982年版，第316页。

〔3〕《毛泽东选集》（第1卷），人民出版社1991年版，第120页。

〔4〕《毛泽东选集》（第1卷），人民出版社1991年版，第133页。

给合作社、粮食调剂局、对外贸易局做本钱”，其中后者的两百万“又以小部分用去发展生产，大部分用去发展出入口贸易”。[1]这就保证了在发展合作生产和小农生产的基础上使出口的生产品不仅可以盈利，而且又能低价从白区购得盐、布等生活资料，并分配给人民群众。在发展国民经济的过程中，毛泽东还很重视在革命斗争和土地斗争中培养经济干部，并且积极从组织上动员群众，用文化教育工作来提高群众的政治和文化水平。由此，毛泽东指明："在现在的阶段上，经济建设必须是环绕着革命战争这个中心任务的。革命战争是当前的中心任务，经济建设事业是为着它的，是环绕着它的，是服从于它的。"[2]上述毛泽东对于马克思主义的创新，表现为他在理论和实践层面成功地实现了马克思主义中国化。这在很大程度上是因为他很好地处理了传统文化与马克思主义的关系，处理了中国革命实际与马克思主义辩证法之间较大的关联性问题。[3]

（三）全民族抗战时期通过合作社实现战时产品自给自足的主张

在抗日战争时期，中国共产党一直坚持贯彻最彻底的“三民主义”，即坚持反对帝国主义、实行工农民主专政、进行土地革命。而为了动员一切力量来争取抗日战争的胜利，中国共产党又发表了《抗日救国十大纲领》来建立抗日救国的民族统一战线。在十大救国纲领中，不仅含有全国人民军事总动员，而且还含有在政治、经济、外交、教育等方面的政策方针。其中，战时的经济政策指出，就是要“整顿和扩大国防生产，发展农村经济，保证战时生产品的自给。提倡国货，改良土产。禁绝日货，取缔奸商，反对投机操纵”[4]。战时的财政经济政策就是要通过反投机、反奸商、反日货等手段来牢牢掌握经济的自主权，进而为全民族的抗日战争奠定经济基础。当然，在抗日根据地，真正保障经济政策的自主与自力是极其困难的，但是党依然坚持按照合理负担即“有钱者出钱”和保护商业的原则来制定经济政策。此外，需要指出，在这一时期经过土地革命后组织起来的合作社在抗日战争中对于确立经济的自主权起到了至关重要的作用。1943 年 11 月，毛泽东明确指出：“目前

---

[1]《毛泽东选集》（第 1 卷），人民出版社 1991 年版，第 133 页。

[2]《毛泽东选集》（第 1 卷），人民出版社 1991 年版，第 123 页。

[3] 程美东：“论毛泽东创新马克思主义的中国文化基础”，载《北京大学学报（哲学社会科学版）》2013 年第 6 期。

[4]《毛泽东选集》（第 2 卷），人民出版社 1991 年版，第 356 页。

我们在经济上组织群众的最重要形式，就是合作社。”〔1〕这一时期，农村经济工作成为党在边区和解放区经济工作的中心任务。而在农村经济工作中就是要做到“粮食和工业品全部或大部自种自造并有盈余”〔2〕，也只有做到这一点才能在解放后更好地做好城市乃至全国的经济工作。

（四）两条路线斗争时期的对比及“节制资本”和“统制贸易”政策的形成

毛泽东在党的七大上明确指出，摆在中国人民面前的两条道路即光明的路和黑暗的路，光明的路线就是觉醒的中国人民在共产党的领导下进行人民战争的路线，而黑暗的路线是国民党压迫人民实行消极抗战的路线。当然，因为黑暗的路线是一条依附西方资本主义经济的路线，所以会加深抗战的挫折、国土的沦陷、经济的危机、人民的痛苦，并阻碍中国人民自主意识的觉醒。通过两种路线的比较，可以更明显地展现出，处在环境恶劣和毫无援助境遇下的解放区可以依靠合作社等组织起来的人民力量来实现工农业的发展、满足生产资料的供给，但是国民党统治区却因依附发展、组织涣散与背离人民，导致了“经济危机极端严重，工业大部分破产了，连布匹这样的日用品也要从美国运来”〔3〕。

这一时期需要强调的是，为了摆脱外国帝国主义和本国封建主义的压迫，在一定的条件和程度下，党提倡发展民族资本主义。党的第一代中央领导集体认识到，“充分利用资本主义有利于国计民生的一面发展社会生产力，以比较稳妥的方式经过一个较长时期的建设和发展过渡到社会主义”〔4〕。在新民主主义国家经济成分中，除含有国营经济、合作社经济、劳动人民的个体经济等成分以外，对于私人资本主义经济并不一概排斥，为了向社会主义制度的过渡反而允许其进一步发展，并以公私合营的形式来逐步增加国家资本主义在经济成分中的比重。由此，这五种经济成分成为建立中华人民共和国的主要经济形态。

上述经济形态就是要实现对内的“节制资本”和对外的“统制贸易”，

〔1〕《毛泽东选集》（第3卷），人民出版社1991年版，第931页。
〔2〕《毛泽东选集》（第3卷），人民出版社1991年版，第1020页。
〔3〕《毛泽东选集》（第3卷），人民出版社1991年版，第1048页。
〔4〕梅定国：《新民主主义社会理论再研究》，人民出版社2019年版，第35页。

这也是党的七届二中全会上所提出的国家在经济斗争中的两个基本政策。其中，“节制资本”是指没收官僚资本，而对于民族资本主义和私人资本主义要使其在不操纵国民生计、有益于社会发展的方向发展；“统制贸易”是指在发展民族工业和国民经济的基础上，对外突破帝国主义的贸易封锁、对抗国际垄断资本主义主导的国际贸易体系，并建立新民主主义国家主导的贸易体系。这两个基本政策的提出是基于当时中国所存在的两种基本矛盾，即对内的工人阶级和资产阶级的矛盾，对外的中国和帝国主义国家的矛盾。两个基本矛盾之间必然也有轻重缓急之分，刘少奇在1949年7月的一份报告中认为，无产阶级与资产阶级的矛盾并不是新民主主义社会的主要矛盾，“因为一个政权如果以主要的火力去反对资产阶级，……这将把目前尚能与我们合作的民族资产阶级赶到帝国主义那一边去”〔1〕。当然，“节制资本”和“统制贸易”的政策主张也体现出毛泽东在《新民主主义论》中关于新民主主义经济向社会主义经济过渡的两个阶段的思想。1948年9月，毛泽东就此明确指出：“我国在经济上完成民族独立，还要一二十年时间。我们努力发展经济，由发展新民主主义经济过渡到社会主义。”〔2〕

二、工业化与集体化相结合的积累方式与争取经济自主权的探索

“1949年中华人民共和国的成立，标志着中国民主主义革命已经基本结束，社会主义革命已经开始。”〔3〕这里所指的社会主义革命仍含有两种矛盾，即落后的农业国与建设先进的工业国之间的矛盾、阶级和阶级之间的矛盾。可以说，旧有生产关系要变革，旧有生产方式也要变革。前者为经济上的民族独立提供了坚实的经济基础，后者为经济上的民族独立提供了物质保障。

（一）国家经济发展自主权与社会主义改造的完成及主要矛盾的转化

新中国成立后，党的政策是依靠工人、农民、小手工业者的拥护，团结小资产阶级、民族资产阶级的绝大多数，以此来孤立和打击地主阶级、反革命势力、帝国主义。毛泽东所强调的“不要四面出击”的战略思想涵盖了这

---

〔1〕《建国以来刘少奇文稿》（第1册），中央文献出版社2005年版，第7页。

〔2〕《毛泽东文集》（第5卷），人民出版社1996年版，第146页。

〔3〕国家统计局：《伟大的十年——中华人民共和国经济和文化建设成就的统计》，人民出版社1959年版，第23页。

一时期国家争取经济自主权的策略。[1]其中，“五反运动”只是对盗窃经济情报、盗骗国家财产、偷税漏税等有碍国家经济自主权的违法行为进行斗争。1949 年 12 月，毛泽东在中央政治局会议上指明：“在公私关系中，应当公营经济是中心，因为公营经济虽然在某些地方数量较小，却是集中的和处于领导地位的。”[2] 这一领导地位的确立也结束了自 1840 年以来中国经济主权逐步被国际垄断资产阶级和买办资产阶级所控制的局面。

按照我国宪法所规定的过渡时期总路线，国家还要通过“一化三改”来实现对社会主义的彻底改造。可以说，随着“一五计划”的展开以及社会主义经济成分在国民经济中占比的快速增长，为国家经济自主权的掌握提供了更为坚实的保障。“一五计划”中就指明：“工人阶级领导下的人民政权和工农联盟将因社会主义经济力量的增长而更加巩固起来。”[3] 从新中国成立后到党的八大前，通过推翻旧有的生产关系来建立和巩固上层建筑的任务已经基本完成。这种生产关系的变革为经济上完成民族独立奠定了基础，也为独立自主构建工业体系和国民经济体系提供了保障。胡乔木认为，“从‘三反’、‘五反’大的阶级冲突以后，资产阶级与无产阶级关系的对抗性质已经逐渐地在消灭了。因为无产阶级不仅在政治上而且在经济上的统治地位，已越来越巩固、强化”。[4]党的八大上所提出的大约用三个五年计划的时间“建成一个完整的工业体系”和“使我国能够由落后的农业国变为先进的社会主义工业国”即工业化和集体化的总体目标，[5]也可以说明我国的主要矛盾由阶级对抗向经济建设的转化。这一主要矛盾的转移，必然要处理好毛泽东所提出的“十大关系”。进一步而言，经济上的民族独立不仅是经济自主权本身的问题，而是要处理好党内党外、国内国外、中央和地方等一系列矛盾关系的问题。在《论十大关系》中“中国和外国”的关系中，毛泽东指明：“对外国的科学、技术和文化，不加分析地一概排斥，和前面所说的对外国东西不加分析

[1] 《毛泽东文集》（第 6 卷），人民出版社 1999 年版，第 73 页。

[2] 《毛泽东文集》（第 6 卷），人民出版社 1999 年版，第 25 页。

[3] 《中华人民共和国发展国民经济的第一个五年计划》（1953—1957），人民出版社 1955 年版，第 21 页。

[4] 《胡乔木传》编写组：《胡乔木谈中共党史》（修订本），人民出版社 2015 年版，第 4 页。

[5] 《中国共产党第八次全国代表大会关于发展国民经济的第二个五年计划（一九五八到一九六二）的建议——关于发展国民经济的第二个五年计划的建议的报告》，人民出版社 1956 年版，第 6 页。

地一概照搬，都不是马克思主义的态度，都对我们的事业不利。”〔1〕他认为，因为中国过去的半殖民地半封建的社会性质以及革命的后进性，“有些人做奴隶做久了，感觉事事不如人，在外国人面前伸不直腰”。〔2〕在他看来，持有这种观点的人肯定会不敢坚持或者或迟或早地放弃经济自主权，由此，“在这方面要鼓点儿劲儿，要把民族自信心提高起来，把抗美援朝中提倡的‘藐视帝国主义’的精神发展起来”。〔3〕

（二）国家经济发展自主权与工业化和集体化体系的构建

始终坚持独立自主的中国式现代化道路为既希望加快发展又希望保持自身独立性的国家和民族提供了全新的可能。而“谁想使自己国家在今天世界上能独立地生存，生存得好，生存得幸福，能得到经济文化社会各方面的进步，就不能离开工业化”。〔4〕可见，工业化的实现与国家独立自主发展互为先决条件。新中国成立后，对于实现工业化有内部和外部两个因素，其中内因起着决定性作用。

一方面，内部因素决定了我国可以通过自力更生来实现工业化和集体化。在社会主义经济建设中，党从不指望与依赖西方经济或技术的援助，而是要通过自力更生来获得实现工业化的自主权。毛泽东强调，我们这样的大国，在汽车领域“最少应该有三四个像长春汽车厂那样的制造厂”。〔5〕这体现了新中国独立自主、自力更生地发展民族工业的总基调。由此，长春汽车厂成为新中国汽车工业的摇篮，铸就了“红旗”“解放”等知名的、具有自主知识产权的品牌。比如，我国的“二五计划”就高度重视自力更生地发展科学技术、构建工业，以及国民经济体系。1964年12月，周恩来在第三届全国人民代表大会第一次会议的《政府工作报告》中也指出：“中国人民不是懒汉懦夫，过去没有、今后也决不会依赖别人过活。我们完全能够依靠自己的力量，建立一个独立自主的、完整的、现代化的国民经济体系。”〔6〕他指明，这一

〔1〕《毛泽东文集》（第7卷），人民出版社1999年版，第43页。

〔2〕《毛泽东文集》（第7卷），人民出版社1999年版，第43页。

〔3〕《毛泽东文集》（第7卷），人民出版社1999年版，第43页。

〔4〕《胡乔木传》编写组：《胡乔木谈中共党史》（修订本），人民出版社2015年版，第5页。

〔5〕《毛泽东读社会主义政治经济学批注和谈话》（上），《国史研究学习资料·清样本》1998年版，第205页。

〔6〕《周恩来选集》（下），人民出版社1984年版，第440页。

时期我国发展国民经济的主要任务，就是从第三个五年计划开始实行的“二步走”战略。具体来说，“第一步，建立一个独立的比较完整的工业体系和国民经济体系；第二步，全面实现农业、工业、国防和科学技术的现代化，使我国经济走在世界的前列”。[1]可见，这一时期国家经济发展的当务之急就是构建工业体系，而这一体系的建立需要以掌握经济自主权作为经济发展的前提条件。

这一时期，合作社经济也在很大程度上促进了国民经济体系的完善。20世纪以来，在世界范围内所成立的民主主义国家因为内部资本主义发展的薄弱、外部帝国主义的封锁，需要以优先发展重工业来确保人民民主政权的巩固以及国民生活的长久安定。而在优先发展重工业的原始积累中，合作社经济就起到了非常重要的促进作用。从1951年起，全国合作总社对资本家的方针就确立为，“团结工业资本家，和商业资本家竞争，就可使商业资本向工业方面转移”。[2]可见，合作社经济可以充分发挥把农民组织起来的优势，通过改进经营技术以及与工业资本家的合作，来实现对其原料的供给和商品的推销，并以此达到发展国家工业的目的。此外，还可以通过与商业资本家的竞争来配合国营贸易的发展并进一步掌握商业部门，同时实现合作社经济从小到大、从弱到强的大发展。刘少奇也十分重视合作社有组织、有计划的力量，并认为，其“有利于国家制定全盘的经济计划，使国家经济逐步走上计划经济”。[3]值得注意的是，集体化理论在实践中也为公有土地的开拓、水库水利设施的建设等提供了土地集体所有制的经济制度基础，进而为新中国创造了经济社会发展的第一个奇迹。如，我国的耕地面积从新中国成立初期的16.2亿亩增加到1980年的20.1亿亩—21.0亿亩，净增长3.9亿亩—4.8亿亩，增长24%—31%。[4]其中，实际上净增加的3.9亿亩—4.8亿亩耕地不仅为我国实现比较高的粮食总量奠定了基础，也为我国改革开放后大规模建设用地等一切经济发展提供了基本的空间资源。[5]又如，这一期间所兴建的各类水库共计8.6

---

〔1〕《周恩来选集》（下），人民出版社1984年版，第439页。

〔2〕《建国以来刘少奇文稿》（第3册），中央文献出版社2005年版，第295页。

〔3〕《建国以来刘少奇文稿》（第3册），中央文献出版社2005年版，第294~295页。

〔4〕《国民经济主要指标1949—1978》，中国统计出版社1979年版。

〔5〕于鸿君：“两种体制、两个奇迹与‘两个时期互不否定’”，载《北京大学学报（哲学社会科学版）》2021年第1期。

万座，这不仅基本根治了水患，保障了水利灌溉，而且几十年来一直满足着中国90%城市人口的饮用水需求。[1]

另一方面，外部因素为我国独立发展工业化、实现集体化提供了一定的建设基础及历史背景。面对帝国主义对新中国实行的经济封锁和外交孤立，这一阶段我国实行了“一边倒”的外交方针。比如，我国社会主义工业化的初步基础之一就是“以苏联帮助我国设计的一五六个建设单位为中心的、由限额以上的六九四个建设单位组成的工业建设”。[2]需要指出的是，这一时期我国也希望同一些发达资本主义国家进行经贸往来与技术交流，但是外部环境的封锁成为制约这一经济技术交流的重要历史背景。毛泽东、周恩来等第一代中央领导集体多次强调对外不能搞关门主义，但是在客观历史条件下，我国必然选择以自力更生为主的发展战略。

三、社会主义积累方式与经济自主权的启示

综上所述，国家经济发展自主权的传承史是马克思主义中国化的重要理论和实践成果，也是社会主义生产方式和积累方式不断改革的过程史。在传统的社会主义国家发展模式中，基本经济建设是根据国民经济发展的需要与可能，有计划地进行扩大再生产，而属于扩大再生产的基本建设的资金主要来自社会主义内部积累。[3]中国改革开放以后，特别是社会主义市场经济实行以来，社会主义积累方式不仅主要来自内部积累，还需要不断地扩大对外开放、扩大对外贸易、扩大国际技术交流等。而从总体上来说，中国还是在坚持独立自主、自力更生方针的指导下实现了第一个百年奋斗目标——全面建成小康社会，也必将因继续坚持独立自主、自力更生的方针实现第二个百年奋斗目标——建成富强、民主、文明、和谐、美丽的社会主义现代化强国。在建党百年之际，这一传承研究有助于理解百年来党在工业化和集体化中所走过的自力更生的道路，而且对于在新发展阶段坚持新的发展格局也具有重要的启发。综上所述，新时代如何进一步牢牢掌握国家经济发展的自主权，发展社会主义积累方式，有以下四点值得进一步思考。

---

〔1〕《中国水利年鉴（1990）》，水利电力出版社1991年版。

〔2〕《中华人民共和国发展国民经济的第一个五年计划》(1953—1957)，人民出版社1955年版，第18页。

〔3〕许涤新：《简明政治经济学辞典》，人民出版社1983年版，第470页。

（一）处理好对内和对外的辩证统一关系

自改革开放以来，我国所实行的对外开放的经济政策也绝不是无条件的、无底线的任意开放，而是始终以独立自主与自力更生作为基本方针和前置条件。可以说，扩大对外开放的前置条件与实现现代化的前置条件是完全一致的，都是以掌握国家经济自主权作为基本原则。1983 年 10 月，邓小平在党的十二届二中全会上就指明："经济方面我们采取两手政策，既要开放，又不能盲目地无计划无选择地引进，更不能不对资本主义的腐蚀性影响进行坚决的抵制和斗争。"〔1〕在新时代国内国际双循环的新发展格局中，应更加注重对外开放的综合效益，"那种为不计成本和长远效益的开放、随意让外资控股的合资开放、违反《外资法》的非对等开放等现象"要及时纠正。〔2〕特别是，在战略产业、贸易、金融等关系国家核心利益的领域的对外开放中，对等开放原则就显得更为重要，其与对外开放中经济安全的底线原则、国民福利的高线原则直接相关。

由此，经济发展自主权的牢牢掌握需要把"五位一体"的发展作为核心任务，也只有在对内和对外的发展中才能更好地实现自力更生，并以此来完善社会主义积累方式。那种闭关自守、故步自封的所谓自主权是非常狭隘的，最终也不利于发展生产力和改善民生福祉。在社会主义初级阶段，要想按经济规律办事就不能超越发展阶段。要达成这一核心任务，不仅需要实行对外开放的政策，也需要对内贯通经济循环，两者要结合，不能偏废其一。也可以说，只有实现以经济内循环为主的双循环高质量发展，才能更好地掌握国家经济发展的自主权，并且更好地实现对等开放。党的十九届五中全会上所确立的国内国际双循环的新发展格局，就是要处理好以国内大循环为主体、国内国际双循环相互促进的关系，处理好以国内大循环为主体与全面开放之间的关系。

（二）依靠国有经济和集体经济的做强做优做大来统筹国家安全与经济发展

纵观社会主义建设的实际经验，坚持掌握国家经济发展自主权需要以社

〔1〕《邓小平文选》（第 3 卷），人民出版社 1993 年版，第 43~44 页。

〔2〕程恩富："全面开启建设社会主义现代化国家的若干重点解析"，载《当代经济研究》2021 年第 1 期。

会主义生产关系的公有制和按劳分配原则作为坚实的经济基础，并以与此相适应的上层建筑作为坚实的政治保障。邓小平曾明确强调，“不管怎样开放，不管外资进来多少，它占的份额还是很小的，影响不了我们社会主义的公有制”，[1] 也就是说，改革开放要“坚持公有制为主体，又注意不导致两极分化”。[2] 自新时代以来，习近平总书记更是多次强调要做强做大做优国有企业和国有资本，加快国有企业战略布局，有效防止国有企业的流失。这样才能够在新发展格局中发挥国有企业压舱石和顶梁柱的作用。习近平总书记的一系列重要论述表明，公有制经济的做强做优做大不仅是一个纯粹的经济问题，更是一个关乎国家发展自主权和整体安全的政治问题。由此，必须把国家的经济主权和安全放在国家赖以生存发展的前提和保障的高度。党的十九大报告就明确提出，要坚持总体国家安全观，就是要进一步统筹外部安全和内部安全，以此来更好地维护国家和人民的总体发展利益。

马克思在《德意志意识形态》中说：“只有在共同体中，个人才能获得全面发展其才能的手段，也就是说，只有在共同体中才可能有个人自由。”[3] 这也启发我们，“三农”主体性地位的确立需要农村合作经济组织的不断壮大。习近平总书记在 2013 年 3 月的全国人大会议上明确指出：“农村合作社就是新时期推动现代农业发展、适应市场经济和规模经济的一种组织形式。今后要着力解决农业比较效益低的问题，真正使务农不完全依靠国家补贴也能致富。”这实际上是把大力发展合作经济作为新时代解决统分结合问题的先声，因为建立在农民自愿互利基础上的合作经济具有独立经营、自负盈亏的优势，也承担着独立自主地发展生产、吸收就业、衔接市场、提高收入水平、实现共同富裕等多重任务，牢牢把住粮食安全主动权。2022 年 4 月 10 日，习近平总书记在海南省三亚市崖州湾种子实验室考察调研时强调，中国人的饭碗要牢牢端在自己手中，就必须把种子牢牢攥在自己手里，要围绕保障粮食安全和重要农产品供给集中攻关，实现种业科技自立自强、种源自主可控，用中国种子保障中国粮食安全。[4]

---

[1] 《邓小平文选》（第 2 卷），人民出版社 1983 年版，第 351 页。

[2] 《邓小平文选》（第 3 卷），人民出版社 1993 年版，第 139 页。

[3] 《马克思恩格斯文集》（第 1 卷），人民出版社 2009 年版，第 571 页。

[4] 参见“解放思想开拓创新团结奋斗攻坚克难 加快建设具有世界影响力的中国特色自由贸易港”，载《人民日报》，2022 年 4 月 14 日。

（三）坚持科技自主创新和自主知识产权

毛泽东在修改第三届一次会议的《政府工作报告》时，写道："我们不能走世界各国技术发展的老路，跟在别人后面一步一步地爬行。我们必须打破常规，尽量采用先进技术，在一个不太长的历史时期内，把我国建设成为一个社会主义的现代化的强国。"〔1〕周恩来也指明："要采用先进技术，必须发挥我国人民的聪明才智，大搞科学试验。"〔2〕当然，这并不是说不能借鉴西方的先进技术，而是"外国一切好的经验、好的技术，都要吸收过来，为我所用"，但是要坚持"学习外国必须同独创精神相结合"。〔3〕特别是在开启全面建设社会主义现代化国家的新征程中，主要依赖于引进外国科技的比较优势理论已经不再适合新格局的发展需要，而是要通过自主知识产权优势理论的确立来积极地构建关键核心技术的新型举国体制和发展战略，以此来攻克各领域被西方"卡脖子"的核心技术和技术标准的难关。在攻破粮食领域"卡脖子"技术的问题上，习近平总书记强调："以生物技术和信息技术为特征的新一轮农业科技革命正在孕育大的突破，各国都在抢占制高点。作为一个农业大国，我们绝不能落后。要坚持农业科技自立自强，加快推进农业关键核心技术攻关。"〔4〕

（四）打破西方依附性的世界体系理论

20 世纪 40 年代末，普雷维什提出了由于外围国家仅依靠出口初级产品和自然资源处处受到中心国家的剥削和占有的"中心—外围"理论。〔5〕二十世纪六七十年代，弗兰克、阿明和桑托斯等拉美学者根据"中心—外围"理论批判了在资本原始积累过程中资本的全球扩张以及所导致的现存国际经济秩序的不平衡性。二十世纪七八十年代，沃勒斯坦又根据世界体系理论提出"中心—半边缘—边缘"的发展格局即边缘国家利用资本转移在原有体系内谋

〔1〕《毛泽东思想年编（1921—1975）》，中央文献出版社 2011 年版，第 934 页。

〔2〕《周恩来选集》（下），人民出版社 1984 年版，第 441 页。

〔3〕《周恩来选集》（下），人民出版社 1984 年版，第 441 页。

〔4〕习近平："坚持把解决好'三农'问题作为全党工作重中之重 举全党全社会之力推动乡村振兴"，载《求是》2022 年第 7 期。

〔5〕［阿根廷］劳尔·普雷维什：《外围资本主义——危机与改造》，苏振兴、袁兴昌译，商务印书馆 1990 年版，第 203 页。

求上升为半边缘的地位。[1]但是，这些西方关于世界体系的理论既没有真正摆脱资本主义体系的束缚，也没有真实地反映出中国在世界经济体系中已经日益走近世界舞台中央的“准中心”的地位。[2]中国要想打破西方发展理论中的依附性世界体系论，不能仅以经济建设作为唯一尺度，还应坚持四项基本原则和社会主义国家的核心利益，“因为如果我们不坚持社会主义，最终发展起来也不过成为一个附庸国，而且就连想要发展起来也不容易”。[3]打破西方发展理论中的依附性世界体系论同样适用于“三农”领域。在新发展阶段上解决好“三农”问题是全党工作的重中之重，需要举全党、全社会之力推动乡村振兴，发展壮大新型农村集体经济，促进供销合作社改革发展，促进农业高质高效、乡村宜居宜业、农民富裕富足。国有经济和新型集体经济的多种公有所有制形式内部的生产、分配、交换和消费等生产环节的顺畅循环依然对于国民经济的自主发展至关重要。习近平总书记强调：“构建新发展格局是我们应对世界大变局的战略举措，也是我们顺应国内发展阶段变化、把握发展主动权的先手棋。把战略基点放在扩大内需上，农村有巨大空间，可以大有作为。几亿农民同步迈向全面现代化，能够释放出巨量的消费和投资需求。城乡经济循环是国内大循环的题中应有之义，也是确保国内国际双循环比例关系健康的关键因素。”[4]

---

〔1〕 I. Wallerstein, *The Inter-state Structure of the Modern World System*. Cambridge, Cambridge University Press, 1996, pp. 102~103.

〔2〕 翟婵、程恩富：“中国正处于世界经济体系的‘准中心’地位——确立‘中心—准中心—半外围—外围’新理论”，载《上海经济研究》2019年第10期。

〔3〕《邓小平文选》（第2卷），人民出版社1983年版，第311页。

〔4〕 习近平：“坚持把解决好‘三农’问题作为全党工作重中之重 举全党全社会之力推动乡村振兴”，载《求是》2022年第7期。

第五章
“第二次飞跃”论与新时代壮大新型集体经济的理论建构

第一节　从“第二次飞跃”论到新时代壮大集体经济的内在逻辑研究

邓小平同志的“第二次飞跃”论与习近平总书记关于壮大集体经济的重要论述具有密切的关联，对新时代集体经济的壮大和发展起着至关重要的作用，但理论界对两者之间关系的研究显然远远不够。一方面，“第二次飞跃”论的新时代意义需要被重视。邓小平给党和国家留下了重要的思想与政治遗产——邓小平理论。但邓小平同志关于中国特色社会主义农业改革与发展的重要理论——“第二次飞跃”论，即从长远的观点来看在实现家庭联产承包责任制的第一次飞跃之后还要实现发展集体经济、集约经济的第二次飞跃，至今仍没有受到应有的重视。而习近平总书记明确指出：“我们纪念邓小平，就要学习他高瞻远瞩的战略思维。”〔1〕

另一方面，习近平总书记关于壮大集体经济的重要论述也需要进一步总结与研究。早在1990年，习近平总书记就在《扶贫要注意增强乡村两级集体经济实力》一文中谈到，对农村的深入调查有喜有忧，“喜的是广大农民开始脱贫致富了，忧的是乡村两级集体经济实力出现了弱化的现象”〔2〕。进而，他指出集体经济弱化的原因，就是一些农村没有把壮大集体经济放在应有的

〔1〕《习近平谈治国理政》（第2卷），外文出版社2017年版，第9页。

〔2〕习近平：《摆脱贫困》，福建人民出版社1992年版，第191页。

位置上，摒弃了“统”的思想，造成从“原有的‘大一统’变成了‘分光吃光’，从一个极端走向另一个极端”[1]。习近平总书记指出我国“统分结合，双层经营”的实践结果是“‘分’的积极性充分体现了，但‘统’怎么适应市场经济、规模经济，始终没有得到很好的解决”[2]。2017年年底，中央农村工作会议强调：“走中国特色社会主义乡村振兴道路必须巩固和完善农村基本经营制度，走共同富裕之路。要坚持农村土地集体所有，坚持家庭经营基础性地位，坚持稳定土地承包关系，壮大集体经济，建立符合市场经济要求的集体经济运行机制，确保集体资产保值增值，确保农民受益。”[3]可见，关于壮大集体经济的重要论述绝不是走指令性集体经济道路，而是以共同富裕为目标，走更高质量、更有效益、更加公平、更可持续且符合市场经济要求的农村新型集体化、集约化发展道路。

一、邓小平同志“第二次飞跃”论在新时代的意义

邓小平同志所实施的农村改革是从突破“一大二公”模式转到实行包产到户开始的。包产到户是家庭联产承包责任制的最初叫法，具有责任明确、利益直接、方便简便的特点，与实行工分分配制的集体劳动相对立。此次改革的主要目的是把家庭经营引入集体经济，解决集体劳动中可能出工不出力的问题。不过，对邓小平同志关于农村改革的理论研究不能仅仅停留在从“统”到“分”的层面。一些论著夸大了家庭经营模式的历史作用。如“当代世界上真正实现农业现代化的国家，农业生产无不采用家庭经营这一组织形式。迄今为止的农业史证明，无论是集体农庄、企业式农场，还是人民公社，这一类‘工厂式’农业经营组织没有一种能真正解决好农业问题的……可以相信中国会以联产承包的家庭经营为基础而走向现代化。”[4]类似观点在学界很盛行，只看从“统”到“分”、而忽略从“分”到“统”的时代意义，带有孤立、静止、片面的形而上学性质，具有明显的历史局限性。1958年开始在全国推广的人民公社，从经济水平低下、百废待兴的实际国情出发，通

[1] 习近平：《摆脱贫困》，福建人民出版社1992年版，第193页。

[2] “习近平总书记参加江苏代表团审议侧记”，载中国江苏网，http://jsnews2.jschina.com.cn/system/2013/03/09/016496394_01.shtml，最后访问时间：2013年3月9日。

[3] “中央农村工作会议在北京举行”，载《人民日报》2017年12月30日。

[4] 赵一明：《邓小平现代化建设思想研究》，国防大学出版社1991年版，第95~96页。

过走组织化的合作道路最大程度地解决温饱问题，防止贫富两极分化的产生，使农民享受到基础性教育和医疗服务等社会福利，蕴含着“毛泽东关于农民合作的丰富思想是基于对中国农村实际情况的理解和对于中国农民所创造的经验的一种概括和提升”〔1〕，不能全盘否定。实际上，邓小平同志高度重视集体经济的作用，把集体经济看作实现农业现代化的根本保障，反复强调：“如果老是仅仅靠双手劳动，仅仅是一家一户地耕作，将来也不向集体化发展，农业现代化就不可能实现。”〔2〕

在20世纪80年代到90年代初，邓小平同志针对中国农村的改革与发展有着高瞻远瞩的规划。他把马克思主义与中国实际相结合，划时代地上升到“第二次飞跃”论的高度，继承和丰富了马克思、列宁与毛泽东关于农业合作化的思想。1980年5月31日，邓小平同志在与中央负责同志谈话时就指出，“只要生产发展了，农村的社会分工和商品经济发展了，低水平的集体化就会发展到高水平的集体化，集体经济不巩固的也会巩固起来。关键是发展生产力，要在这方面为集体化的进一步发展创造条件。具体说来，要实现以下四个条件：第一，机械化水平提高了（这是说广义的机械化，不限于耕种、收割的机械化），在一定程度上实现了适合当地自然条件和经济情况的、受到人们欢迎的机械化。第二，管理水平提高了，积累了经验，有了一批具备相当管理能力的干部。第三，多种经营发展了，并随之而来成立了各种专业组或专业队，从而使农村的商品经济大大发展起来。第四，集体收入增加而且在整个收入中的比重提高了。具备了这四个条件，目前搞包产到户的地方，形式就会有发展变化”。〔3〕概括起来就是低水平的集体化可以发展到高水平的集体化，但有四个条件，即生产力水平、管理水平、多元化经营水平、集体经济水平的提高。1990年3月3日，邓小平同志在与江泽民同志等领导人谈话时指出，“中国社会主义农业的改革和发展，从长远的观点来看，要有两个飞跃。第一个飞跃，是废除人民公社，实行家庭联产承包为主的责任制。这是一个很大的前进，要长期坚持不变。第二个飞跃，是适应科学种田和生产社会化的需要，发展适度规模经营，发展集体经济。这是又一个很大的前进，

---

〔1〕 徐俊忠：“农民合作思想与实践：毛泽东时期的一份重要遗产”，载《马克思主义与现实》2013年第2期。

〔2〕《邓小平年谱1975—1997（下）》，中央文献出版社2004年版，第1350页。

〔3〕《邓小平文选》（第2卷），人民出版社1983年版，第315~316页。

当然这是很长的过程”。[1]概括起来就是，在坚持家庭联产承包责任制长期不变的基础上，为适应社会化生产需要，要逐步发展统一经营的集体所有制经济。1992 年 7 月，邓小平同志在审阅中共十四大报告稿时，再次指出：“我讲过，农业的改革和发展会有两个飞跃，第一个飞跃是废除人民公社，实行家庭联产承包为主的责任制，第二个飞跃就是发展集体经济。社会主义经济以公有制为主体，农业也一样，最终要以公有制为主体。”[2]

新时代“第二次飞跃”的四个条件逐渐成熟，必须要探索再次壮大集体经济的新路子。正如江泽民同志 1998 年 9 月 25 日在农村改革二十周年在安徽省考察工作时的讲话：“壮大集体经济实力，要探索新的形式和路子，……少数确实具备条件的地方，可以在提高农业集约化程度的基础上，发展多种形式的土地适度规模经营。”[3]

二、习近平总书记关于壮大集体经济的重要论述发展三阶段和五大内涵

（一）习近平总书记关于壮大集体经济的重要论述的产生标志——《摆脱贫困》

《摆脱贫困》一书收录了习近平同志担任宁德地委书记期间（1988 年 9 月至 1990 年 5 月）的重要讲话、文章，标志着习近平同志关于壮大集体经济的重要论述的产生。从《摆脱贫困》中可以分为“经济大合唱”“大农业”、“统”与“分”辩证关系三个有机组成部分：“经济大合唱”是统领，“我们应提倡‘经济大合唱’。‘经济大合唱’得有总指挥，要讲协调、讲配合”。[4]“大农业”是主线，“小农经济是富不起来的，小农业也是没有多大前途的。我们要的是抓大农业”。[5]“统”与“分”的辩证法是思想精华，“‘统’与‘分’是相互关系的，不是相互排斥的。不能一说‘分’，就排斥任何形式的

[1] 《邓小平年谱 1975—1997（下）》，中央文献出版社 2004 年版，第 1310~1311 页。
[2] 《邓小平年谱 1975—1997（下）》，中央文献出版社 2004 年版，第 1349~1350 页。
[3] 《江泽民文选》（第 2 卷），人民出版社 2006 年版，第 213 页。
[4] 习近平：《摆脱贫困》，福建人民出版社 1992 年版，第 11 页。
[5] 习近平：《摆脱贫困》，福建人民出版社 1992 年版，第 6 页。

'统'；一说'统'，又不分青红皂白地否定'分'。"[1]

（二）习近平总书记关于壮大集体经济的重要论述的发展

习近平总书记关于壮大集体经济的重要论述，在时代发展与理政实践中分别得到了不断丰富和发展。在该思想发展阶段，"经济大合唱"论述与新农村建设的科学发展观进一步相结合，"建设社会主义新农村是在农村贯彻落实科学发展观的生动实践"[2]；关于"大农业"论述与解决"三农"问题进一步相联系，提出了解决"三农"问题要"务必执政为民重'三农'、务必以人为本谋'三农'、务必统筹城乡兴'三农'、务必改革开放促'三农'、务必求真务实抓'三农'"[3]；"统"与"分"的辩证思想和农村市场经济进一步相融合，"从农村改革和发展的实践来看，农村集体经济组织仍然是农村市场经济统分结合双层经营体制中的一个重要层次，在农村经济发展、农村公益事业建设乃至农业现代化建设中发挥着重要作用"。[4]

（三）习近平总书记关于壮大集体经济的重要论述在治国理政中的运用

自党的十八大以来，以习近平同志为核心的党中央坚持和发展中国特色社会主义，统筹推进"五位一体"总体布局，协调推进"四个全面"战略布局，提出"新发展理念"，中国特色社会主义进入了新时代。党的十九大首次提出习近平新时代中国特色社会主义思想。2017 年年底，中央经济工作会议首次提出习近平新时代中国特色社会主义经济思想，而习近平总书记关于壮大集体经济的重要论述可以作为其有机组成部分，是 5 年来推动我国农业经济发展的重要思想，必须长期坚持并不断丰富与发展。

1. "经济大合唱"论述

这就是把社会主义经济建设作为改革开放后时代的主旋律。习近平总书记准确把握了时代发展潮流，认为"现代社会已经进入了大经济、大生产的时代"[5]，就要更加重视整体的经济功能效益，"一个地方的经济工作，上下左右要形成一个整体"[6]。"经济大合唱"论述绝不是指片面发展经济追

---

[1] 习近平：《摆脱贫困》，福建人民出版社 1992 年版，第 182 页。
[2] 习近平：《之江新语》，浙江人民出版社 2007 年版，第 219 页。
[3] 习近平：《之江新语》，浙江人民出版社 2007 年版，第 100~107 页。
[4] 习近平："中国农村市场化研究"，清华大学 2001 年博士学位论文。
[5] 习近平：《摆脱贫困》，福建人民出版社 1992 年版，第 11 页。
[6] 习近平：《摆脱贫困》，福建人民出版社 1992 年版，第 12 页。

求效益最大化，而是实现社会、经济、生态三者效益的协调发展。

“经济大合唱”论述高度重视经济生态化理念，进一步增强了生态文明在农村治理问题中的地位，立足于建设资源节约型、环境友好型的农村，发展循环经济，打造生态宜居乡村，“让绿水青山源源不断地带来金山银山”[1]。“经济大合唱”论述高度重视绿色工程建设，要求实行集约经营，专业协作，并明确强调发展经济不能破坏生态平衡，不能“解决一个问题，留下十个遗憾”[2]。从“经济大合唱”论述出发，壮大集体经济，就是要突显良好的精神风貌，而“集体经济实力是农村精神文明建设的坚强后盾”[3]。“扶贫先扶志”[4]是打赢脱贫攻坚战的重要一环。2017 年 12 月，习近平总书记在考察江苏马庄村时肯定了该村的精神文明建设，并进一步指出，“实施乡村振兴战略不能光看农民口袋里票子有多少，更要看农民精神风貌怎么样”。

2. “大农业”论述

“大农业”论述区别于“小农思想”，致力于发展多功能、开放式、综合性的立体农业。它是闽东坚定不移的发展方向，也是全国贫困地区农业发展的总方向，是农民脱贫致富的根本保障。其中，壮大乡村两级集体经济实力是“大农业”思想的重要举措。在“大农业”论述的形成阶段，习近平总书记强调要深入学习与贯彻壮大集体经济的“六个必须”：必须从本地区的实际情况来考虑，必须相对集中一部分扶贫资金用于乡村集体经济实体，必须“全社会齐抓共管”[5]，必须以集体办乡镇企业为主，必须“兴办经济实体”[6]，必须“以工补农、以工促农”[7]。习近平总书记指出，“乡镇企业体现的首先是社会主义的原则，它不仅基本上坚持了生产资料的公有，而且基本上实行了按劳分配原则”[8]。

中国农村壮大集体经济的条件和现状千差万别，从“大农业”出发，必须把全局工作的大背景和本地区的实际情况相联系，立足自身优势，因地制

---

〔1〕 习近平：《之江新语》，浙江人民出版社 2007 年版，第 153 页。
〔2〕 习近平：《摆脱贫困》，福建人民出版社 1992 年版，第 19 页。
〔3〕 习近平：《摆脱贫困》，福建人民出版社 1992 年版，第 194 页。
〔4〕 习近平：《摆脱贫困》，福建人民出版社 1992 年版，第 7 页。
〔5〕 习近平：《摆脱贫困》，福建人民出版社 1992 年版，第 78 页。
〔6〕 习近平：《摆脱贫困》，福建人民出版社 1992 年版，第 78 页。
〔7〕 习近平：《摆脱贫困》，福建人民出版社 1992 年版，第 72 页。
〔8〕 习近平：《摆脱贫困》，福建人民出版社 1992 年版，第 134 页。

宜，制定适合本地集体经济发展的新路子。集体经济的发展需要不断推进农业供给侧结构性改革，不断转变经济增长方式，提高生产经营水平，扩大集体层经营规模，提高经营效益。例如，黑龙江兴十四村走现代化大农业道路来壮大集体经济。兴十四村发展规模经营和设施农业，加快种植结构调整，通过大农机、大水利、大科技、大合作、大市场的发展理念把土地集中起来连片经营。发展集体经济需要有一定的产业基础是蕴含在习近平总书记关于壮大集体经济的重要论述中的重要认识，必须坚持产业兴农、产业促农的原则，才能收到良好效果。例如，兴十四村依托现代农业示范园，开展了微生态制剂生产、50万吨粮食仓储、有机大米加工等产业项目，农产品深加工产业进一步壮大，促使集体经济得到了极大发展。

3. “统”与“分”辩证关系的论述

“统”与“分”辩证关系论述的首次明确阐释，标志着习近平总书记关于壮大集体经济的重要论述的形成。早在1990年4月《走一条发展大农业的路子》一文中，习近平总书记就高瞻远瞩地从辩证唯物主义和历史唯物主义的角度出发，科学运用唯物辩证法，分析了中国特色社会主义农村基本经营体制的“统”与“分”的辩证关系。他明确指出，“分”是指“以家庭为主要的生产经营单位，充分发挥劳动者个人在农业生产中的积极性”〔1〕，“统”绝不是“归大堆”而是“以基层农村组织为依托，帮助农民解决一家一户解决不了的问题”〔2〕。习近平总书记准确把握了“统”与“分”的内在联系，着重批判了一说“分”，就分的一干二净，就排斥任何形式的“统”的误区，要求加强集体经济“统”的职能，“分则力散，专则力全”〔3〕，强调对软件环境薄弱的地区更要加强“统”的工作，充分发挥集体经营的优越性。

“统”与“分”的辩证关系赋予了集体经济更多的实现形式以及更加重要的历史责任。在充分认识“统”与“分”辩证关系的基础上，把“统”与市场化有机结合，可以通过股份合作经济组织、农民专业经济组织、乡镇企业等多种有效形式壮大农村集体经济。实践证明，造成农村集体经济实力薄弱的原因之一就是集体层收入少、渠道少，但绝不能被动地等财政、靠财政，

〔1〕 习近平：《摆脱贫困》，福建人民出版社1992年版，第182页。

〔2〕 习近平：《摆脱贫困》，福建人民出版社1992年版，第182页。

〔3〕《习近平谈治国理政》（第2卷），外文出版社2017年版，第88页。

而是通过股份合作经济的发展注入强大、稳定、可靠的收入来源。努力带领广大农民积极探索新型的农业合作化发展道路是壮大集体经济道路上的良好选择。近年来，轰动全国的贵州塘约村就是按照“村社一体、合股联营”的发展模式，走出了一条共同富裕的道路。

在治国理政期间，习近平总书记关于壮大集体经济的重要论述进一步在系列讲话以及打赢脱贫攻坚战中得以体现。2013 年 3 月，习近平总书记再次强调，统分结合的家庭联产承包责任制的实践结果是，“分”的积极性充分体现了，但“统”怎么适应市场经济、规模经济，始终没有得到很好的解决。[1]“农村合作社就是新时期推动现代农业发展、适应市场经济和规模经济的一种组织形式。今后要着力解决农业比较效益低的问题，真正使务农不完全依靠国家补贴也能致富。”[2]这充分体现了“统”与“分”的辩证关系，批评了目前农村体制中存在严重的重“分”轻“统”的问题。在加大力度推进深度贫困地区脱贫攻坚的决胜期，习近平总书记进一步强调：“充分发挥我们集中力量办大事的制度优势……培育壮大集体经济，完善基础设施，打通脱贫攻坚政策落实的‘最后一公里’。”[3]

4. “四条底线”论述

“四条底线”论述突出了土地集体所有制“魂”的作用。2016 年 4 月，习近平总书记在视察安徽小岗村时针对土地流转等土地改革问题重点强调了“四条底线”，即“不管怎么改，都不能把农村土地集体所有制改垮了，不能把耕地改少了，不能把粮食生产能力改弱了，不能把农民利益损害了”[4]。习近平总书记一直把农村土地属于农民集体所有作为农村最大的制度，明确指出“要在实践的基础上，加强农村土地集体所有的组织形式、实现方式、发展趋势等理论研究”[5]。

---

〔1〕 参见“习近平总书记参加江苏代表团审议侧记”，载中国江苏网，http://www.zgjssw.gov.cn/yaowen/201303/t20130309_1161770.shtml，最后访问时间：2013 年 3 月 9 日。

〔2〕 “习近平总书记参加江苏代表团审议侧记”，载中国江苏网，http://www.zgjssw.gov.cn/yaowen/201303/t20130309_1161770.shtml，最后访问时间：2013 年 3 月 9 日。

〔3〕《习近平谈治国理政》（第 2 卷），外文出版社 2017 年版，第 88~89 页。

〔4〕 “习近平在农村改革座谈会上强调 加大推进新形势下农村改革力度 促进农业基础稳固农民安居乐业”，载《人民日报》2016 年 4 月 29 日。

〔5〕 中共中央文献研究室编：《十八大以来重要文献选编》（上），中央文献出版社 2014 年版，第 671 页。

农业要实现“第二次飞跃”就必须坚持和完善把农村土地集体所有作为农村基本经营制度的“魂”。从“四条底线”思想可以鲜明地看出，农村土地集体所有权是贯彻最严格耕地制度、确保国家粮食安全、保障农民财产权益的根本保障，是壮大集体经济的前提和基础。在《马克思致赛扎尔·德·巴普》中，马克思明确指出：“资产者的表面目的，是要把应该的土地所有制变成小块土地所有制，并且为了人民的更大幸福而制造农民。他们的真正目的是向土地贵族进攻。他们想把土地投入到自由流通中去。”[1]如果今日中国所实施的“三权分置”继续虚化集体所有权，那么，通过土地流转可能加速农户退出土地承包经营权，使土地最终为城市工商资本所用。因此，必须贯彻“农村土地属于农民集体所有，这是农村最大的制度”的要求，维护集体所有权制度的根基性作用。比如，贵州塘约村在完成“七权同确”后，把承包到户的责任田通过自愿入股的方式全部归村集体所有，由村社一体的土地合作社统一经营，从而走上了强村富民的坦途。

5.“贫困村集体经济较弱”论述

这可以理解为凡是仍然没有脱贫的村，集体经济都较弱，凝聚力也普遍不强。2017 年 6 月，习近平总书记在深度贫困地区脱贫攻坚座谈会上，指出：“全国 12.8 万个建档立卡贫困村居住着 60% 的贫困人口，基础设施和公共服务严重滞后，村两委班子能力普遍不强，四分之三的村无合作经济组织，三分之二的村无集体经济，无人管事、无人干事、无钱办事现象突出……深度贫困县村均集体收入只有 8800 多元，同所有贫困县平均 5 万元相比，差距较大。”[2]从习近平总书记重要讲话和客观实际中都可以看出，村两委班子能力不强会直接造成集体经济较弱的问题。农村脱贫需要凝聚力，需要高素质的干部，就必须讲“四个意识”，尤其是核心意识，必须讲“四个伟大”，尤其是伟大斗争，乡村建设要坚持党组织的领导，听从党中央决策部署，深入贯彻习近平总书记关于壮大集体经济的重要论述。贫困地区全部脱贫的最根本条件就是党的领导和人民群众的力量。习近平总书记关于壮大集体经济的重要论述非常重视“强班子带村，村级党组织是党在农村全部工作的基础”[3]。从“贫

〔1〕《马克思恩格斯全集》（第 32 卷），人民出版社 1975 年版，第 629 页。

〔2〕习近平：“在深度贫困地区脱贫攻坚座谈会上的讲话”，载《人民日报》2017 年 9 月 1 日。

〔3〕习近平：《之江新语》，浙江人民出版社 2007 年版，第 200 页。

困村集体经济较弱”论述出发，重点在于把农村党组织建设成为坚强的战斗堡垒，重新走组织化道路，打造廉洁、清明的村社共同体。

习近平总书记指出：“如果没有一个坚强的、过得硬的农村党支部，党的正确路线、方针政策就不能在农村得到具体的落实，就不能把农村党员团结在自己周围，从而就谈不上带领群众壮大农村经济，发展农业生产力，向贫困和落后作战。”〔1〕兴十四村发展集体经济有四个好，即好支书、好支部、好制度、好思路，强调“‘芝麻官’千钧担”〔2〕，其中好的支书是关键。近年来，选派的第一书记、驻村工作队、大学生村官在农村深深地扎下根，起到了良好的模范带头作用，为农村的建设带来了新鲜的血液。今后还应加大大学生村官选拔等工作，使一大批“懂农业、爱农村、爱农民”〔3〕的有志青年在农村得到锻炼。

三、邓小平同志“第二次飞跃”论与习近平总书记关于壮大集体经济重要论述的关系

（一）壮大集体经济重要论述是实现“第二次飞跃”的必然抉择

“第二次飞跃”论与习近平总书记关于壮大集体经济的重要论述之间是不可分割的有机整体。两者本质相同，指导着中国农村应该改变重“分”轻“统”的现状，走以共富共享共福为目标、以集体化为基础的新型农业现代化集约道路。“‘共享’不再是单纯的利益分配和分享，是对于人民群众以主人翁的姿态参与到发展的过程中，实现‘共享’式的发展的一种倡导。”〔4〕

习近平总书记关于壮大集体经济“统”的思想是对“第二次飞跃”论所蕴含的两个基本点的继承：一是发展规模化、集约化经营，二是壮大集体经济需要过程。这体现了空间与时间的一致性。一方面，习近平总书记关于壮大集体经济的重要论述遵循了“第二次飞跃”论的第一个基本点的总体要求。

〔1〕习近平：《摆脱贫困》，福建人民出版社1992年版，第159页。

〔2〕习近平：《摆脱贫困》，福建人民出版社1992年版，第31页。

〔3〕习近平：《决胜全面建成小康社会夺取新时代中国特色社会主义伟大胜利——在中国共产党第十九次全国代表大会上的报告》，人民出版社2017年版，第32页。

〔4〕李炳炎、徐雷：“共享发展理念与中国特色社会主义分享经济理论”，载《管理学刊》2017年第4期。

早在《摆脱贫困》中，习近平总书记就提出："必须搞好农村二步改革，完善双层责任制，进一步促进土地的适度规模经营。"[1]家庭联产承包责任制在全国农村如火如荼铺开的背景下，搞好第二步改革就是要改变分散经营导致的土地细碎化问题，彻底转变小农经济发展面貌和粗放型经营方式，实现集体化、集约化经营，"通过发展现代大农业脱贫致富"[2]。这与"第二次飞跃"高度吻合，具有很强的逻辑一致性。另一方面，从壮大集体经济的总基调出发，习近平总书记强调"发展壮大集体经济，需要一个过程，不可操之过急"[3]，这与"第二次飞跃"论中"集体经济是又一个很大的前进，当然这是很长的过程"[4]高度一致，共同点就是壮大集体经济要稳中有进。稳中有进也是近年来中央经济工作会议所确立的今后长期要坚持的经济发展总基调。

习近平总书记关于壮大集体经济的重要论述在理论和实践层面很好地发展了"第二次飞跃"论，指明了稳中有进地壮大集体经济的方法论。由此，新时代实现"第二次飞跃"论不能没有习近平总书记关于壮大集体经济的重要论述的具体方法论作为行动指南，习近平总书记关于壮大集体经济的重要论述也离不开"第二次飞跃"论对于中国农村改革与发展的指导意义。新时代亟须重温"第二次飞跃"论的战略思想以及习近平总书记关于壮大集体经济的重要论述，来共同指导中国集体经济的发展，实现乡村振兴。

（二）壮大集体经济是解决新时代农村主要矛盾的良方

随着中国特色社会主义进入新时代，我国社会主要矛盾也发生了变化，已经转化为人民日益增长的美好生活需要和不平衡不充分的发展之间的矛盾。

"第二次飞跃"论要求辩证地处理好集体化和集约化的关系，坚持集体经营和共同富裕的基本原则，坚持"组织起来就有力量"[5]，指导着我国应该走以共富共享共福为目标、以集体化为基础的农业现代化集约道路。习近平总书记关于壮大集体经济的重要论述非常重视"发达地区与不发达地区""开放地区与不开放地区"的辩证统一关系。"统"的思想中是要坚决阻止财产和收入分配上的"马太效应"，防止出现贫富两极分化现象。1985—1990 年，

---

〔1〕 习近平：《摆脱贫困》，福建人民出版社 1992 年版，第 98 页。

〔2〕 习近平：《摆脱贫困》，福建人民出版社 1992 年版，第 66 页。

〔3〕 习近平：《摆脱贫困》，福建人民出版社 1992 年版，第 183 页。

〔4〕《邓小平年谱（1975—1997）（下）》，中央文献出版社 2004 年版，第 1311 页。

〔5〕《邓小平文选》（第 3 卷），人民出版社 1993 年版，第 111 页。

习近平总书记先后任职于厦门和闽东地区，深刻感受到两个区域在开放程度、经济发展程度，以及硬件、软件方面的巨大差距。他认为，面对“开放的地区越开放，不开放的地区会越不开放”[1]的问题，要努力改善条件，特别是软环境建设，在改革开放的态势下要充分保证贫困地区免于落伍。通过壮大集体经济来改变农业发展不平衡不充分的现状，最终目的还是践行全心全意为人民服务的根本宗旨，改善农民生活水平，实现共同富裕。习近平总书记关于壮大集体经济的重要论述把壮大集体经济放在坚持社会主义方向的位置，明确指出：“集体经济是农民共同致富的根基，是农民走共同富裕道路的物质保障。”[2]

新时代经济发展不平衡不充分的问题只有在经济发展新常态的大背景下深刻变革生产关系，才能从根本上得到解决，实现全体人民共同富裕。而集体经济的壮大很好地体现了共享发展理念，是解决农村经济发展不平衡不充分的良方。习近平总书记提出“四大公平”理念，即“权利公平、机会公平、规则公平、分配公平”[3]，强调“公平要建立在效率的基础上，效率也要以公平为前提才得以持续”[4]。“第二次飞跃”论与习近平总书记关于壮大集体经济重要论述的辩证关系表明，壮大集体经济必须沿着“越公平越有效率”（不能把公平曲解为平均主义）的路径，解决农村发展不平衡不充分的问题，防止社会两极分化，推进新时代全社会的经济和谐和共同富裕。

第二节 新时代土地流转促进“第二次飞跃”的有效路径

在二十世纪八九十年代，邓小平同志就对发展集体经济的“第二次飞跃”进行了高屋建瓴地规划。2013 年“两会”上，习近平总书记在江苏团会议上也指出，小岗村解决了“分”的问题，但“统”的问题一直没有解决。当前，亟须研究在邓小平同志农村“第二次飞跃”论和习近平经济思想的指导下，如何适应农业经济发展新常态，通过土地流转促进土地集体化、集约化，并加快农业现代化的发展步伐，克服土地流转中的私有化风险，已成为解决

[1] 习近平：《摆脱贫困》，福建人民出版社 1992 年版，第 74 页。
[2] 习近平：《摆脱贫困》，福建人民出版社 1992 年版，第 193 页。
[3] 习近平：《之江新语》，浙江人民出版社 2007 年版，第 147~148 页。
[4] 习近平：《之江新语》，浙江人民出版社 2007 年版，第 147 页。

我国“三农”问题的关键。

一、我国土地流转的现状

近年来，我国一直在推动土地流转市场化，而且初步形成了农村土地承包权、经营权依法自愿有偿流转的机制，甚至是农村集体土地所有权也出现了“隐性市场”。土地流转的政策导向倾向于农业私人大户或私人公司，无论在理论层面还是在实践层面，都出现了土地流转的私有化风险。

在政策层面，2001年中央发布的18号文件中就系统地提出了土地承包经营权流转的支持政策，而首次将土地承包经营权纳入法律保护是2002年全国人大通过的《中华人民共和国农村土地承包法》，确认农民对承包土地的占有、使用、收益和被征地享有补偿的权利。自2008年党的十七届三中全会以来，政府加大了鼓励农民以转包、出租、互换、转让、股份合作等形式流转土地承包经营权，以及发展多种形式适度规模经营的力度。党的十八大和党十八届三中全会也都提出，要鼓励土地承包经营权在公开市场上流转，构建集约化、组织化、专业化相结合的新型土地经济发展体系。[1]

二、邓小平同志“第二次飞跃”论对土地流转改革的现实指导意义

（一）“两次飞跃”论

邓小平同志在20世纪80—90年代初针对中国农村土地的改革与发展方向有着高瞻远瞩的规划，多次强调“两次飞跃”论。他指出：“科学种田发展了，超过了村的界限，甚至超过区的界限，到那时你不搞集体化、集约化就适应不了了。如果老是仅仅靠双手劳动，仅仅是一家一户地耕作，将来也不向集体化发展，农业现代化就不可能实现。就是一百年、二百年，还是要走集体化、集约化这条路。”[2]在邓小平看来，“第一次飞跃”是指废除人民公社制度，实施家庭联产承包制经营与集体层经营的双层经营体制。“第二次飞跃”是指仍然要落脚于农业集体化、集约化上面来。他指出两次飞跃都是很大的前进，都需要农民自愿和集体组织的过程。可以说，两次飞跃的实现都

〔1〕 卢泽羽、陈晓萍：“中国农村土地流转现状、问题及对策”，载《新疆师范大学学报》（哲学社会科学版）2015年第4期。

〔2〕《邓小平年谱（1975—1997）（下）》，中央文献出版社2004年版，第1350页。

带有鲜明的时代特征。

“第一次飞跃”开始实施的家庭联产承包是以家庭承包经营为主的农业生产责任制，打破了“三级所有，队为基础”的人民公社制度。20 世纪 80 年代以前所形成的以人民公社、生产大队、生产队为基础的政经合一的土地集体所有制度所存在的问题不应被夸大。当时重点是为了尽快地解决农村温饱问题。小岗村等绝大多数乡村主要解决了“分”的问题，通过改革开放 40 多年家庭联产承包的实践，已基本解决了农村温饱等问题，实现了“第一次飞跃”，因而现阶段必须重点落实集体层或集体经济的“统”的问题。

对此，邓小平同志深刻认识到，家庭联产承包制没有从根本上走出中国传统的小农生产模式，单靠家庭联产承包制无法实现农业集约化、专业化、规模化经营，也无法实现农业的现代化。他指出，“长期以来，我们百分之七十至八十的农村劳动力被束缚在土地上，农村每人只有一两亩地，多数人连温饱都谈不上。一搞改革和开放，一搞承包制，经营农业的人就少了。剩下的人怎么办?”[1]面对农村劳动力被束缚的问题，他明确指出“总不能老把农民束缚在小块土地上，那样有什么希望?”[2]因此，农村经济体制为了进一步解放土地来满足农业现代化发展的需要，唯一的前进方向就是“组织起来就有力量”，[3]就必须要实施体现集体经济经营和共同富裕的“第二次飞跃”的土地改革。

（二）新形势下促进“第二次飞跃”的时代条件

早在 1980 年 5 月，邓小平同志就指出：“只要生产发展了，农村的社会分工和商品经济发展了，低水平的集体化就会发展到高水平的集体化，集体经济不巩固的也会巩固起来。关键是发展生产力，要在这方面为集体化的进一步发展创造条件。”[4]因此，综合我国农业生产力质的飞跃、农业供给侧结构性改革、社会主义新农村建设、共享发展理念等时代新特征，可以得出邓小平提出的条件已经总体具备，新形势下必须促进而决不可无视“第二次飞跃”的战略方针。

---

〔1〕 邓小平:《邓小平文选》第 3 卷，人民出版社 1993 年版，第 251~252 页。

〔2〕 邓小平:《邓小平文选》第 3 卷，人民出版社 1993 年版，第 214 页。

〔3〕 邓小平:《邓小平文选》第 3 卷，人民出版社 1993 年版，第 111 页。

〔4〕 邓小平:《邓小平文选》第 2 卷，人民出版社 1983 年版，第 315~316 页。

首先，农业综合生产能力实现了质的飞跃，为农业集体化与集约化的飞跃提供了生产力保障。粮食生产实现了连年高位增长。新一轮农业科技革命和产业升级，已经为我国农业转型升级注入了强劲的推动力。现代农业科技创新推广体系初步显现，农机装备、生态环保等领域关键技术有所突破。我国所要走的农业现代化道路既实现产出高效、产品安全、资源节约、环境友好的四个方面内容，就需要集体化的高产出、高品质与集约化的土地资源、环境资源。可以说，农业现代化道路极大地推动了“第二次飞跃”的实现，而以集体化、集约化为特征的“第二次飞跃”又会助力农业现代化的实现。

其次，农业供给侧结构性改革为农业集体化与集约化的飞跃提供了质量保障。在经济发展新常态下，农业转型升级从农业供给侧入手，大力转变农业发展方式，调整农业产业结构，提高农产品质量。农产品市场不断开放，取消了农业税，直接补贴农民。一、二、三产业的进一步融合，也决定了农村土地私有化只能是死路一条。掌握国家经济命脉的大工业需要反哺农业，农业加工业、现代物流业、电商服务业等现代第三产业也积极和传统农业融合。在我国，以家庭为单位的农业生产或私有化模式不可能完成现代产业的融合，只有农业集体化和集约化发展才能顺应产业融合的需求。

再次，社会主义新农村建设为农业集体化与集约化的飞跃提供了建设模式保障。新农村建设归根结底要处理好美丽农村建设、基础设施建设、公共服务建设、农业转移人口等四项基本问题。在美丽农村建设方面，统一规划和布局乡村建设，加大农村环境的连片整治工作，并体现农村统一的乡村风貌，风貌的统一必然在外观上体现出集体化的雏形。在基础设施和公共服务建设方面，国家财政支持重点逐步向农村倾斜，通过集中建设公租房等形式解决贫困家庭住房问题，在普惠性教育、医疗、社会保障等方面提高公共服务的水平，此外，把社会主义新农村的综合性文化功能体系建设作为提高农民整体文化素质和思想觉悟的核心工作，有助于社会主义集体文化的思想渗透。农村劳动力转移人口市民化以及转移人口就业服务体系的建设，为农村集体化的腾飞提供了广阔的空间。

最后，共享发展理念的贯彻为农业集体化与集约化的飞跃提供了理念保障。新时代推动农村深化改革，中心思想就是共享，体现在新型城镇化建设和新农村建设的双轮驱动共享、城乡资源互联共享、农民平等参与农业现代化成果共享等。集体经济的组织成员可以长期分享土地流转收益，是“第二次飞跃”中涵盖的实现共同富裕的本质要求。

(三)“第二次飞跃”论对于土地流转改革的意义

邓小平同志“第二次飞跃”论中所涉及的集体化和集约化两个要素具有不可分割的关系。发达资本主义国家依靠现代农业科技、私人农场等形式，实现了农业集约化发展。中国特色社会主义制度决定了决不能照搬、照抄资本主义所走的土地私有基础上的大农场集约化道路，当然也不能走类似于“人民公社”的指令性集体经济道路，空谈集体经济而不推陈出新走集约化道路就会走上形而上学的僵化之路。“第二次飞跃”论指导着我国应该走以共富共享为目标、以集体化为基础的农业现代化集约道路，辩证地处理好集体化和集约化的关系。由此，我国土地流转的改革方向是集约化基础上的集体经济，次优为合作经济或股份合作经济，[1]可以避免土地流转后所有权归为少数大的私人公司或私人大农户。

三、土地流转促进“第二次飞跃”的有效路径

(一)土地流转的改革核心为突出“三权分置”中的农村集体所有产权制度，进一步推广集体经济发展模式

人类经济发展的历程经历了产品社会化、劳动社会化和产权社会化的三个阶段，而产权社会化才是社会主义市场经济发展的本质特征。产权社会化需要所有权归属明晰和自由人联合体的权利清晰，这是“三权分置”的本质要求。[2]

“落实集体所有权，稳定农户承包权，放活土地经营权”，是党的十八届五中全会通过的《中共中央关于制定国民经济和社会发展第十三个五年规划的建议》中关于深入推进农村改革并增强农村发展内生动力的基本要求。在实践中，应进一步改变“轻集体层经营、重家庭层经营”的本末倒置做法，首先应该把落实集体所有权作为一切土地流转模式创新的根基，把集体层经营作为土地流转的核心任务。诸如华西村、刘庄、西街村等部分集体经济发展模式已经初具规模，在新形势下实现“第二次飞跃”的时代条件已经具备

[1] 程恩富：“谈实现科学发展的几个陈旧的现实问题”，载《北京日报》2007年4月30日。

[2] 蒲坚：《解放土地——新一轮土地信托化改革》，中信出版社2014年版，第61页。

的前提下，可以在广度和深度层面进行推广，来巩固集体所有权的基础性地位。

（二）在明晰农村集体所有产权的同时，可放活“农户承包、多元经营”，或采用土地转包等模式来推动土地流转后的集体经济发展

农村集体所有产权是贯彻最严格耕地制度的基本保障，是发展集体经济的前提和基础。目前，国内对“集体所有制”的无理质疑，主要是基于“公地悲剧说”“效率说”“民权说”和“腐败说”等新老自由主义观点，其削弱集体所有制的主张与中国农业发展的现实要求是要背离的。在当前的农村生产力发展背景下，农户的承包权还会继续保持不变，那么，如何保障在农户承包权长久不变的前提下使流转出去的土地继续用于集体经济就成为关键。在这里可以借鉴党的十八大以来贯彻土地改革的“三权分置”最为典型的“塘约道路”。贵州省安顺市塘约村所实施的土地改革有别于华西村的“完全土地集体所有制”，更有别于小岗村的家庭联产承包制的土地产权改革，可谓是新时代，特别是党的十八大以后农村集体经济实践探索的新路子。

2014 年是“塘约土改”大幕拉开之时，该村意识到土地流转问题是近年来土地私有化风险和土地效率低下问题的直接原因，由此改革具体从建立土地流转中心开始，通过产权确权信息管理平台对农村土地承包权、林权、集体土地所有权、集体建设用地使用权、房屋所有权、小型水利工程产权、农地集体财产权等“七权”进行登记确权明晰，明确全体村民是集体财产和村庄社会的主人，明晰了每户农民和集体资产的权益。塘约村实行资金统一核算、土地统一规划、村干部统一使用、财务村务统一核算、农产品统一销售、美丽乡村统一建设、红白喜事统一操办“七统一”，更好的配置资源，推动了农村生产生活由分散式向集中规模化方式转变，提高集体经济和合作经济的整体发展效率。[1]可见，塘约村集体所有产权的明晰为放活“农户承包、多元经营”打下了坚实的基础，集体所有权是前提，但放活“农户承包、多元经营”所带来的收益才是更主要的激励要素。而紧接着土地流转中心致力于放活承包权和经营权，允许以承包权入股并发展集体化、集约化的产业经营。这样就打消了承包者、经营者土地流转在收益方面的顾虑，让承包者、经营

〔1〕 贵州省委政研室联合调研组：“‘塘约经验’调研报告”，载《贵州日报》2017 年 5 月 18 日。

者可以积极参与流转，实为最大限度为集体经济发展提供广阔空间，以此提高集约化产业的土地利用率。

除了“塘约道路”放活“农户承包、多元经营”的模式，浙江温州所采取的农村土地转包等模式，也有利于土地流转后集体经济的健康发展。土地转包是指农村集体经济组织将其承包经营权全部或部分转给同一村集体经济组织内部的其他农户负责农业生产。这种转包模式关键在于在集体经济组织的主导下转包后原有的土地承包关系和承包合同都不得改变。最具代表性的浙江温州模式主要采取农村集体经济组织主导的合作社模式，主要是指由农业专业合作社或粮食专业合作社对粮食生产实行“一条龙”有偿服务。农村土地转包模式在我国也属于一种较为普遍的土地流转集体模式。

（三）走土地流转合作化道路，通过推进土地经营权有序流转增加农村集体用地面积，并使集体组织成员分享土地要素合作化所带来的效益

土地流转的合作化道路可以助推土地经营权的有序流转，由此进一步有效改善土地细碎化问题，增加集体连片经营的耕地面积。土地细碎化问题极大地阻碍了集体经济的发展，正如马克思所论及的，“小块土地所有制按其性质来说排斥社会劳动生产力的发展、劳动的社会形式、资本的社会积聚、大规模的畜牧和对科学的累进的应用”。[1]合作经济发展道路在现阶段仍然是经济发展不可或缺的必然选择，也是促进“第二次飞跃”的一种有效发展模式。合作经济的形式大致分为三种：横向一体化（农户之间合作）、纵向一体化（合作组织加公司）、合作农场（混合经济模式）。加强农村专业合作经济组织建设，既需要引进和培养专业合作社企业家与管理人才，也需要完善法律制度和强化规范管理。考虑到我国农村人多地少，细碎化问题普遍存在的背景下，每一位农户都代表着分散性土地承包经营权的土地流转对象，而把农户的财产联合起来的生产者财产就可以直接变为合作社或股份合作制财产。因此，走土地流转合作化道路必然是先从横向一体化开始实现农户之间的合作并成立合作社或合作经济组织，然后再实施纵向一体化加入公司等经济体。这种横纵一体化的合作模式，实现了分散农户的联合，并让集体组织成员分享土地要素合作化所带来的效益，是实现共富共享的正确道路。“塘约道

---

〔1〕 马克思：《资本论》（第3卷），人民出版社2004年版，第912页。

路”除了树立了“三权分置”的典范，实际上也是按照横纵一体化的合作模式推进“合股联营、村社一体”的发展道路，采取了“党总支+农户+合作社+公司”的合作经济发展模式。在此基础上，“塘约道路”顺应了“互联网+”时代的要求，首创了“互联网+农产品”“合作社+物流”的集约化合作营销模式。

（四）积极搭建政府主导、功能完善的农村土地流转中介服务平台，保障集体经济基础上的集体化、集约化发展

我国土地流转中介服务平台应实现政府功能、企业功能、服务平台功能相衔接，致力于农业的集约化发展，完善信息发布、咨询服务、土地评估、流转交易、价格精算、争议处理、政企对接等中介平台功能。从列宁所说的“一切都是经过中介，连成一体，通过过渡而联系的”可以看出，[1]中介平台对实现“第二次飞跃”的重要性。由政府主导的土地流转中介服务平台所贯穿的宗旨应该是实现土地的集中使用与集约发展。服务平台不仅为流转的承租对象提供集约化农业生产所必需的土地，而且大力精选优质农业企业从事集约化农业生产，努力实现土地经济效益的提高。而实际上，产出经济效益的提高，是一切平台流转活动的根本保障。农户或区域所获得的收益也均取决于农地集约化生产所带来的经济效益。

由此，平台应参与流转交易过程当中，负责联系并协调供求双方，充当桥梁作用，促成流转双方达成交易。为达到此目的，不仅需要审查、审核农业投资者和承包商的身份与资质，切实保障农民利益，还要协办流转手续，帮助双方签订合法的流转合同，确定交易方式，监督交易款项结算等。如若涉及承包经营权转让、交易过户等环节的手续工作，还应协调政府相关部门，大力提升土地流转的成功率，保证土地流转工作规范且顺利地展开。

通过构建政府主导、功能完善的土地流转中介服务平台将有利于实现土地集体化、集约化的“第二次飞跃”，同时有利于在“互联网+”的经济发展新业态背景下加快现代化农业的发展步伐。

---

〔1〕 列宁：《哲学笔记》，中共中央党校出版社1990年版，第108页。

第三节 新时代中国特色社会主义农业发展的原则与路径

习近平总书记明确强调：“我们的改革开放是有方向、有立场、有原则的。”[1]新时代农村深化改革也有它的方向、立场和原则，而方向、立场和原则是一个相辅相成的统一整体。农村深化改革发展大的方向应该是邓小平所指明的实现农业集体化和集约化的“第二次飞跃”，而不是以私人家庭农场为主的改革方向，基本立场是坚持四项基本原则，而基本原则需要在大方向和基本立场之上去不断地总结与探索。2018 年，我国农村改革第一村，安徽省凤阳县小岗村通过农村集体资产股份权能改革实现了人人分红的集体制度供给，小岗村从率先实行“大包干”开始转变为尝试“第二次飞跃”。可以说，新时代“分”与“统”的结合是我国农村政策的基石。其中，新时代赋予了合作经济更加重要的过渡性意义，农业农村改革的“第二次飞跃”也离不开合作经济的大力发展。而马克思主义及其中国化理论对于新时代大力发展合作经济仍具有重大的指导意义。

新时代大力发展合作经济、壮大集体经济，也符合我国宪法和中央文件的要求。1982 年《宪法》第一章第 8 条规定：“农村人民公社、农业生产合作社和其他生产、供销、消费等各种形式的合作经济，是社会主义劳动群众集体所有制经济。”[2]1993 年，《宪法修正案》第一章第 8 条修改为：“农村中的家庭联产承包为主的责任制和生产、供销、信用、消费等各种形式的合作经济，是社会主义劳动群体集体所有制经济。”[3] 1999 年《宪法修正案》第一章第 8 条修改为：“农村集体经济组织实行家庭联产承包经营为基础、统分结合的双层经营体制。农村中的生产、供销、信用、消费等各种形式的合作经济，是社会主义劳动群体集体所有制经济。”[4]此后的 2014 年和 2018 年《宪法修正案》都沿用了 1999 年的表述。宪法修改后去除了农村人民公社及“纯而又纯”的生产领域合作社等指令性集体经济的弊端，把农民以各种形式自愿联合的合作经济作为集体经济的重要实现形式。

---

〔1〕《习近平关于全面深化改革论述摘编》，中央文献出版社 2014 年版，第 14 页。

〔2〕《中华人民共和国宪法》，法律出版社 2018 年版，第 8 页。

〔3〕《中华人民共和国宪法》，法律出版社 2018 年版，第 46 页。

〔4〕《中华人民共和国宪法》，法律出版社 2018 年版，第 52 页。

近年来，中央文件逐渐深化农村集体产权制度改革、发展农民专业合作和股份合作，把合作经济作为集体产权改革的重要实现形式。党的十八大报告明确指出："壮大集体经济实力，发展农民专业合作和股份合作，培育新型经营主体，发展多种形式规模经营，构建集约化、专业化、组织化、社会化相结合的新型农业经营体系。"〔1〕2013 年，农业部联合财政部、民政部、审计署联合下发《关于进一步加强和规范村级财务管理工作的意见》提出切实加强和规范村级财务管理工作。由此，在全国开展了农村集体资产清产核资的工作，截至 2013 年年底，我国村组两级集体资产量化总额达 4362.2 亿元，设立个人股东 4202.1 万个。〔2〕2015 年中央一号文件《中共中央、国务院关于加大改革创新力度加快农业现代化建设的若干意见》又进一步提出要"推进农村集体产权制度改革"，具体要求"探索农村集体所有制有效形式，创新农村集体经济运行机制"，并要求"对经营型资产，重点是明晰产权归属，将资产折股量化到本集体经济组织成员，发展多种形式的股份合作"。〔3〕党的十九大报告中明确指出："深化农村集体产权制度改革，保障农民财产收益，壮大集体经济。"〔4〕解读这句话的关键在于，深化农村集体产权改革和提高农民财产收益的落脚点是壮大集体经济。

一、农业合作化和集体化是社会主义农业发展的大方向

恩格斯高度重视农民的历史性作用，指明在历史上世界多数区域"农民到处都是人口、生产和政治力量的非常重要的因素"。〔5〕恩格斯也深刻地认识到从 19 世纪 40 年代开始，"资本主义生产形式的发展，割断了农业小生产的命脉；这种小生产正在无法挽救地灭亡和衰落"。〔6〕恩格斯充分认识到农民公社对于提高农业合作经营水平及农民收入和生活水平的积极意义。恩格斯认为法国的小农虽然摆脱了封建的徭役和赋税，但更为悲哀的是他们失去了马

〔1〕《十八大报告辅导读本》，人民出版社 2012 年版，第 24 页。

〔2〕《2014 年中国农业发展报告》，中国农业出版社 2014 年版，第 114 页。

〔3〕中共中央文献研究室编：《十八大以来重要文献选编》（中），中央文献出版社 2016 年版，第 285 页。

〔4〕习近平：《决胜全面建成小康社会夺取新时代中国特色社会主义伟大胜利——在中国共产党第十九次全国代表大会上的报告》，人民出版社 2017 年版，第 32 页。

〔5〕《马克思恩格斯文集》（第 4 卷），人民出版社 2009 年版，第 509 页。

〔6〕《马克思恩格斯文集》（第 4 卷），人民出版社 2009 年版，第 510 页。

尔克公地的使用权以及马尔克公社的保护，导致小农越来越难于占有劳动资料，甚至“现代的小农不购买饲料就不能养耕畜”。[1]合作社不仅可以为小农户的农业生产提供“一定数量的农具、收成、种子、肥料、耕畜”等生产资料，而且可以帮助小农户提高其农业生产率和科学技术水平如“建立农业试验站”，还可以增强劳动者的专业技术水平如“提供免费的农业进修教育”。[2]恩格斯所主张建立的农业合作社是一个逐渐发展与完善的过程，也是一个由简单的农户联合向全国大生产合作的过程，以便真正消除剥削，消除城乡两极分化，实现与社会大生产相匹配的大农业的发展。

恩格斯所反复强调的应“逐渐把农民合作社转变为更高级的形式”中的“逐渐转变”，在农村社会主义合作化实践中出现了一定的偏差。[3]列宁在《论合作社》一文中指出，彻底改造小农的局限性需要一个相当长的时间，“通过新经济政策使全体居民人人参加合作社，这就需要整整一个历史时代。在最好的情况下，我们度过这个年代也需要一二十年”。[4]斯大林在1930年联共（布）第十六次代表大会上作政治报告时也指明：“农民向集体化方面的转变不是一下子开始的。这个转变也不能一下子开始……要达到这个转变，至少还必须具备一个条件，就是要使农民群众自己相信党所宣布的口号是正确的，并且当作自己的口号来接受它。所以，这个转变是逐渐准备起来的。”[5]我国改革开放初期，邓小平同志在谈及新中国成立后农村政策问题时，指出：“农业合作化，一两年一个高潮，一种组织形式还没有来得及巩固，很快又变了。从初级合作社到普遍办高级社就是如此。如果稳步前进，巩固一段时间再发展，就可能搞得更好一些。”[6]

此外，恩格斯不仅认为办农业合作社需要一个逐渐转变的过程，而且还强调社会主义农业需要向合作化、集体化转变。这与改革开放后邓小平同志关于发展集体经济所提出的“第二次飞跃”论相契合。早在改革开放初期，包产到户在我国农村的土地上如火如荼地展开之时，邓小平同志就明确指出：

---

〔1〕《马克思恩格斯文集》（第4卷），人民出版社2009年版，第512页。

〔2〕《马克思恩格斯文集》（第4卷），人民出版社2009年版，第514页。

〔3〕《马克思恩格斯文集》（第4卷），人民出版社2009年版，第525页。

〔4〕《列宁选集》（第4卷），人民出版社1995年版，第770页。

〔5〕《斯大林全集》（第12卷），人民出版社1955年版，第246页。

〔6〕《邓小平文选》（第2卷），人民出版社1983年版，第424页。

"我们总的方向是发展集体经济……关键是发展生产力，要在这方面为集体化的进一步发展创造条件。"[1]在邓小平同志的战略思想中，"中国社会主义农业的改革与发展，从长远的观点看，要有两个飞跃。第一个飞跃，是废除人民公社，实行家庭联产承包为主的责任制，这是一个很大的前进，要长期坚持不变。第二个飞跃，是适应科学种田和生产社会化的需要，发展适度规模经营，发展集体经济。这是又一个很大的前进，当然这是很长的过程"。[2]

邓小平同志"第二次飞跃"论是恩格斯在《法德农民战争》中所指明的"逐渐转变"的继承与发展，是从量变、部分质变到质变的伟大飞跃，是马克思主义中国化的重要成果，也体现出生产力发展水平决定生产关系的形式、生产关系又要不断去适应生产力发展水平的唯物史观原理。我国统分结合的农村基本经营制度之所以能够成为马克思主义中国化的重要成果，其重要原因在于坚持了唯物史观和农业合作化思想，使农业合作化和集体化成为农业改革的大方向、大思路、大战略。"第二次飞跃"论超越前人的关键还在于，它指明了实现从量变到质变、从"很长的过程"到实现"第二次飞跃"的四个重要条件即四个具体方法论指导。结合恩格斯的方法论要求，"第二次飞跃"论的四个时代条件可以分别理解为机械化水平提高即生产力水平达到一定水平；管理水平提高，关键是党的领导和管理水平的提高；农村商品经济的发展促使更多专业合作社等更高形式的形成；集体经济收入比重越发占主导地位。邓小平同志事实上诠释了恩格斯所提出的"逐渐转变"的内涵，即"这种转变不是自上而下的，不是行政命令的，而是生产发展本身必然提出的要求"[3]。

近年来，中央经济工作会议确立了我国今后长期要坚持的经济发展总基调即稳中有进。新时代壮大集体经济应继续沿着恩格斯的"逐渐转变"的方法论、列宁和毛泽东的合作化思想、邓小平的"第二次飞跃"论和习近平总书记关于壮大集体经济的论述等总基调展开，走以共富共享共福为目标、以合作化为先导、以集体化为方向的新型农业现代化道路。[4]

---

[1] 《邓小平文选》(第2卷)，人民出版社1983年版，第315页。

[2] 《邓小平文选》(第3卷)，人民出版社1993年版，第355页。

[3] 《邓小平文选》(第2卷)，人民出版社1983年版，第316页。

[4] 张杨、程恩富："壮大集体经济、实施乡村振兴战略的原则与路径——从邓小平'第二次飞跃'论到习近平总书记'统'的思想"，载《现代哲学》2018年第1期。

二、土地集体所有制是社会主义农业发展的基石

恩格斯认为，建立在生产资料公有制基础上的合作社，其最大意义在于帮助农民摆脱失去土地的悲惨境地。恩格斯指出法国社会党纲领绪论中关于“鉴于按照党的总纲的本文，生产者只有在占有生产资料时才能自由”等表述含糊其词（因为占有生产资料的个体生产者受限于多种因素而并非充分自由），强调“社会主义总的纲领的基本原则”的核心要旨应该是“把生产资料转交给生产者公共占有”〔1〕。对于农民来说，他们所占有的生产资料中最根本的是土地。农民要想实现自我超越成为土地的主人，唯一的途径是恩格斯所指出的，需要“以公有的或者说社会所有的形式——占有大地产”，以此才能避免“国库、高利贷者、新生的大地主”的“三位一体的侵害”，“社会主义的任务并不是要把所有权和劳动分离开来。”〔2〕由此，恩格斯得出结论说，无论在工业领域还是在农业领域“生产资料的公共占有”，是无产阶级及其政党“应当争取的唯一的主要目标”。〔3〕

新中国成立后，在毛泽东农业合作化和共同富裕的思想指导下，我国以乡村社区为载体的农村土地集体所有制得以建立。它是党领导亿万农民对土地私有制实行社会主义改造的伟大成果，奠定了农村社会主义制度的根基，是农村社会主义的基本经济制度。特别是在帝国主义封锁、中苏关系恶化、自然灾害侵袭、人口增长过快、对外援助较多等客观条件下，毛泽东农业合作化思想所取得的伟大成就体现出重要的历史意义。这一时期“以粮为纲、全面发展”等农村经济发展方针的实践，也说明了社会主义初级阶段不能只搞单一经济、单一公有制，也应推进农林牧副渔多种经营全面发展，并确保以公有制经济为主体、多种经济成分联合并存，充分体现出农业经济体制的灵活性与经济政策的完善性。

改革开放以后，农业家庭承包经营制成为中国农业的基本经营形式。1999 年《宪法修正案》第十五条明确指出：“农村集体经济组织实行家庭联产承包经营为基础、统分结合的双层经营体制”，〔4〕其重大意义在于首次把

〔1〕《马克思恩格斯文集》（第 4 卷），人民出版社 2009 年版，第 514~517 页。
〔2〕《马克思恩格斯文集》（第 4 卷），人民出版社 2009 年版，第 515~518 页。
〔3〕《马克思恩格斯文集》（第 4 卷），人民出版社 2009 年版，第 516 页。
〔4〕《中华人民共和国宪法》，法律出版社 2018 年版，第 52 页。

"统分结合的双层经营体制"写入宪法，完整规定了农村的基本经营制度。我国农村统分结合的基本经营制度，体现了恩格斯关于"土地公有或社会所有"的原则性要求，有利于改变小农经济无法适应现代化农业发展需要的现状，充分确保农民集体是土地的所有者。

但是，从40多年来的农村改革实践来看，"统分结合，双层经营"的农村基本经营制度出现了严重的重"分"轻"统"问题。习近平同志1990年在福建闽东地区任职时早就基于农村改革的十年经验旗帜鲜明地指出，农村的现状是"从原有的'大一统'变成了'分光吃光'，从一个极端走向另一个极端"。[1]2013年，习近平总书记提出坚持农村基本经营制度有三方面的要求，其中第一位是坚持农村土地由农民集体所有。习近平总书记指出："这是坚持农村基本经营制度的'魂'。农村土地属于农民集体所有，这是农村最大的制度。"[2]随着工业化、城镇化和农业现代化的发展，农业用地数量和质量问题一直是阻碍农业现代化的主要问题之一。针对此问题，习近平总书记指出："现在的问题是，在一些地方工业化、城镇化压倒了农业现代化，打败了农业现代化。"[3]在推进土地承包经营权流转的工作中，习近平总书记也强调："在这个过程中，要尊重农民意愿、保障农民权益，防止土地过度集中到少数人手里，防止土地用途发生根本性变化，造成农村贫富差距过大。"[4]习近平总书记关于推进集体经济的统分结合的思路，充分表明了只有在坚持"统"的条件下，"分"才能更好地放活经济、才能更好地发挥"分"的职能，并以此来巩固与促进"统"的集体所有制性质和地位。马克思在《德意志意识形态》中早已指明："只有在共同体中，个人才能获得全面发展其才能的手段，也就是说，只有在共同体中才可能有个人自由。"[5]这也启示我们，在土地"三权分置"和土地流转中，只有把土地所有权归集体所有作为基础、把村集体经济组织作为村共同体、把承包权和经营权作为放活经济形式的手段，才可以防范土地流转后出现的普遍私有化风险，才能避免出现恩格斯所指出的遭受"三位一体的侵害"。此外，在"三权分置"的基础上发展股份

〔1〕 习近平：《摆脱贫困》，福建人民出版社1992年版，第183页。

〔2〕《习近平关于社会主义经济建设论述摘编》，中央文献出版社2017年版，第173页。

〔3〕《习近平关于社会主义经济建设论述摘编》，中央文献出版社2017年版，第165页。

〔4〕《习近平关于全面深化改革论述摘编》，中央文献出版社2014年版，第64页。

〔5〕《马克思恩格斯文集》（第1卷），人民出版社2009年版，第571页。

合作制的集体层经营，也有利于“重构农业用地结构体系，不仅要推进征地、农村集体经营性建设用地、宅基地‘三块地’联动改革，即缩小征地范围及数量的同时有序引导农村集体经营性建设用地和宅基地入市；而且‘三块地’改革也必须与‘一块地’（农用地）改革同步联动，才能从根本上解决传统小农经济条件下形成的农业发展所需的各类土地零星分割的空间格局，进而推进农业的规模化经营”。〔1〕

组织联合起来的集体层经营是坚持集体所有制经济的关键，与家庭层经营相比在抵御外部风险方面具有诸多优势。作为土地集体所有者，便于对关系村发展的重大问题作出统一决策；便于对土地的发包和承包进行统一的规划；便于与政府、家庭承包主体、企业等层面进行沟通和协调；便于促进合作经济组织发展以及与市场经济、规模经营、现代农业实现有机衔接。例如，创造“中国市场第一村”奇迹的上海九星村村支书吴恩福认为，九星村实现“村强民富”的根本原因在于“四个坚持”，即“坚持村级集体经济不散伙、坚持农村土地集体使用不动摇、坚持农民是新农村建设主体地位不含糊、坚持走共同富裕道路不变向”，这成为“九星奇迹”经久不衰的“法宝”。〔2〕

三、坚持自愿互利、注重示范效应是社会主义农业发展的原则

恩格斯在《法德农民问题》中，在论及无产阶级政党在掌握国家权力后如何对待小农的问题上给予新时代科学的方法论指导。恩格斯指出：“我们对于小农的任务，首先是把他们的私人生产和私人占有变为合作社的生产和占有，但不是用强制的办法，而是通过示范和为此提供社会帮助。当然，到那时候，我们将有足够多的办法，使小农懂得他们本来现在就应该明了的好处。”〔3〕可见，随着生产资料社会化程度的加深，对于农民的联合绝不是采取强制的办法去剥夺，而是采取积极引导和自愿合作的基本原则。恩格斯说：“我们预见到小农必然灭亡，但是我们无论如何不要以自己的干预去加速其灭亡。”〔4〕从

〔1〕李杰、江宇：“农村集体建设用地入市对农业成本的影响分析”，载《海派经济学》2019年第1期。

〔2〕中国红色文化研究会：《田野的希望——榜样名村成功之路》，北京日报出版社2017年版，第242页。

〔3〕《马克思恩格斯文集》（第4卷），人民出版社2009年版，第524页。

〔4〕《马克思恩格斯文集》（第4卷），人民出版社2009年版，第524页。

中可以得出，社会主义发展壮大集体经济和合作经济的两个原则即坚持自愿互利和注重示范效应。其中，党的引导是核心，自愿互利是基础，示范效应是关键，三者有效结合可以形成农村改革发展的社会生态系统。

这两个原则也是区分指令性集体经济和新型集体经济的重要标准。有些舆论把新型集体经济等同于指令性集体经济，对新时代发展新型集体经济的榜样村抱有误解，甚至是曲解。在农村实践中，集体统一经营层面没有得到应有的重视，特别是对合作经济作为新型集体经济的重要实现形式的方法论没有得到充分的重视，而从习近平总书记关于发展集体经济的论述中可以明确得出，新时代壮大集体经济绝不是走指令性集体经济的道路，而是以共同富裕为目标，走更高质量、更有效益、更加公平、更可持续且符合市场经济要求的农村新型集体化、合作化、集约化发展道路。社会主义市场经济条件下的新型农村集体经济和合作经济组织，具有自愿联合、管理民主、分散经营和统一经营相结合、按劳分配和按生产要素分配相结合等特点。

第一个原则是坚持自愿互利。恩格斯在《法德农民问题》中阐述农村经济的发展道路，就是从小农经济过渡到合作经济。恩格斯说："如果他们下了决心，就使他们易于过渡到合作社，如果他们还不能下这个决心，那就甚至给他们一些时间，让他们在自己的小块土地上考虑考虑这个问题。"[1]在对待小农的问题上，恩格斯的观点很明确，既要让小农顺应历史和时代的发展潮流走上合作经济的道路，又不可违背小农的意愿去强制联合。恩格斯还分析了小农所具有的劳动者和私有者的二重属性。小农作为劳动者不能够对其进行强制剥夺或合作，而作为私有者如何才能使其接受社会主义，唯一合理的方法就是让小农自身感受到社会主义合作社的优越性。

这种自愿原则需要找到个人利益与集体利益相统一之处，也就是列宁在《论合作社》中所说的"私人利益服从共同利益的合适程度，这是过去许许多多社会主义者碰到的绊脚石"。[2]列宁的合作化计划就是对马克思、恩格斯集体所有制在实践层面上的探索，为社会主义合作化和集体化进一步奠定了理论基础。列宁指出，合作社发展计划"是农村中社会主义发展的不加引号的大计划，这个计划包括农业合作社的一切形式，从低级形式（供销合作社）

---

〔1〕《马克思恩格斯文集》（第4卷），人民出版社2009年版，第526页。

〔2〕《列宁选集》（第4卷），人民出版社1995年版，第768页。

到高级形式（生产合作社——集体农庄）”。[1] 列宁创造性地发展了恩格斯《法德农民问题》中关于国家、工人和农民在经济上相结合的理论。列宁指明："掌握国家政权的工人阶级，只有在事实上向农民表明了公共的、集体的、共耕的、劳动组合的耕作的优越性，只有用共耕的、劳动组合的经济帮助了农民，才能真正向农民证明自己正确，才能真正可靠地把千百万农民群众吸引到自己方面来。"[2] 实践表明，在某些村庄农民实在选不出能力较强的好干部时，强制联合的直接后果往往是产生"去小农化""被合作化、集体化"的状况，反而会影响生产力的发展，使该村庄的生产关系与生产力发展水平和干部管理素质不相适应、不匹配。需知在当代，从微观基层单位一直到宏观调控部门的各级干部的管理意愿和能力，是特定生产关系是否适合或促进生产力发展的重要中间环节。

邓小平同志在总结苏联几十年社会主义实践经验时指出："可能列宁的思路比较好，搞了个新经济政策。"[3]（当然，新经济政策只是由资本主义向社会主义过渡的阶段性政策）邓小平同志在对于农民探索多种形式的农村集体经济实现形式的问题上，特别强调要尊重生产力、尊重农民的意愿，强调把党的政策同群众的意愿结合起来[4]。1992 年，邓小平同志在审阅党的十四大报告稿时指出："在一定条件下，走集体化集约化的道路是必要的"，但"不要勉强，不要一股风。如果农民现在还没有提出这个问题，就不要着急。条件成熟了，农民自愿，也不要去阻碍"。[5]

新时代我国实施乡村振兴战略、壮大集体经济和合作经济，绝不是要迅速瓦解小农或家庭经营，而是要基于我国的国情，更加有效地促进家庭经营、合作经营、集体经营与现代化大农业的有机结合，特别是要建立在自愿合作的基础上，大力发展合作所有制经济，壮大集体所有制经济，努力符合国家经济运行及其调节规律和市场经济运行及其调节规律，逐渐实现农村的共同富裕。习近平总书记在 2013 年 3 月的全国人大会议上明确指出："农村合作社就是新时期推动现代农业发展、适应市场经济和规模经济的一种组织形式。

---

[1] 《列宁全集》（第 16 卷），人民出版社 1988 年版，第 396~397 页。

[2] 《列宁全集》（第 37 卷），人民出版社 1986 年版，第 390 页。

[3] 《邓小平文选》（第 3 卷），人民出版社 1993 年版，第 139 页。

[4] 朱有志：《中国新型农村集体经济研究》，湖南人民出版社 2013 年版，第 77 页。

[5] 《邓小平文选》（第 1 卷），人民出版社 1994 年版，第 323 页。

今后要着力解决农业比较效益低的问题，真正使务农不完全依靠国家补贴也能致富。"[1]这实际上是把合作经济作为发展集体经济的重要过渡形式，并把大力发展合作经济作为新时代解决统分结合问题的先声。新时代建立在农民自愿互利基础上的合作经济具有独立经营、自负盈亏的优势，也承担着发展生产、吸收就业、衔接市场、提高收入水平、实现共同富裕等多重任务。当然，合作经济优势的发挥也离不开政府在政策、资金、技术、资源、管理等方面的支持与引导。

2018 年，小岗村实现了村集体资产收益的首次分红。以率先实行"大包干"闻名的小岗村从 2016 年开始作为农村集体资产股份权能改革的试点，也逐步厘清村集体资产，创设集体经济运营平台，构建集体经济和村民利益联结机制，并确定股权比例，探索出新时代走新型合作经济的路子。2018 年，小岗村合作社获得分红 156.8 万元，提取部分收益作为公益和发展公积金后，村民每人分红 350 元。[2]

第二个原则是注重示范效应。恩格斯认为，农业合作社的范例能更好地让农民相信大规模农业合作与组织经营所具有的优越性。列宁也说过："要把公社办成模范社，使附近农民自己愿意来加入公社，要善于做出实际榜样给他们看。"[3]我国农村改革发展的总体最优方向是适应社会主义集约化规律的集体所有制经济，次优为合作所有制经济或股份合作所有制经济，而现阶段发展合作所有制经济或股份合作所有制经济是向集体所有制经济过渡的一种选择。《农办议［2018］49 号》文件指出："截至 2018 年 6 月末，我国依法登记的农民合作社达到 210.2 万家，实有入社农户突破 1 亿户，约占全国农户总数的 48.3%。农民合作社已经成为重要的新型农业经营主体和现代农业建设的中坚力量，在促进农业适度规模经营、推动乡村振兴、实现小农户和现代农业发展有机衔接、促进农民增收致富中发挥的作用越来越突出。"[4]据

〔1〕"追求统分结合的最佳结合点"，在中国共产党新闻网，http://cpc.people.com.cn/pinglun/n/2013/0317/c78779-20817409.html，最后访问时间：2013 年 3 月 17 日。

〔2〕高云才、朱思雄、王浩："源自改革的市场活力——安徽省凤阳县小岗村实现人人分红纪实"，载《人民日报》2018 年 7 月 19 日。

〔3〕《列宁全集》（第 37 卷），人民出版社 1986 年版，第 36 页。

〔4〕"对十三届全国人大一次会议第 1578 号建议的答复"，载中华人民共和国农业农村部网站，http://www.moa.gov.cn/govpublic/NCJJTZ/201807/t20180713_6154079.htm? keywords=1578%E5%8F%B7，最后访问时间：2018 年 7 月 13 日。

该文件统计，2018 年国家农民合作社示范社超过 6000 家，县级以上各级示范社超过 18 万家，约 10%的国家示范社位于 297 个国家级贫困县中，带动成员 22.8 万户，户均收入比非成员农户高出 20%。但目前我国农民合作社还存在规模小、数量少、资金匮乏、人才不足、利润不多，以及挂名为合作社而实际是私营企业等诸多问题。这些问题若长期得不到很好的重视和解决，势必影响广泛推进示范社的普及，因此有必要进一步开展国家示范社评定和动态监测工作，大力促进合作社规范化、高效化建设。

新时代合作经济和集体经济的榜样村很好地为发展合作经济提供了案例。例如，上海九星村抢抓城镇化快速发展的机遇，通过股份合作制改革走上了“以市兴村、强村富民”的可持续发展之路。九星村在村支书吴恩福的带领下，根据中央要求顺利完成了农龄核算和集体资产评估等改制的重点和难点工作，随后通过“两步走”完成了股份合作制的改革。“两步走”指 2005 年采用“现金清退、现金认购”的方法，对村集体经营性资产中的 20%进行股份合作制改革，而后 2009 年完成对村全部集体资产的明晰。九星村的集体资产不是全部折股量化，量化的范围紧紧限定在经营性资产，对于占村集体经济组织 40%份额的公益性资产并不进行量化，而是用于服务集体经济和村民福利保障。村集体的公益性资产，有利于增强村集体的治理、协调、服务能力，有利于合作经济和集体经济的发展与壮大。经过 20 多年的发展，村集体资产已经达到 30 多亿元。2014 年，九星村以曾经的生产队为基础，成立了 28 个有限公司，每 50 户组成一个公司，每个村民出资 1 万到 2 万元，每户不允许超过 10 万元。九星村的股份合作制改革，积极体现了股份合作制的主要特点，即按劳分配与按股分配相结合，且入股和分配的倍数差别相对不大。2016 年 2 月，上海市政府正式批准九星控规调整方案，对九星市场进行了改造升级，向着高层次、集约化、现代化、专业化、精品化的综合性贸易平台转型迈进。[1]

此外，2018 年，上海市奉贤区试点农村土地股份合作制改革，按照依法有序、因地制宜、农民自愿、民主管理的原则，采用两种合作经济的模式，来保障农民土地权益，并促进农业增效、农民增收。第一种模式，是村级入

---

〔1〕 中国红色文化研究会：《田野的希望——榜样名村成功之路》，北京日报出版社 2017 年版，第 241 页。

股外租和自营模式，以农民土地承包经营权入股，由村经济合作社牵头，并以村为单位组建村级土地股份合作社，统一对外租赁或发包，取得的收益按农户土地入股份额进行分配。第二种模式，是由村级土地股份合作社将土地承包经营权作价折股后，参与村级农民专业合作社经营，实行保底分红、二次分配。[1] 其中第二种模式更具有普遍意义。

四、党对农村工作的领导是社会主义农业发展的关键

恩格斯在《法德农民问题》中指明了无产阶级政党对于加强农村工作领导的重要性。在恩格斯看来，加强党对农村工作的领导，直接关乎无产阶级政党是否能够夺取政权、夺取政权后能否巩固政权、实现向共产主义社会过渡等一系列重大问题。恩格斯认为19世纪90年代与1848年“二月革命”时期相比，“强大的社会主义工人政党已经成长起来了”，而无产阶级政党夺取政权的“预感和憧憬已经明朗化”，其纲领可以扩展、深化来满足一切科学的要求。他把无产阶级政党夺取政权的首要条件，概括为“应当首先从城市走向农村，应当成为农村中的一股力量”。[2]党在农村革命中要做到的是维护小农的利益而不是加速瓦解小块土地所有制，是通过生产资料公共占有来提高农业生产效率和农民的生活水平，而不是让资本侵犯农民的土地。恩格斯还提出了一个重要的认知方法，即无产阶级政党超越所有其他政党的关键，在于可以充分“认识经济原因和政治后果的联系”。[3]因此，经济与政治交互作用的辩证思维方式，也应成为我们共产党人解决包括“三农”问题的基本出发点。

在乡村“五个振兴”，即乡村产业振兴、人才振兴、文化振兴、生态振兴、组织振兴中，组织振兴关乎乡村治理是否有效，成为乡村振兴的重要一环。并将山东代村的经验作为组织振兴的典型向全国宣传与推广。2017年，代村村集体收入1.1亿元，村民人均纯收入6.5万元，村集体资产增长到12亿元。代村从一个贫困、涣散、村集体负债400万元的“上访村”发展成为集体经济强大的村民共同富裕村，靠的就是王传喜这样一个优秀的农村基层

---

[1] “上海试点探索农村土地股份合作制改革”，载新华网，http://www.xinhuanet.com/local/2018-10/07/c_1123525192.htm，最后访问日期：2018年10月7日。

[2] 《马克思恩格斯文集》（第4卷），人民出版社2009年版，第510页。

[3] 《马克思恩格斯文集》（第4卷），人民出版社2009年版，第510页。

党支部书记和该村坚强的党组织。

由中国红色文化研究会所编著的《田野的希望——榜样名村成功之路》一书，列举了自改革开放40年以来中国49个榜样名村。虽然改革开放以“大包干”作为先声，但该书所列举的名村都是坚持了集体化和合作化的发展道路，反映了我国社会主义大地上农村集体经济所展示出的组织性和共富共享共福。分析这些集体经济名村，就会概括出一个显著的共性，即都有一个“不忘初心、牢记使命”的坚强党组织。社会主义的集体主义精神可以说只有在这样坚强的战斗堡垒中才能得以体现。新时代社会主义新农村需要“一个紧密团结的集体，廉洁奉公的集体，全心全意为群众服务的集体，具有高远眼光、务实作风、创新精神的集体，在广大群众中具有极强凝聚力和号召力的集体”。〔1〕而在这样共富共享共福的集体中，又必然有一个马克思主义思想觉悟高、组织领导能力强、受村民拥护的好支书。49个榜样名村的49位村党支部书记，都是集体经济的领军人，通过发展集体化和合作化的多种经营，不同程度地实现了邓小平多次强调的社会主义农村和农业的“第二次飞跃”，较好地处理了村经济“统”与“分”的辩证关系。带领江西进顺村率先引进社区型股份合作制、使之成为江西第一个亿元村的村支书罗玉英总结说：“发挥党员的带头作用，就是要做到党员‘形象高于群众，贡献多于群众，做事好于群众，技能优于群众’。一个党支部就是一面旗子，必须高高举起，怎么做？必须有一个约束机制，摸得着，看得见。”〔2〕这些都充分说明，党对农村工作的领导是社会主义农业发展的首要条件和关键因素。

第四节　防止农村集体土地用途根本性变化的政治经济学分析

习近平总书记在党的二十大报告中强调，要“深化农村土地制度改革，赋予农民更加充分的财产权益”。〔3〕他在主持十九届中共中央政治局第八次集

〔1〕 中国红色文化研究会：《田野的希望——榜样名村成功之路》，北京日报出版社2017年版，第4页。

〔2〕 中国红色文化研究会：《田野的希望——榜样名村成功之路》，北京日报出版社2017年版，第236页。

〔3〕“高举中国特色社会主义伟大旗帜 为全面建设社会主义现代化国家而团结奋斗——习近平同志代表第十九届中央委员会向大会作的报告摘登”，载《人民日报》2022年10月17日。

体学习时还指出："要把好乡村振兴战略的政治方向，坚持农村土地集体所有制性质，发展新型集体经济，走共同富裕道路。"[1]《民法典》同样规定，"农民集体所有的不动产和动产，属于本集体成员集体所有""集体所有的财产受法律保护，禁止任何组织或者个人侵占、哄抢、私分、破坏"。[2]可以说，如何在深化农村土地制度改革中坚持土地集体所有的性质、走新型集体经济的道路、提高农民更多财产性收益成为扎实推进共同富裕的关键一环。

中央全面深化改革委员会第二十七次会议进一步指出，推进农村集体经营性建设用地入市改革，事关农民切身利益，涉及各方面利益重大调整，必须审慎稳妥推进，试点县（市、区）数量要稳妥可控。[3]这里的"推进农村集体经营性建设用地入市改革"绝不是推动农地无条件地入市。农村集体经营性建设用地，是村建设用地或农村集体土地建设用地，是村集体经济组织或农户个人进行各项非农业建设的土地，而并非耕地，一般多指宅基地、公共设施用地和经营性建设用地。从全面理解中央精神的视角出发，必须强调会议中所提出的"三个要"，即"要坚持同地同权同责，在符合规划、用途管制和依法取得的前提下，推进农村集体经营性建设用地与国有建设用地同等入市、同权同价，在城乡统一的建设用地市场中交易，适用相同规则，接受市场监管；要坚持节约集约用地，坚持先规划后建设，合理布局各用途土地；要严守土地公有制性质不改变、耕地红线不突破、农民利益不受损，落实永久基本农田、生态保护红线、城镇开发边界等空间管控要求"。[4]也就是说，要坚持集约用地的原则，更要严守土地公有制性质、坚持农村土地集体所有性质、坚持耕地红线不突破以及农民利益不受损的准则。马克思认为"从资本主义生产方式的观点来看，土地所有权也是多余而且有害的。"[5]在社会主义生产方式下，集体土地所有权恰恰是必要而且有利的，其是确保农民增收、粮食安全、产业兴旺、生活富裕的最重要保证，也是对外部资本主导农业的一种限制。如何坚持好土地集体所有制、推进好集体产权制度改革、利用好

---

〔1〕习近平："把乡村振兴战略作为新时代'三农'工作总抓手"，载《求是》2019年第11期。

〔2〕《中华人民共和国民法典》，人民出版社2020年版，第52~53页。

〔3〕"健全关键核心技术攻关新型举国体制 全面加强资源节约工作"，载《人民日报》2022年9月7日。

〔4〕"健全关键核心技术攻关新型举国体制 全面加强资源节约工作"，载《人民日报》2022年9月7日。

〔5〕马克思：《资本论》（第3卷），人民出版社2004年版，第702页。

集体土地的地租形式、强化好土地流转用途监管，落实好最严格的耕地保护制度，都亟须运用马克思土地所有权与地租理论来分析优化集体土地的必要性、存在的现实问题，其对于新时代壮大新型集体经济具有极强的现实意义。

一、强化农村集体土地根基的必要性分析

习近平总书记在党的二十大报告中明确指出，“巩固和完善农村基本经营制度，发展新型农村集体经济，发展新型农业经营主体和社会化服务，发展农业适度规模经营”，“全方位夯实粮食安全根基，全面落实粮食安全党政同责，牢牢守住十八亿亩耕地红线”深化农村土地制度改革，赋予农民更加充分的财产权益。“保障进城落户农民合法土地权益，鼓励依法自愿有偿转让”。[1] 2022年，中央农村工作会议进一步指明，建设农业强国要体现中国特色，立足人多地少的资源禀赋、农耕文明的历史底蕴、人与自然和谐共生的时代要求，不是简单照搬国外现代化农业强国模式。[2]习近平总书记在2013年中央城镇化工作会议上也明确指出：“目前，各地区都在积极推进农村土地承包经营权流转试点，这有利于改变一些地方农村土地过于分散的状况，提高农业生产效率。在这个过程中，要尊重农民意愿、保障农民权益，防止土地过度集中到少数人手里，防止土地用途发生根本性变化，造成农村贫富差距过大。”[3]这实际上已经科学地运用辩证法指明了土地流转在提高规模化经营的生产效率等重要作用，同时对于土地流转后应防止可能出现的集体土地所有权的变化、农民权益的受损、耕地红线的突破等问题进行了明确的指示。基于此，结合马克思的土地所有权和地租理论，可以对土地流转后强化集体所有制根基的必要性进行以下分析。

（一）扩大规模化生产、实现社会化生产的重要性

马克思在《资本论》第三卷中指明，小块土地所有制的必然规律在实际上会使生产条件逐渐恶化并使生产资料越发昂贵，并会造成“生产资料无止境地分散，生产者无止境地互相分离”，而且还会带来“人力发生巨大的浪

---

〔1〕“高举中国特色社会主义伟大旗帜 为全面建设社会主义现代化国家而团结奋斗——习近平同志代表第十九届中央委员会向大会作的报告摘登”，载《人民日报》2022年10月17日。

〔2〕“锚定建设农业强国目标 切实抓好农业农村工作”，载《人民日报》2022年12月25日。

〔3〕习近平：《论“三农”工作》，人民出版社2022年版，第62~63页。

费”。[1]而且，这种小块土地所有制还会不断排斥社会生产力的发展，劳动的社会化形式的变革、农业机械化的应用，甚至也有碍于资本的社会积累。马克思认为，“如果说资本主义生产方式总的说来是以劳动者被剥夺劳动条件为前提，那么，在农业中，它是以农业劳动者被剥夺土地并从属一个为利润而经营农业的资本家为前提”。[2]自给自足的小农户生产多是仅“靠与自然交换，而不是靠与社会交往”，[3]也就是说，小农户的生产与社会化大生产的发展方向明显是相悖的，而只有农民的联合劳动、一批村落及乡镇的联合生产才会更有利于产业规划、技术应用和经济进步。马克思首先承认资本主义生产方式的“功绩”就是“把土地所有权变成荒谬的东西”，[4]并因为使土地摆脱一切传统附属物的束缚，从而为农业生产的社会化经营提供了必要的经济基础。但是，资本主义的农业不断地变为资本的附属物，因为这一农业的社会化生产是“以直接生产者的完全贫困化为代价而取得的”。[5]而如何既保障农业的社会生产又同时提高农民的获得感就成为社会主义农业发展必须要解决的问题。特别是，社会主义生产方式可以通过对集体所有土地的规模化经营来赋予农户共同支配的生产资料所有权。如，现有作为土地流转前提的土地确权颁证工作，就能做到对山水林田湖草的面积与规模精确到最小丈量单位。甚至，乡村的一沟一壑都可以在大数据技术的计算和远程遥感下做到精准管理。当然，确权登记、土地流转并不是农村集体产权制度改革的终点，而是应把集体产权职能的明晰作为壮大新型集体经济、实现社会化生产的起点。

（二）提高农业商品社会劳动生产率的重要性

农业劳动担负着农业和非农业生产所必需的粮食和原料的生产任务，其需要有足够的生产率作为基础保障。正因为农业产品满足人类基本生存的特殊属性，所以其使用价值更明显地体现为交换价值和价值的前提。这正是由于土地是财富源泉的必然产物，所以地租的量的决定性成为一个极复杂的社会生产关系行为，其并不是地租获得者可以在主观上能决定的量。因为，在

---

[1] 马克思：《资本论》（第3卷），人民出版社2004年版，第912页。
[2] 马克思：《资本论》（第3卷），人民出版社2004年版，第694页。
[3] 《马克思恩格斯文集》（第2卷），人民出版社2009年版，第566页。
[4] 马克思：《资本论》（第3卷），人民出版社2004年版，第697页。
[5] 马克思：《资本论》（第3卷），人民出版社2004年版，第697页。

马克思看来，地租并不是来自土壤本身，而是来自社会关系，即“租是土地经营赖以进行的社会关系产生的结果”。[1]马克思指明：“在社会发展的进程中，地租的量（从而土地的价值）作为社会总劳动的结果而增长起来。”[2]因为，土地本身并不区分农业用地和非农业用地，两种用地很容易形成一种竞争关系。特别是当农产品作为商品变成交换价值和价值时，农业生产和农业市场就会发展起来，农业生产率会提高，其效率不是来自农产品本身，而是来自商品本身的特征。即使与工业品的劳动生产率相比，农业生产率会表现得相对降低，但是“农产品的价值以及地租都在提高”。[3]列宁在《一位立宪民主党教授》一文中直指：“‘农业劳动生产率递减的规律’是资产阶级的谎言。在资本主义制度下，地租是土地占有者的收入增加的规律，才是事实。”[4]与此相对，在社会主义条件下，提高劳动生产率仍然是农民生活富足的基本条件，其中的关键在于把农民组织起来变革旧有生产方式，改变资本主义生产关系中那种由土地私人占有而使农民基本生活费用高涨、土地所有者却能赚到更多地租的状况。由此，提高农业劳动生产率不仅需要有广阔的土地面积，在此基础上，也需要建立联合与协作的劳动关系，以便于在更高级的合作化程度上进行规模化生产。

（三）加强土地所有者和生产经营者相互联系的重要性

马克思把现代资本主义农业社会的骨架分为雇佣工人、产业资本家、土地所有者的三个相互并存且对立的阶级。资本主义农业生产方式所造成的贫富差距与两极分化的产生就是因为其所走的消灭农民、私人垄断土地的道路。为了消除资本农业的上述弊端，需要在坚持土地集体所有制的基础上，通过巩固村社一体的集体层经营主体的经济效益，并充分利用国有平台资本的赋能和民营资本的有效补充，以此来确保土地所有者、承包者和经营者形成相互融合、资源共享、利益联动的产供销一体化关系。目前，土地流转后常采用“公司+专业合作社（基地）+农户”相联动的方式来进行产业经营，进而在“三权三变”的思路下，农户通过“租金收入+股份分红”“土地入股+股

[1] 马克思：《资本论》（第1卷），人民出版社2004年版，第648页。

[2] 马克思：《资本论》（第3卷），人民出版社2004年版，第717页。

[3] 《马克思恩格斯全集》（第34卷），人民出版社2008年版，第13页。

[4] 《列宁全集》（第22卷），人民出版社1990年版，第167页。

份分红”“资金入股+股份分红”“保护价收购+利润返还”等模式，可以获得土地租金、土地赔付金、工资薪金、股份分红、经营性分红。现有土地流转后，允许农民以土地承包经营权入股的直接目的就是要通过发展农业规模化、产业化经营来壮大农村集体经济、提高农民收入、赋予农民更多财产权利。这一财产权利的巩固不仅需要建立在保障农民集体经济组织成员权利的基础上，更需要在集体组织内部保障农民的承包权与经营权、财产权与劳动权的有机统一。

（四）重视优化集体土地地租收益的重要性

马克思指明：“地租是土地所有权在经济上借以实现即增殖价值的形式。”〔1〕不论地租的各种特殊形式如何，对地租的占有都是土地所有权借以实现的经济形式。地租作为在一定期限内按契约规定支付给土地所有者的货币额，其不仅包括农村耕地的租金，还包括山地、林地、草地、渔场、河塘、湖泊、建设用地等各种自然力的资源。由人垄断的这种自然力，总是和土地分不开的。特别是，在集体经济与市场经济相互衔接的过程中，经过土地流转的集体土地本身也会产生地租。通过土地确权能够进一步精准测量和摸清村集体资产的家底，并且进一步明晰山水林田湖草作为村民赖以生存的自然禀赋的重要性。因此，有必要全面地考察村集体土地与资源的经济价值、自然资源价值以及各种附加值。只有正确评估流转土地的租金才能可持续性地壮大村集体资产、提高党支部和集体经济组织的组织能力。如果低估土地的流转费用，甚至以低估的流转费用来过度延长流转期限，都不利于村集体资产的保值增值以及广大农户的根本利益。由此，集体土地要想发挥和实现土地集体所有权的真正权利，需要重视对集体土地价值的再评估，“搞好农村集体资源资产的权利分置和权能完善”。〔2〕

（五）劳动者的创造是集体土地产生地租的源泉

前面所谈到的土地中所蕴含的自然力并不是超额利润转化为地租的源泉，而是超额利润的一种自然基础，地租的真正来源仍是劳动者的剩余劳动。在山水林田湖草等自然资源丰富的区域，虽然超额利润的取得离不开资本对于自然力的垄断，但是“这种自然条件在自然界只存在于某些地方。在它不存

〔1〕马克思：《资本论》（第3卷），人民出版社2004年版，第698页。

〔2〕“锚定建设农业强国目标 切实抓好农业农村工作”，载《人民日报》2022年12月25日。

在的地方，它是不能由一定的投资创造出来的”。[1]在资本主义生产方式下，因为“土地所有者能从资本家那里扣下一部分无酬劳动”，所以“土地所有权似乎是价值的一个源泉”。[2]马克思指明：“地租的特征是随着农产品作为价值（商品）而发展的条件和它们的价值的实现条件的发展，土地所有权在这个未经它参与就创造出来的价值中占有不断增大部分的权力也发展起来，剩余价值中一个不断增大的部分也就转化为地租。”[3]可见，在资本主义生产条件下，地租的首要源泉来自劳动者所创造的剩余价值，而其超额利润再转化为由土地所有者所得的地租。由此，“土地所有权，就像资本一样，变成了支取无酬劳动、无代价劳动的凭证”，[4]其恰当的表现形式就是绝对地租。与此相对，在社会主义市场经济条件下，也应坚持活劳动创造价值的一元论假设，认识集体层经营的土地地租也来自劳动者的剩余劳动。只是在这种集体土地所有和经营权下的劳动不再是无酬劳动或无价劳动，而是使剩余劳动所创造的超额利润归土地集体组织所有，农户可凭集体土地的承包经营权享有利润分红。可见，即便集体土地流转给家庭农场、专业合作社等新型经营主体，其产生的地租仍是集体层经营与发展所赖以实现的物质基础。当然，未来社会如果能够按照劳动者的实际劳动时间来购买土地产品，社会外在的资本形式就会被扬弃，社会有望成为一个自觉的、有规划的、成组织的联合体。这也是未来共产主义社会的发展方向。

二、处理农村集体土地和农民物质利益关系的现实问题分析

在2022年中央农村工作会议上，习近平强调，深化农村改革，必须处理好农民和土地关系这条主线，“要依靠自己力量端牢饭碗，依托双层经营体制发展农业，发展生态低碳农业，赓续农耕文明，扎实推进共同富裕”。[5]而深化农村集体土地改革为农业发展提供了规模化、社会化和集约化的必要条件，当然，能否进而以此实现乡村振兴，关键在于能否坚持土地集体所有制、壮

---

〔1〕 马克思：《资本论》（第3卷），人民出版社2004年版，第726页。

〔2〕《马克思恩格斯全集》（第34卷），人民出版社2008年版，第39~40页。

〔3〕 马克思：《资本论》（第3卷），人民出版社2004年版，第720页。

〔4〕《马克思恩格斯全集》（第34卷），人民出版社2008年版，第39~40页。

〔5〕“高举中国特色社会主义伟大旗帜 为全面建设社会主义现代化国家而团结奋斗——习近平同志代表第十九届中央委员会向大会作的报告摘登”，载《人民日报》2022年10月17日。

大党支部领办的新型集体经济、走组织振兴与共同富裕的道路。马克思在《资本论》第三卷中指明，“资本主义生产方式的前提是：实际的耕作者是雇佣工人，他们受雇于一个只是把农业作为资本的特殊开发场所，作为对一个特殊生产部门的投资来经营的资本家即租地农场主”。[1]与此相对，在社会主义条件下，农业不再是唯利润最大化原则的特殊部门，而是满足社会全体成员粮食安全，并能够逐步实现产业兴旺、生态宜居、乡风文明、治理有效、生活富裕的乡村振兴战略目标。社会主义农业实现由单纯的价值追求向乡村振兴的综合目标转变的关键还是要处理好土地与集体、农户、各类经营主体的关系。尤其是如何更好地坚持和巩固土地集体所有制、更好地壮大集体经济、更好地使农户真正共享集体土地的权益，这些都成为处理好上述农业生产关系的基石。此外，马克思的地租理论认为，“地租是土地所有权在经济上借以实现即增殖价值的形式”。[2]这又启发我们，在推进农村集体资产确权到户、土地流转及股份合作制改革的过程中，要高度重视集体土地所有权在集体经济层面上的保值增值以及流转地租在集体经济组织内部的共管、共享、共赢。结合实践，以下具体分析处理农村集体土地和农民物质利益关系中可能存在的现实问题。

（一）警惕使集体土地按照私人利益来调节生产

在一定社会制度的生产方式下，土地的使用会体现出不以人们意志为转移的经济条件和经济关系。如，在资本主义生产关系下，土地所有权私人垄断的直接结果就是私人资本通过垄断一定规模的土地，“把它当做排斥其他一切人的、只服从自己私人意志的领域”。[3]资本主义生产方式虽然使生产者从土地的直接附属物的地位中解放出来，但是土地依然被资本主义大农场主所剥夺或被租地资本家所实际控制。从这个意义上来讲，土地所有权的私人垄断成为资本主义生产方式的历史前提之一，农业生产也越发从属于私人资本。马克思在《论土地国有化》中批判道：“我们需要的是日益增长的生产，要是让一小撮随心所欲地按照他们的私人利益来调节生产，或者无知地消耗地力，

---

〔1〕 马克思：《资本论》（第3卷），人民出版社2004年版，第698页。

〔2〕 马克思：《资本论》（第3卷），人民出版社2004年版，第698页。

〔3〕 马克思：《资本论》（第3卷），人民出版社2004年版，第695页。

就无法满足生产增长的各种需要。”[1]土地的出让、租赁、抵押等向土地要效益的方式虽然为农业的发展带来了超额地租，但是这些地租不仅归于财政收入、用于解决农民就业，还有相当一部分可能会存在向城市工商资本大幅流入的风险。这是资本下乡后，资本的逐利性和扩张性等属性所决定的。习近平明确强调：“也不要以土地改革、城乡一体化之名，行增加城镇建设用地之实，这种挂羊头卖狗肉的事不能干。”[2]因为，要充分重视集体土地所有权的存在，其“正好是对投资的一个限制，正好是对资本在土地上任意增殖的一个限制”。[3]

（二）警惕作为劳动条件的土地和作为纯粹经济形式的土地的分离

马克思说：“它一方面使土地所有权从统治和从属的关系下完全解脱出来，另一方面又使作为劳动条件的土地同土地所有权和土地所有者完全分离，土地对土地所有者来说只代表一定的货币税，这是他凭他的垄断权，从产业资本家即租地农场主那里征收来的；[它]使这种联系发生如此严重的解体，以致在苏格兰拥有土地所有权的土地所有者，可以在君士坦丁堡度过他的一生。”[4]可见，资本主义生产方式本身要求作为劳动条件的土地，即满足人类第一需求的使用价值的来源，要与在法律上垄断土地所有权的土地相区别。这种区别主要体现在价值层面，因为对土地的垄断主要体现在资本主义生产基础上的经济价值。在资本主义生产方式下，无论如何通过入股、入市、出让、发包、租赁等形式来抬升土地的价格，“高地租和低工资完全是一回事”。[5]马克思认为：“只要土地价格的水平取决于这种使地租增加的情况，土地的升值和劳动的贬值就是一回事，土地价格的昂贵和劳动价格的低廉就是一回事。”[6]由此，要密切关注并不断提高土地的出让收益用于切实促进农村产业发展、提高农业经营水平、提高农民收入水平。2022 年中央农村工作会议也明确强调，深化农村集体经营性建设用地入市试点，完善土地增值收益分配

---

〔1〕《马克思恩格斯选集》（第 3 卷），人民出版社 2012 年版，第 176 页。
〔2〕习近平：《论“三农”工作》，人民出版社 2022 年版，第 63 页。
〔3〕马克思：《资本论》（第 3 卷），人民出版社 2004 年版，第 849 页。
〔4〕马克思：《资本论》（第 3 卷），人民出版社 2004 年版，第 697 页。
〔5〕马克思：《资本论》（第 3 卷），人民出版社 2004 年版，第 709 页。
〔6〕马克思：《资本论》（第 3 卷），人民出版社 2004 年版，第 709 页。

机制。[1]

（三）警惕只把技术进步作为提高土地效能的唯一标准

马克思运用辩证唯物主义对土地问题进行研究。毋庸置疑，传统的农业生产在资本主义生产方式下带来了技术性的革命。马克思指明："资本主义生产方式的巨大成果之一是，它一方面使农业由社会最不发达部分的单凭经验的和刻板沿袭下来的经营方法，在私有制条件下一般能够做到的范围内转化为农艺学的自觉的科学的应用。"[2]在这里，他充分肯定了现代资本主义生产方式在追逐超额剩余价值的过程中使农业科学在生产中得以运用。同样，在社会主义条件下，"农业的出路在现代化，农业现代化的关键在科技进步和创新"。[3]当然，我国农业劳动力总量不断减少，并不断呈现出老龄化的趋势以及实际耕地面积不断减少的问题。实践中，不仅需要通过技术进步来解决上述瓶颈制约，实现内涵式发展，而且还需要通过更加协调的生产关系结构来自觉处理好土地产出率、资源利用率、劳动生产率、农民收益率的综合平衡关系。这就进一步明确了农业的现代化不仅是"物"的现代化，更包括社会主义农业生产关系的优化、乡村治理体系和治理能力现代化的提升、城乡与工农差距的缩小、粮食和耕地安全的确保等"人"的现代化。

（四）警惕实际耕种者从集体层经营内部转向外部

土地流转后传统的小农经营方式会越发变得难以适应。马克思早已指明，小农"作为租金支付给土地所有者的东西，往往不仅占去他的利润——即他自己的剩余劳动，他作为自己劳动工具的所有者对这个剩余劳动享有权利——的一部分，而且还占去他在其他情况下付出同量劳动本来会得到的正常工资的一部分"。[4]也就是说，在这种状况下，通过土地租金返回给土地所有者的正是从农业工人手中所扣留的部分。再加上，农业机械化的广泛应用使更多从事短工的农民从农业中游离出来，其加剧了过剩农业人口直接的竞争。马克思指出："资本主义生产方式的前提是：实际的耕作者是雇佣工人，他们受雇于一个只是把农业作为资本的特殊开发场所，作为对一个特殊生产部门的投

[1] "锚定建设农业强国目标 切实抓好农业农村工作"，载《人民日报》2022年12月25日。

[2] 马克思：《资本论》（第3卷），人民出版社2004年版，第696~697页。

[3] 习近平：《论"三农"工作》，人民出版社2022年版，第41页。

[4] 马克思：《资本论》第3卷，人民出版社2004年版，第705页。

资来经营的资本家即租地农场主。”〔1〕雇佣工人从事一线生产劳动不仅不能摆脱受制于资本的两极分化的状态，而且会使土地耕作背离满足人的生活需求的初衷。如果私人大资本不断承包与经营村域内极具规模的最优土地，甚至以固定的年限长期固定下来，那么就在实际上使流转土地的价格转化为出租土地的资本化收入。现阶段能够承接流转土地经营的多数仍为种粮大户或资本领办的专业合作社，村集体领办的合作社数量依然较少。而小农摆脱可能受制于雇佣劳动关系的最佳路径就是在党组织领办的合作社中参与经营、利益共享、抱团取暖。通过发展适度规模经营，支持发展农民合作社等新型经营主体来把小农户服务好、带动好，这是 2022 年中央农村工作会议的主要精神。新时代以来，随着我国农户水平不断提高、消费需求结构不断优化，但人口老龄化程度与非农就业要求势必越发强烈，所以农地的规模化经营大势所趋，集体层经营在乡村振兴中的主导地位也越发凸显。2019 年，北京市农村经济研究中心对新型农业经营主体的 483 份调研报告显示，农户在确权后依然愿意将农地流转的占 87.75%，且 70.86%的农户认为土地流转给村集体最有保障，其次是龙头企业占 12.91%，再次是专业合作社占 9.27%，家庭农场占 2.65%，种养大户占 1.99%。〔2〕

（五）警惕以土地的经济价值作为衡量流转地租的唯一标准

在马克思看来，已注入土地的资本以及为土地改良优化而支付的利息额仅是地租标准的一个参考因素，但是并不是真正的地租，因为“真正的地租是为了使用土地本身而支付的，不管这种土地是处于自然状态，还是已被开垦”。〔3〕这启发我们，在土地流转中，以土地附加值来论地租高与低的做法容易忽视土地地租的内核，即土地本身的价值。土地是重要且有限的自然资源，对农村土地的过度开发、大量农业用地转工业或建设用地势必会给土壤造成不同程度的破坏，会危及乡镇居民生活的幸福指数甚至是身心健康，最终也不利于农业经济的长远发展。特别是随着国家土地规划的收紧、土地确权的完成以及土地流转的有序展开，可开发利用的土地资源会越发减少，村集体

〔1〕 马克思：《资本论》第 3 卷，人民出版社 2004 年版，第 698 页。

〔2〕 陈雪原、孙梦洁、周雨晴：《中国农村集体经济发展报告（2021）》，社会科学文献出版社 2021 年版，第 27 页。

〔3〕 马克思：《资本论》（第 3 卷），人民出版社 2004 年版，第 699 页。

土地会越发呈现“寸土难得”的情形。如果仅用土地开发、土地类型的变更来增加集体资产的办法发展集体经济，那么集体经济必然会面临缺乏新的有力增长点的局面，从长远看单纯从土地要效益的做法难以维系。根据东莞相关数据统计，全市村组的平均开发强度达 47.87%，实际建设用地比规划建设用地多 10 400 多亩，8 个村的土地平均开发强度达 52.2%，大宁村、土桥村的开发强度超过 60%，江南村的实际建设用地超出规划面积 138 亩，深巷村、小享村虽然账目上有 380 多亩和 480 多亩可用地，但基本上已由市镇统筹。[1]

（六）警惕集体土地流转给大户或公司的发包期过长的问题

在资本主义生产方式下，土地所有者尽可能缩短土地租期的原因之一在于，不断把土地改良后升值的土地价值核算到新的地租中，并变为土地所有者的私有财产。只要土地价格的水平取决于地租的增加，优质土地的高地租与雇佣工人的低工资之间总是成反比例的关系。与此相对比，在社会主义条件下，流转土地承包期的确立需要以乡村振兴、农民致富为根本准则，做好制度设计。习近平总书记强调：“我国农村情况千差万别，集体经济发展很不平衡，要搞好制度设计，有针对性地布局试点。”[2]土地流转的承包期正是需要在国家顶层制度设计的基础上由省市县级政府与村级集体组织根据当前利益和中长期利益相结合的原则共同来设计与规划。各级政府既要保证初步流转给专业大户或公司的土地有一定时期的稳定经营和建设期限，又要注意如果流转的期限过长可能会带来的架空土地集体所有制的风险，进而可能会严重低估土地本身的价值并损害农民的利益。可见，在土地资源计划配置中，政府绝不是仅提供基础设施、公共服务用地等“做市场做不了、做不好的事”，而是也要在土地的流转期限、产业布局、租金使用、耕地总量等有效规划与用途管制中更好地发挥县乡镇及以上政府的宏观调控作用，其也并不会影响市场对土地资源的调节作用。

三、优化农村集体土地、壮大集体经济的有效路径探究

在打赢脱贫攻坚战过程中，大量的国家财政扶贫资金转为村集体股本金，

---

〔1〕 陈雪原、孙梦洁、周雨晴：《中国农村集体经济发展报告（2021）》，社会科学文献出版社 2021 年版，第 339 页。

〔2〕 习近平：《论“三农”工作》，人民出版社 2022 年版，第 44 页。

其成为助力集体经济再次壮大的难得机遇。但是，关键问题在于，如何在土地流转中把“一切财富的原始源泉”即土地，[1]通过一系列巩固和完善土地集体所有制的多元化路径，来提高集体土地效能，让广大农民在深化农村改革中分享更多成果。

（一）建立国有土地和集体土地相互并存、相互促进的联动机制

农村集体经营性建设用地入市改革的推进，也得益于新中国成立前后就开始进行的土地改革以及后来的互助组、合作化及集体化运动。土地国有和集体所有相互并存、相互促进为今日土地制度的改革奠定了基础。集体所有制和全民所有制的两种所有制并存的形式是社会主义建设时期坚持与完善的经济基础。马克思在《论土地国有化》中批驳了土地私有化的主张，阐述了土地国有化是社会发展的必然要求，而且“工人阶级的未来取决于这个问题的解决”。[2]在马克思看来，虽然土地国有化是一种社会发展的必然，但是在资产阶级政权下的土地所谓国有化后常采取把土地分成小块地然后出租给个体农户或合作社，然后通过制造几类主体之间的残酷竞争使地租上涨，这时“反而为土地占有者提供了新的便利条件来养活自己”。[3]在马克思看来，真正的“土地国有化将彻底改变劳动和资本的关系”，并且“最终消灭工业和农业中的资本主义生产方式”。[4]马克思在这里所指的“土地国有化”是社会主义高级阶段的土地国有化，即在实行单一的生产资料全民所有制的基础上消灭商品、货币、阶级乃至国家政权，这里的“国有”实际上也已经打破了地域的界限，成为由各个自由平等的生产者所构成的社会共同体。马克思的土地国有化设想为未来社会的发展指明了方向。但是，在社会主义发展的初级阶段，“把土地交给联合起来的农业劳动者”的土地合作化思想仍具有很强的现实指导意义。[5]列宁同样指出：“使地产‘价值增殖额’成为‘人民的财产’，也就是说把地租即土地所有权交给国家，或者说使土地国有化。”[6]随着社会主义实践的深入，毛泽东发展了马克思的理论，完善了社会主义全民所

[1]《马克思恩格斯选集》（第3卷），人民出版社2012年版，第175页。
[2]《马克思恩格斯选集》（第3卷），人民出版社2012年版，第175页。
[3]《马克思恩格斯选集》（第3卷），人民出版社2012年版，第177页。
[4]《马克思恩格斯选集》（第3卷），人民出版社2012年版，第178页。
[5]《马克思恩格斯选集》（第3卷），人民出版社2012年版，第178页。
[6]《列宁全集》（第21卷），人民出版社1990年版，第430~431页。

有制和集体所有制要相互并存、相互促进的思想。毛泽东在《读斯大林〈苏联社会主义经济问题〉谈话记录》中就以集体所有制的变革作为主线之一，进一步把社会主义向共产主义过渡分成四个阶段。这四个阶段可以分别理解为：第一阶段是由个体经济向集体所有制过渡；第二阶段是全民所有制和集体所有制并存的阶段；第三阶段是单一的全民所有制阶段；第四阶段是单一的共产主义全民所有制。1958年8月，毛泽东强调："不要忙于改集体所有制为全民所有制，在目前还是以采用集体所有制为好，这可以避免在改变所有制的过程中发生不必要的麻烦"。[1]

新时代以来，处理好国有土地和集体土地的关系，更是走城乡融合发展之路的必然选择。习近平总书记强调："加快城乡基础设施互联互通，推动人才、土地、资本等要素在城乡间双向流动。"[2]这里所强调的是双向流动，而不是从农用地向城市用地的单向流动，要将保障农民集体成员权利同激活资源要素统一起来，建立"工农互促、城乡互补、协调发展、共同繁荣的新型工农城乡关系"。[3]2021年，《中国农村集体经济发展报告》中强调，农村集体经济组织的产权相对封闭的原因就在于"集体土地所有权不能自由买卖"，因为"农村集体经济组织是集体土地的所有者代表，集体经济组织成员需要相对固定""如果允许股权开放，极有可能出现社会资本控股集体经济组织，进而'巧取'集体土地所有权，换一种方式达到集体土地私有化目的"。[4]而实际上，农村集体产权制度改革中所谓的"股份"同股份制、股份合作制的可分割、可流转的"股份"不同，集体产权制度改革中出现的所谓"股"更多是指每个成员在集体资产收益中的具体分配份额。[5]因为集体资产的不可任意分割性决定了其具有不断保值增值的职能。

（二）重新对集体土地的价值进行综合评估

土地的价值是一个动态的运动过程，其不仅含有土壤肥力本身以及多种

〔1〕《毛泽东文集》（第8卷），人民出版社1999年版，第224页。

〔2〕《习近平关于"三农"工作论述摘编》，中央文献出版社2019年版，第54页。

〔3〕习近平：《论"三农"工作》，人民出版社2022年版，第38页。

〔4〕陈雪原、孙梦洁、周雨晴：《中国农村集体经济发展报告（2021）》，社会科学文献出版社2021年版，第339页。

〔5〕江宇："党组织领办合作社是发展新型农村集体经济的有效路径——'烟台实践'的启示"，载《马克思主义与现实》2022年第1页。

自然力作用的差异，又含有采用化学方法或机械方式等不同的生产力手段的差异，更含有社会生产关系对土壤肥力和土地价值本身的影响。也就是说，既要注重土壤的自然肥力，又要重视土壤的经济和社会肥力。正如马克思在《哲学的贫困》中所说，“肥力并不像人们所想的那样是一种天然素质，它和当前的社会关系有着密切的联系。一块土地，用来种粮食可能很肥沃，但是市场价格可以驱使耕作者把它改成人工牧场因而变得不肥沃”。[1]土地的改良与机器的变革有完全相反的积累效果，旧机器被新机器所代替后必然会逐渐丧失作用，而“土地只要处理得当”，即农业的生产关系与生产力社会化的发展不断适应，“就会不断改良”。[2]所以，应充分重视马克思关于“土地的优点”的论断，即各个合理的、连续的追加投资能够不断地带来利益。由此，土地流转后连续投资所产生的收益需要村集体经济组织再评估，不断完善土地增值的收益分配机制。当然，土壤肥力和土地耕种面积的绝对提高和增加并不会使级差地租消失，而是在实践中这种级差地租的差距还可能会扩大。

因此，不仅要确保土地中最核心的农田规模，还要确保其经济质量和生态价值。党的十八大以来，我国农业现代化进入到新的发展阶段，并呈现出与过去不同的一系列新发展特点，其中一个重要的变化就是农业发展正在由量的增加向质的提升转变，并且逐渐成为农业转型发展的决定性因素。但是，习近平总书记指出：“从最新的国土调查结果看，全国耕地面积比十年前减少了一亿多亩。如果任由这个趋势发展下去，十八亿亩耕地红线还怎么能保得住？十四亿多人饭碗还怎么能端得稳。”[3]可见，这并不是有学者所认为的深化土地制度改革“即使是涉及占用耕地的农地转用，也可以通过构建城乡统一的建设用地市场，在全国范围内推进‘增减挂钩’和‘占补平衡’，确保18亿亩耕地红线不被突破”。[4]要改变我国耕地数量和总体质量不高、后备资源不足的问题，确保耕地、粮食和种子绝对安全，事关中国人能否端稳自己的饭碗、不受制于人，由此“要抓住耕地和种子两个要害”，[5]“要牢牢守

---

〔1〕《马克思恩格斯文集》（第1卷），人民出版社2009年版，第646页。

〔2〕马克思：《资本论》（第3卷），人民出版社2004年版，第883页。

〔3〕习近平：《论“三农”工作》，人民出版社2022年版，第332页。

〔4〕蔡继明、刘梦醒、熊柴：“加快建设全国统一土地大市场的制度安排”，载《上海大学学报（社会科学版）》2022年第4期。

〔5〕“锚定建设农业强国目标 切实抓好农业农村工作”，载《人民日报》2022年12月25日。

住十八亿亩耕地红线，防止违法改变用途，对违法占用耕地‘零容忍’，坚决遏制耕地‘非农化’、防止‘非粮化’”。〔1〕

（三）增强集体土地集体层经营的内生动力

新时代不能再单纯通过增加土地供给来推动集体经济的增长。虽然产业兴旺是乡村振兴和有效治理的基础，但关键问题是怎样使产业更加兴旺，其中很重要的一点是如何充分发挥村集体经济的产购销一体化的优势。传统的一村一品、一户一品等东亚式的小农生产模式显然已经不再适应土地流转后对规模化、社会化经营的要求。在新时代农村发展的实践中，越来越多的乡村通过“连村发展”的模式，把区域内的几个村通过城乡融合的县乡村“大三级”的统筹规划来集中力量发展优势产业。如，浙江省近年来在全省各地推广了农村集体经济的“村村联合”的抱团发展模式，其有利于解决一定区域内村集体经济发展不均衡的现象，带动多个集体经济薄弱村共同出资参与集体经济项目，实现保底分红，并保障村集体经济的保值增值。2019 年浙江省各地抱团项目已经达到了 564 个，其中跨市及以上项目 29 个、跨县项目 12 个、县域内 523 个，抱团村达到 12 042 个，投资总额达到 237. 47 亿元，收益分红 389 亿元，年村均回报率为 11. 34%。〔2〕

由此，可以通过在地的产业化、工业化、服务业化来促进城镇化，进而实现城乡的融合同步发展。在统筹规划下，对接城镇国有经济平台的村社集体经济组织如果能够通过村集体资产公司的管理来科学评估集体土地的价值，那就既可以充分发挥集体经济的“统”的力量，又可以利用集体资本与国有资本、集体资本与民营资本的“双控互促”效能。国有平台公司具有提高对依托集体层经营所创立的专业合作社的配资比例、加强投资方向和风险防控指导等职能优势。这样集体层经营就具备了政策规划、资金保障、技术支持和风险控制等能力，并可以进一步实现集约化、科技化的现代农业。由此，新时代农村具有比较优势的产业不应仅局限于土地密集型产业或劳动力需求比较多的农业、林业、渔业、畜牧业等，还完全可以向绿色、安全、高效的现代农业发展，使农民合作社、龙头企业等新型农业经营主体加大绿色生产

---

〔1〕 习近平：《论“三农”工作》，人民出版社 2022 年版，第 306 页。

〔2〕 陈雪原、孙梦洁、周雨晴：《中国农村集体经济发展报告（2021）》，社会科学文献出版社 2021 年版，第 297~302 页。

力度。

（四）促使集体经济组织全过程参与生产、供销、信用的“三位一体”合作社

土地流转后交由公司或大户经营的土地，如果承包期后不再被续租，那么原投入土地的厂房、设备等固定资本能够重归集体经济组织所有。但是，如果村集体经济组织没有掌握原生产技术与管理营销方式，就会造成原有的生产资料无法继续带来任何价值和利润。那么村集体有可能会被迫把原有产业推倒重来，并通过寻找新的工商资本注入来发展新的产业。为了避免这种问题的产生，需要使村集体经济组织凭借集体土地所有权对流转给专业大户或私人公司的生产经营活动进行持股与参与。新时代探索农村集体资产股份权能改革，可以进一步通过村民股份合作，建立符合社会主义市场经济需求的农村集体资产管理与运营的新机制，并鼓励在合作社的信用职能层面大做文章。这项改革的目的绝不是把集体经济组织排斥出农业生产的全过程，也绝不是剥夺农民集体经济组织成员的决策、管理、经营与分红的权利。基于此，完成农村集体产权制度改革的村，村集体经济组织可以作为特别法人成立党支部领办的新型股份经济合作社，并由其代表村集体注册成立农民专业合作社。《民法典》明确规定，农村集体经济组织和城镇农村的合作经济组织可以依法取得法人资格。党支部领办的合作社与“党支部+合作社+股份公司”的传统模式相比，更加使村党支部由农业经济发展的“后台”走向产购销一体化的“中心”，以此来实现党建与乡村的政治、经济、社会、文化、生态的融合式发展。

（五）提高集体层经营中农户的收入分配水平

土地流转后，现有普通农户的收入一般分为三类，分别是土地流转租金、合作社务工挣酬金、利益联结分红收益金。从这三部分收入来分析，党支部领办的合作社与资本领办的合作社在经济效能、基本收入、农民流向等方面都形成鲜明的对比。前者可以充分保障农民的集体土地权益、在地生产经营权利、共享社会保障和福利权利等。如山东烟台首批党支部领办合作社的栖霞市东院头村 2019 年亩均分红 5050 元，村集体收入 92 万元，社员长期务工年均收入 4 万元。2020 年 8 月，烟台党支部领办合作社已经覆盖 2779 个村，

新增集体收入4.15亿元，农户增收5.23亿元。[1]而后者常会出现，农民除获得财产性收益、集体经济入股分红以外，还需要外出务工，其缺乏从内生动力来彻底解决农民在初次分配中的收入问题，进而仍可能存在系统性返贫的风险。在实践中，把个体农民单方向推向市场却不重视市场化与组织化相结合的做法，绝不是解放农民，更不是释放劳动力动能，而是可能使资本关系进一步固化。

对此，习近平总书记反复强调的是，“要通过发展现代农业、提升农村经济、增强农民工务工技能、强化农业支持政策、拓展基本公共服务、提高农民进入市场的组织化程度，多途径增加农民收入”。[2]为了解决这一可能存在的问题，应进一步加强对土地流转的租金的再评估与核算，科学评估土地流转的期限，特别是要推广农民通过土地或资金入股等形式实际参与集体组织内部的生产与经营活动中，并以此来提高初次与再分配的水平。农户在集体经济组织内部的就业与创业在实践中远比在集体组织外从事生产劳动要更有保障，更有利于解决农业从业者老龄化以及“留守劳动”“留守儿童”等社会问题。习近平总书记强调的“农民的地农民种是必须坚持的基本取向”，[3]就是引导构建以新型职业农民和村集体组织为主体的新型农业生产方式的重要导向。新型职业农民对本地农业生产所固有的自然特性、生产周期和环节具有丰富的生产经验。在此基础上，通过党组织领办村合作社，使在村集体经济组织内部的农民成为集决策、管理、劳动、分红等于一体的完整主体，“这些优势，都是其他经营主体所难以比拟的”。[4]在调研中发现，贵州省安顺市大屯村众惠专业合作社是坚持合作社基本原则、走共同富裕道路的集体经济示范村。特别是从该合作社的初始资本金参股原则中就可以充分体现这一点。大屯村众惠专业合作社规定全体村民必须人人有股，初始股价格为100元/股，每人最高不允许超过20股，村民总持股比例不低于60%；村委全资公司应带头持股，持股比例不高于30%；鼓励积极参与本村发展，且经集体

[1] 于涛：“新时代农业合作化道路必定越走越宽广——烟台‘党支部领办合作社’的探索和体会”，载《经济导刊》2020年第11期。

[2] 习近平：《论“三农”工作》，人民出版社2022年版，第40页。

[3] 《习近平关于“三农”工作论述摘编》，中央文献出版社2019年版，第92页。

[4] 徐俊忠：“深刻领会习近平同志关于深化农村土地制度改革的重要论述”，载《红旗文稿》2017年第15期。

组织同意的新村民参股，总持股比例不高于10%。出资方式是以货币出资为主，也可以用库房、加工设备、运输设备、农机具、农产品等实物、技术、知识产权、土地承包经营权等作价出资，还可以用在本社的劳动报酬折抵出资，其充分保障了在地农民的劳动权、收益权和保障权。

第六章
集体化经济理论与实践问题的比较与启示

经过上述研究，结合列宁、斯大林和毛泽东的经济思想，可以发现集体化的核心要义是在合作化原则的基础上实现生产和流通相互协调的生产资料集体所有的经济关系和实践形式，但其也并不限于经济领域，还与政治、社会、文化、生态等领域有着密不可分的联系。从列宁、斯大林和毛泽东的集体化理论的比较视角出发，可以进一步明晰集体化理论与经济发展层面、政治建设层面、社会建构层面的“三位一体”的辩证关系。其中，既包括相同性分析，还包括差异性分析，特别是对集体化理论与实践的一些异化、僵化的做法亟须再探讨。当代集体化理论的研究也已经不能仅仅局限于“三农”领域，而已经把各个产业部门、多种市场经济模式和经营形式等都纳入到广义集体化的研究范畴。本研究就是要结合马克思主义经典作家在经济发展、政治建设、社会结构层面的集体化理论与实践的比较，按照邓小平同志“第二次飞跃”的战略方针和习近平经济思想的治国理政方略，对照集体化理论与实践问题的历史性实现条件，最终得出未来集体化相关理论与实践发展的启示。

第一节　经济发展层面的合作化和集体化经济理论的相同性与差异性分析

一、相同性分析

（一）从马克思主义政治经济学的视角出发，高度重视对一定社会生产关系主导的发展方向和社会样态的传承

马克思主义把人类的社会生产看作一个综合体，其具有两个不可分割的方面：社会生产力和社会生产关系。但是，传统政治经济学表述的“生产关系一定要适应生产力性质规律”在一定社会形态的终极层面是正确的，如果把生产力发展作为一种绝对客观地朝着绝对正确的方向前进的力量，而不论生产力发展的方向和性质，那么这种观点就有严重的问题。生产力与生产关系的矛盾运动并不是表现为两者的绝对外部对立，而是一个各自内部运动的矛盾综合体。在人类生产活动的综合体内部，本身就包含着实现人类进步与全面发展的物质力量与一定社会生产关系主导的发展方向和社会样态，即生产关系和生产力内部的对立统一。[1]

生产力与生产关系的矛盾运动综合体中一定社会生产关系主导的发展方向和社会样态的理念为列宁、斯大林和毛泽东等马克思主义经典作家所继承。列宁认为，在资本主义经济关系下，所有农民都会被卷入商品经济关系中，并成为实际的或潜在的商品生产者。在这一问题上，与民粹派所持有的农业组织的非资本主义性质以及仅是大经济排挤小经济的结果的观点不同，列宁强调，随着资本主义生产方式越来越在俄国经济中占统治地位，农民被掠夺与奴役以及其自身道德的滑坡是俄国社会经济组织的必然产物。在列宁看来，对于科学技术的提高不能脱离一定的经济制度，因为改进农业技术和改善群众的生活条件并不能等同。

斯大林基本继承了列宁社会主义合作经济思想。他明确强调，如果把生产关系在社会历史中的作用只是理解为束缚生产力发展的阻碍作用，或者认为生产关系在社会主义制度中消失、在生产力的发展中不断被吞没的观点，

[1] 张俊山：《政治经济学——当代视角》，清华大学出版社 2015 年版，第 7~11 页。

都是极其片面的。阻碍生产力发展的旧生产关系与代替旧生产关系、与社会化大生产相适应的新生产关系有着本质的区别。在人类社会生产活动中，新生产关系是主要的、有决定方向性的力量。苏联农业生产力在 20 世纪 30 年代以来数十年中所取得的巨大发展，不得不说得益于新的集体化的生产关系代替了旧的资本主义生产关系。当然，何为旧生产关系、何为新生产关系，还需要在唯物史观的视角下，把经济的发展看作一个自然史的过程。新的生产关系之所以不可能永远是新的，并不是应用意识形态的有色眼镜来观察，而是要考察现有生产关系和生产力的进一步发展之间的实际综合效益。只有真正促进生产力朝着劳动者利益的发展方向前进，才能符合人的劳动本性，新的生产关系才能充当生产力进一步发展的主要推进者。斯大林认为，如果没有在 1917 年 10 月用新的社会主义的生产关系来代替旧的资本主义的生产关系，那么就不会有如此巨大的社会主义建设成就。

先要改变生产关系，然后才有可能大大地发展社会生产力，这也是毛泽东所认为的普遍规律。毛泽东批判了苏联政治经济学教科书中关于“要有拖拉机，才能合作化”的说法，认为只有生产关系的改变、所有制方面的胜利才能更好地促进与其相适应的生产力的大发展。一切革命的历史都证明，并不是先有充分发展的新质生产力，然后才能改造落后的生产关系。在革命实践中，新的生产关系的确立能更好地为生产力的发展开辟道路。

（二）从合作化到集体化的理论提出与具体实践

列宁的合作社理论是列宁主义的重要组成部分，因为这一理论是无产阶级政权在农村的主要经济制度，其担负着组织成千上万的小生产者进行产供销一体化生产与再生产的重任，也是实现工业化的重要一环，还肩负着巩固无产阶级政权、抵御帝国主义封锁的任务。虽然与列宁晚年的合作化思想相比，斯大林的农业思想有着因发展阶段不同所产生的一些质的区别，但从总体上来说，他在苏联实施集体农庄合作经济模式之前，还是继承了列宁的合作社思想，并结合国内外形势的变化不断实践和发展了这一理论成果。但是，与列宁晚年的合作化思想相比，斯大林关于集体农庄的农业集体化思想有着因发展阶段不同所产生的一些质的区别，即存在对列宁合作社思想的一些异化理解，如把供销合作社作为低级形式、把生产合作社（集体农庄）作为高级合作社，进而把生产与分配通过高低区分。但是，如果说列宁是帝国主义和无产阶级革命时代合作化理论的集大成者及初步实践者，那么斯大林就是发展这一理论的探索者。特别是，如何使合作化更为巩固、更加能够适应社会化大生产的需要成为苏联社会主义建设时期亟待解决的中心课题。当然，也要清醒地看到这一理论背后所存在的制度设计及实践问题。

中国集体化理论的实践是从土地革命基础上的合作社实践开始的。早在1943年，毛泽东就明确指出，目前我们在经济上组织群众的最重要形式，就是合作社。新中国成立后，在解放区所实行的土地改革运动以及建立互助合作组织的尝试，在全国范围内也迅速展开。1949—1953年，毛泽东对我国农业合作化的认识经历了从土地改革到互助合作，再到初级合作社三个阶段。这三个认识阶段并不相互孤立，而是交错推进、接续进行的。从农业合作化在经济效益上的重要作用出发，毛泽东得出了合作经济在巩固土地革命的经济成果以及在生产效率、工农业互哺、所有制变革等方面的优越性。毛泽东所倡导的合作化、集体化道路绝不仅是从政治组织的视角出发的抉择，而是切实考察了中国农民几千年积贫积弱的经济状况，进而得出个体农民必须通过发展互助合作才能实现较大幅度增产增收的结论。但是，面对互助合作经济极易产生再度“退坡”的现象，毛泽东指明，克服这种状况的唯一办法，就是逐渐地集体化；而达到集体化的唯一道路，依据列宁所说，就是经过合作社。这就指明了合作社的重要性和过渡性及向集体化过渡的大方向。

（三）注重机械化与集体化的相互作用

列宁在《俄国资本主义的发展》一书中，重点论述了机器在农业中的意义，深入分析了机器与资本主义经济之间的辩证关系，并指明机器一方面使村社组织成大农场，另一方面又因排挤雇佣工人，并使农业中的资本主义后备军大量形成。列宁强调，只有有了物质基础，只有有了技术，只有在农业中大规模地使用拖拉机和机器，只有大规模地实行电气化，才能解决这个关于小农的问题，才能使小农的全部心理健全起来。列宁的合作社计划率先明确强调了，农业的集体化离不开国家主导的科学技术的支持，特别离不开发电站、水利设施等大型工程的配套。在苏联电气化计划的实施过程中，农民不仅成为计划实现的建设主体，更成为计划的主要受用主体。集体化的发展程度要与农业生产力的发展水平、电气化的发展水平相适应，才能够保证农村的社会主义生产关系的牢固。

在解决这一问题上，斯大林发展了列宁的电气化计划，提出在新技术基础上重新装备农业，并着重强调了集体化对机械化和新技术应用的反作用。在他看来，把农户联合为集体农庄，以扩大农业规模的道路，其进步性不仅在于不让农民破产，而且有利于采用新技术和农艺学成就，并向国家提供更多的产品或商品。这也是继承了列宁对农业资本主义的批判范式。在斯大林看来，资本主义生产方式所加剧造成的城乡分离、工农关系破裂以及由此造成的农产品商品量不足等问题，会使农业自然产生一种无法跟上工业发展步伐的自然倾向，而克服这种自然倾向又是紧迫与必要的且具有很大的难度。他把机器和拖拉机看作社会主义经济繁荣和农业发展的杠杆。斯大林提出，改造农业需要帮助农民在新技术和集体劳动的基础上改造农业生产，特别是要让农民相信新技术的力量和意义，相信新的集体经济组织的力量和意义。

社会主义革命与建设就是要解放和发展生产力，两者不能偏废其一，这是毛泽东经济思想的重要方法论之一。毛泽东并不是不注重生产力的发展，而是在生产力和生产关系所组成的物质生产劳动的综合体中来考虑解放与发展生产力的问题。他认为，农业的根本出路在于机械化，工农差别的消失、脑力和体力劳动差别的消失，从根本上还是要依靠生产力的高度发展。毛泽东强调，单有合作化，而没有机械化，工农联盟还是不能巩固的。当然，如果社会主义现代化仅是指生产力提升的一个方面，而不注重对生产关系的相应改造，那么就必然造成生产、交换、分配和交换之间的相互脱节，最终必然会阻碍现代化的进程。遵循社会主义经济的发展规律和客观世界的规律就是要做到生产力和生产关系的统一。毛泽东认为，只要我们更多地懂得马克思列宁主义，更多地懂得自然科学，也就是，更多地懂得客观世界的规律，少犯主观主义错误。

（四）注重集体化为优先实现工业化提供基本保证，同时注重工业化是引领集体化发展的先决条件，通过两者的有机结合，才能完善社会主义积累方式

列宁把农业的合作化计划纳入电气化计划内，并且在这一时期转向利用由苏维埃所属的电气化来治理农民两极分化趋势。斯大林把列宁主义关于社会主义经济的基础性任务归纳为两个方面：一方面是加强和发展国有化工业；另一方面是在流通领域发展合作社，振兴商业，组织千百万农民参加合作社。

在斯大林看来，也只有做到这两点才能实现工农业之间的互哺：由国家所调节的合作社可以把工业经济和农业经济联系起来，用粮食税代替余粮收集制，可以增加工业品和农产品的交换，并通过进一步减少粮食税额来为农民减负，并为工业品扩宽销路。在斯大林看来，高度发达的金属工业和合作化的农业的结合是国防事业的基础，是社会主义事业在国际范围内取得胜利的基石，这也是列宁道路的真谛。

把集体化和工业化作为社会主义建设时期密不可分的、统一整体的思想是列宁、斯大林和毛泽东等马克思主义经典作家所共有的。而与把合作化或集体化的经济组织直接作为调节工农业按比例生产的枢纽的列宁思想不同，毛泽东对新中国的合作化实践思想更为强调的是国家的计划路线与农民自下而上的运动与组织相结合。在毛泽东看来，合作化承担着社会主义改造、提供成规模的劳动力组织等任务。他把农业的社会主义改造作为过渡时期总路线中极其重要的组成部分，并把其作为能否顺利实现社会主义工业化、满足人民日益增长的需要、增强国防力量、防止反革命复辟的关键。有了合作化、集体化才能以统购统销的方式来支持农业机械化、工业化的发展，才能更好地实现工业的社会主义改造。而且，农业集体化实现之后，可以逐步从农村解放出大量劳动力，在生产力水平还较为落后的时期，可以有组织、成规模地满足工业发展的需要。当然，毛泽东同样认为，只有优先生产资料的生产才能满足国民经济和扩大再生产的需要，只有大工业才能成为社会主义的物质基础。

（五）摆脱帝国主义经济封锁、完善社会主义积累方式的需要

社会主义生产方式不能像资本原始积累那样通过资本扩张来通过掠夺与剥削的方式实现，而是要通过内部积累的方式来实现机器制造业、冶金业、拖拉机和汽车制造业、军工业等领域的工业化，进而抵御外部的经济封锁与渗透。列宁主义认为，在帝国主义对新兴社会主义国家的政治经济封锁中，社会主义的内部积累只有依靠共同的、劳动组合制的、共耕制的劳动才能摆脱帝国主义战争的泥潭、走出绝境。特别是，面对帝国主义战争对经济发展所蒙受的巨大损失，必须过渡到模范大农场的共耕制来满足农民的需要，并为工业化建设提供保证。列宁主义所肩负的实现社会主义革命的首要任务就是要对帝国主义所处的阶段进行研判，即弄清资本主义、帝国主义社会的基

本性质，在此基础上，还要厘清向共产主义过渡发展的条件、因素、路径等不可避免性的举措。随着世界市场上出现的严重的生产过剩和相当尖锐的工业危机、经济增长停滞危机，小生产者更加陷入破产的泥沼并纷纷通过雇佣劳动的形式更加依附于资本。在这样的背景下，如何使小资产阶级合作社向无产者、半无产者所领导的生产消费公社过渡成为巩固苏维埃无产阶级专政在经济领域的基本任务。因为合作社不再代表资产阶级和小资产阶级利益的资本主义自由贸易的形式，而是为全体群众服务的一种产供销合作形式。斯大林同样认为，如果不能沿着社会主义工业化和集体化的道路前进，那么强大的工业和机械化的农业、日益发展的运输业、有组织的和装备精良的红军都无法实现，甚至容易使社会主义遭受失败。而毛泽东对于社会主义农业发展以及过渡速度问题的理论探究，同样为社会主义实践探索提供了重要思考。新中国成立后，我国农村走组织化、合作化的道路也是充分考虑帝国主义的经济封锁和军事干预等重要因素。从土地改革到合作化、集体化运动的过渡速度是一个受内部发展和外部环境等诸多因素影响的难点问题。由此，在合作化、集体化理论研究中，不能简单地用“过快或过慢”来评价集体化实践的成败，因为每一次过渡速度的变化都需要综合研判内外部客观的历史条件。

二、差异性分析

（一）与中俄所处的封建和资本主义力量对比以及工农业发展程度等基本国情不同，有直接的关系

俄国既具有大量的农奴制残余，又被卷入资本主义商品流通之中，而且具有悠久的合作社传统。一方面，俄国人身依附的农奴制、自给自足的小农制会因为根深蒂固的乡土文化形成许多阻碍资本主义发展的生产生活方式的残余，而且由于俄国较迟较慢地被卷入资本主义商品流通中，最终形成了多种农业资本主义发展形式。这一进程一旦开始，社会分工会使原料加工业、手工业逐一脱离农业，农村的两极分化、贫困化就会与资本主义商品经济形成一个长期互促的趋向。列宁深入分析了资本主义经济对俄国农业经济带来的根本性改变。另一方面，俄国合作社的悠久传统是从消费合作社起步的，政权转归苏维埃之后，本来的银行、消费合作社、大工厂、辛迪加等资本主义产物需要有一个向社会主义过渡的转化方式和过程。苏维埃政权首先就是

要在分配方面使代表旧的资本主义利益的小资产阶级合作社向无产者、半无产者所领导的生产消费公社过渡。当然，在实践中，工业的国有化与合作化要远超农业合作化的发展程度。在新经济政策制定与实施的过程中，列宁逐渐意识到这一点，还充分认识到俄国在工业领域劳动的集体化和社会化程度远比农业领域高。在列宁看来，在这样一个农民占多数的国家里，必须提高农民经济。而斯大林更多地把高速发展工业作为在集体制基础上改造农业的钥匙，而缺乏对农业自身的内生性动力的重视。这一认识在实践中也呈现工业凌驾于农业之上的情况，并进一步造成了苏联日后对农业的发展和农民的物质福利提高方面的不足。特别是如果仅仅从粮食收购量的视角来考虑工业化的应用问题，并以此来反对小农户适度的自由贸易和必要的粮食进口，那么就会影响集体化本身的目的与要求。

而与苏联的国情相比，中国在新民主主义革命时期面对着半殖民地半封建的薄弱社会基础，官僚资产阶级的腐朽和民族资产阶级的软弱使中国的资本主义发展也天生畸形，社会化工业生产、合作化基础、工农的处境甚至远不如苏联。例如，在生产力层面，与苏联当时发达的农业机械化相比，我国的农业机械还是以旧式生产工具为主；在生产关系层面，虽然在新中国成立初期我国建立了农业互助组以及生产合作社，但是规模小、稳定性弱。毛泽东早在湖南湘潭西乡所作的《中国佃农生活举例》中就得出了“中国佃农比世界上无论何国之佃农为苦”〔1〕的重要论断，中国革命的基本问题就是农民问题。毛泽东思想就是要通过发动农民、为了农民，使农民从政治压迫和经济剥削下解放出来。所以，我国的“五年计划”更为强调不能通过强制生产来干预农民的生产意愿，只能通过经济工作和政治工作来指导农业生产，并力争使其与工业生产计划相协调。毛泽东也深刻地认识到，超过某种限度的所谓农业“计划”、所谓农村中的“任务”是必然行不通的，而且必然引起农民的反对，使我党脱离占全国人口百分之八十以上的农民群众，这是非常危险的。在实践中，也确实存在，人为地加快合作化步伐，使许多地区不同程度地违反农民意愿，强迫入社的情况〔2〕。

〔1〕《毛泽东农村调查文集》，人民出版社1982年版，第33页。

〔2〕蒋玉珉：《合作经济思想史论》，山西经济出版社1999年版，第260页。

（二）从注重生产和流通的结合以及生产与消费的两极矛盾运动，到片面强调生产、忽视流通的异化理解

列宁在《论合作社》一文中，从生产和流通领域相结合的视角肯定了合作社的重大意义，指明了把农民组织起来的合作化道路仍是社会主义农业发展的大方向，而且也是私人利益能够服从共同利益的道路。这是列宁对马克思主义理论的重大贡献之一。在资本主义向农业社会渗透的过程中，在社会再生产的第Ⅰ部类中不变资本部分的产品必然会比其他部分的社会产品增长得要快，而且在资本主义经济条件下这一趋向具有不可逆的倾向。一方面，列宁得出了，只有科学运用这条规律才能揭示出资本主义的一个最深刻的矛盾，即国民财富增长得异常迅速，人民消费却增长得极其缓慢。另一方面，从消费合作社逐步拓展为兼具生产和消费的合作社。在社会化大生产的生产、交换、分配和消费的四个环节中生产是处于首要位置的，生产方式的第一性也决定了其他方式的性质、归属与效率，而消费又是整个生产过程能够畅通的关键一环。对此，列宁认为，把全体人民都组织到生产消费公社的直接目的就是，把整个分配机构严格地集中起来，最迅速、最有计划、最节省、用最少的劳动来分配一切必需品。

列宁的合作化道路认为，只有通过消费合作社的完善，才有望把这种合作关系拓展到生产层面。斯大林对这一合作化的经济史有着深刻的认识，在继承的同时也异化了列宁的合作化思想，提出社会再生产中生产和流通形式孰高孰低的问题。斯大林指出，合作化的道路，起初是在农产品销售方面和农户所需要的城市产品供应方面，然后是在农业生产方面应用集体制原则的道路，因为销售方面的合作化、供应方面的合作化、信贷和生产方面的合作化是提高农村生活水平的唯一道路，是使广大农民群众免于贫困和破产的唯一方法。当然，也只有在生产领域从集体化劳动到劳动者的生产资料集体制所有，才能使社会主义的整个生产过程得以贯通。这条从合作化上升为集体化的道路实质上就是社会总生产从流通领域转换为生产领域的道路。但是，斯大林把“流通合作低级”和“生产合作高级”绝对对立起来，并在很短的时间内就要把流通合作社过渡到生产合作社。在社会再生产的生产和流通的横纵坐标轴上的“作用”与“反作用”的关系，并非“高”与“低”的问题。这种强行把合作社的各种有益探索形式划分为“低级”和“高级”的做

法在理论上违背了生产力与生产关系的辩证理论，并在实践中否定了流通合作的各种形式，造成了斯大林的集体化形式的单一化与僵化。[1]

在我国对社会主义建设道路的艰辛探索时期，存在农业生产合作社从小社盲目过渡到生产大社的问题，也存在只注重农业合作社而忽略流通、手工业生产合作社和购销合作社的重要作用的问题。当时，毛泽东等中央领导人认为，农业合作社的规模和公有化程度，已经不适应生产力发展的要求，并由规模较小的合作社合并成大社，是农业生产“大跃进”的有效组织形式。在这一过程中，同样存在片面强调生产力规模，而忽视了广大农民消费力的提高和改善，这不仅容易造成生产的过剩或脱节，而且容易偏离社会主义追求人民生活水平提高的初衷。

（三）重视集体化的自愿原则与实践中的反差

列宁主义把自愿原则作为合作化的首要原则，通过把公共的合作经济相较于个体经济的优越性展示给农民的办法来说服农民，并把他们引上合作化的道路。这种自愿原则，体现在列宁的《论合作社》中就是应采用尽可能使农民感到简便易行和容易接受的方法来向合作化过渡。这就说明，只有向农民指明，并用事实和实践经验证明，合作经济比个体经济好，更能使广大农民摆脱贫穷和困苦，才能让他们相信合作化理论的优越性。又因为集体化理论本身就包含合作化理论，所以合作化的原则也同样适用于集体化理论。在中国的互助合作运动的推进中，毛泽东也强调，各地区党委在领导农民群众逐步地组成和发展各种以私有财产为基础的农业生产互助合作组织的同时，不要轻视和排斥不愿参加这个运动的个体农民。在集体化实践过程中，毛泽东反复强调集体化的自愿和示范原则，并认为，代表无产阶级利益的马克思主义政党不能走损害农民利益的道路。因此，集体化也需要把自愿作为重要原则。任何用暴力干预的办法迫使农民“被集体化”的经济企图，都会产生不良的后果，并使农民越来越离开集体经济。例如，斯大林也明确指出，当遵守这个基本规则的时候，集体农庄运动就会节节取得胜利。但是，在苏联的全盘集体化实践过程中，出现了强迫命令、行政压制、强制消灭富农等极端的做法，整村、整乡、整区的“被集体化”问题严重，留下了许多严重的后遗症。在我国的“大跃进”和人民公社化运动中，同样存在违背自然规律

---

[1] 蒋玉珉：《合作经济思想史论》，山西经济出版社1999年版，第214~215页。

和经济规律及自愿原则的“被集体化”的做法。

（四）对小农经济认识的差异性

列宁的合作社思想就是强调，商品生产的小经济制度以及自给自足的小农经济是绝不能使人类摆脱群众生活贫困和遭受压迫状况的，因为在这样的经济条件下即使农民具有自有土地，也可能会因为缺乏积累起来的资本而随时面临经营不善而出卖自有土地的可能。一方面，列宁认为，小农经济在农业资本化的过程中，从表面上看还保留着家庭经营的外在形式，而在本质上已经不再是一个独立的经济形态，而是已经进入资本的分工和资本的逻辑之中。而改造小农，特别是改造他们的整个心理和习惯，可能是需要经过几代人努力的事情。另一方面，经过战时共产主义政策所留下的弊端，列宁重新认识到，由个体农户经营的小农经济仍大量存在甚至将长久地存在下去，特别是当小农经济还不巩固的时候，盲目地采取计划性提取剩余以及生产资料的摊派都极大地影响到了农民的积极性。

列宁对于小农经济的二重性判断符合历史进程，特别是后一种特征确实要经过一个长期存在的过程。但是，斯大林却认为在很短时间内就能消除小农经济并以此来解决城乡对立的问题。他认为，如果集体农庄运动以现有的速度发展下去，“剪刀差”就会最快被消灭，由此，城乡之间的对立也将加速消除。而实际上，构建生产资料集体农庄所有的所有制关系的新基础，虽然可以实现广大贫农和中农的“耕者有其田”，摆脱地主阶级苛捐杂税的盘剥，但是，在私有制和分工的作用下所形成的城乡关系对立、工农业关系对立的彻底消亡，还需要一个漫长的社会主义发展阶段才能实现。

在我国农业合作化运动迅速发展阶段，毛泽东分析了中国农业发展的阶段与合作化的现状，明确提出党在农村工作的危险之处在于，把小农经济混同于集体经济，这会造成“五多”等干涉农民、影响农民积极性的行为。面对这一阶段国内的粮、棉、肉、油等供不应求的现实状况，毛泽东坚持从生产方式即所有制与生产力不相适应的矛盾出发来解决现存的社会问题。他希望通过变革农村生产关系中最根本的所有制问题即从个体所有制过渡到集体所有制，来解决这种供求矛盾。基于小农经济的现实状况使广大农民走上合作化道路也是当时历史条件下农民的唯一出路。在毛泽东看来，向合作化过渡的一般规律是要经过土地革命后建立互助组，然后再到建立初级合作社，但也可以尝试从单干农民出发直接办初级合作社。毛泽东在审阅互助合作决议时曾强调，农业贷款必须合理地贷给互助合作组织和单干农民两个方面，不应只给互助合作组织方面贷款，而不给或少给单干农民方面贷款。可见，对于发展合作化，必须切合小农经济的实际，重视发展合作社的“需要与可能”。

（五）对商品生产或商品经济认识的差异性

列宁曾指出了商品经济的二重性以及商品交换在城乡互补中的作用。在列宁看来，蹩脚的农业、半赤贫的农民的自然经济是无法构筑起资本主义经济建构的，而俄国的资本主义软弱无力、没有根基、不能囊括国内全部生产且不能成为社会经济基础。可见，资本主义商品经济在农村的渗透，明显呈现出一种二重性属性。一方面，资本主义商品经济给农村的自然经济带来了冲击，为自然经济的解体带来可能。列宁充分认识到商品经济对自然经济在农业中的进步性意义。与自给自足的自然经济相比，商品经济通过频繁的商品交换使得低端和高端的农产品在市场上具有了交换的可能。另一方面，合作社在国家总体经济建设计划中起着重要的协调作用。合作社的协调作用主要是指，在商品交换过程中起到首要的交易市场的作用，而这一市场是小业主相互合作下的、有规制的商品交换，并且在城市工业和乡村农业的商品流转中形成了互补的相互关系。

但是，斯大林把商品生产看作一种没有资本家参加的特殊形式，并仅把商业活动局限于国家、集体农庄、合作社等社会主义生产者的个人消费领域。他把商品与货币的关系看作资本主义一切经济矛盾的根源，并在集体化中进一步把合作社的主要经营内容局限于农业劳动组合，排斥商品生产和多种经营方式。

而毛泽东则认为，在生产资料部分归国有的条件下，不仅不应废除商品生产，反而还应活跃商品生产，并充分利用好商品这一有利的工具。因为商品生产与社会生产力的发展水平密切相关，是最大限度满足社会需要的重要手段，并且可以使工农联盟的基础性作用得以进一步巩固。毛泽东的这一认识继承了列宁关于商品生产可以实现城乡和工农互补的思想，又进一步把商品生产与经济制度及所有制相联系，与价值规律相联系。

从集体化的视角出发，毛泽东对商品生产有以下四个基本认识：（1）明确新中国成立初期利用商品生产和商品交换的重要性。在毛泽东看来，社会主义在两种所有制并存的阶段，就需要把商品生产和商品交换作为向下一阶段过渡的首要条件，而且要想引导农民进行社会化大生产，就离不开商品生产和商品交换的极大繁荣；（2）注重在集体化的形式下提升商品生产的效用。毛泽东从辩证法的视角出发强调，农业集体化应该在保证粮食生产的同时，提倡工农并举，鼓励多种经营。这种商品生产是有计划地从两个方面发展生产，既要大力发展直接满足本公社需要的自给性生产，又要尽可能广泛地发展为国家、为其他公社所需要的商品性生产；（3）注重区分社会主义商品生产和资本主义商品生产的本质差别。毛泽东反复强调，资本主义的商品生产是无政府主义的、是自由放任的，而社会主义的商品生产是有计划的。只要农业商品生产和商品流通有其所依托的集体所有制性质和经济条件，完全可以使商品生产为社会主义建设服务；（4）坚持两点论，重视价值规律和计划之间的辩证关系。在毛泽东看来，计划第一，价格第二，价值规律虽然不起主要调节作用，但其作为“一个伟大的学校”还要充分发挥其计划工作的工具的重要作用。

（六）由土地国有化推进的自上而下形成全国统一合作社和由土地集体所有制演进的自下而上形成大合作社的设想不同

可以说，苏维埃政权的合作社进程是以小业主自愿联合为原则，由土地国有化推进，旨在将现有合作社合并为一个自上而下全国统一的合作社。而新中国的合作化进程呈现从互助组、初级社到高级社的自下而上的由集体所有制演进的不同方式来向大生产合作社推进。

首先，战时共产主义政策曾用完全的计划经济代替商业贸易，这也体现了对变革旧有合作社的迫切需要。而到新经济政策实施之后，列宁充分认识到共产主义运动绝不是沿着直线前进而是曲折前进的。在列宁看来，由小业主合作社向社会主义过渡，则是由小生产向大生产过渡，是比较复杂的过渡。从总体上来看，列宁所提倡的社会主义合作社是一种小业主自愿联合起来的产供销一体化的劳动组合，其生产资料所有制并不是完全单一的公有，其目标是把现有合作社合并为一个自上而下全国统一的合作社。与集体农庄的生产资料的单一公有制相比，斯大林所定义的农业劳动组合对于不同生产资料的所有权归属虽然有一些区别，但从质上来说已经越发单一化。

其次，斯大林虽然非常重视列宁主义关于合作制的所有相关论述，但是在全盘集体化的实践中背离了劳动合作组织的部分原则。他在对这一问题的思考中强调，必须在个体贫农中农经济和公共的集体经济形式之间架起一座桥梁，即广泛订立预购合同，建立机器拖拉机站，全力发展合作社运动，以便于使农民易于把他们细小的个体经济直接转上集体劳动的轨道。也就是说，斯大林的思路是通过全力发展集体经济的各种有益形式以及国营农场来补充个体、贫农、中农经济的全面发展。

最后，毛泽东强调，为了完成国家工业化，必须发展农业，并逐步完成农业社会化。也就是说，他认为，“农业社会化”必然含有农业从供销到生产、合作由初级向高级、土地从入股到集体所有形式的演进过程。因为，在他看来，互助组还不能阻止农民卖地，要合作社，要大合作社才行。因为，农民仅靠辛勤劳作是无法真正实现增产增收的目的。要想防止土地改革的果实被窃取的根本办法，就是要通过兴办合作社来为农民提供农业改良技术、资金及合作医疗、教育等保障。我国从农村的土地等生产资料到劳动产品都经历了向农民集体所有转变的过程，这就在很大程度上提高了农村集体的生产与经营的决策权、商品生产与流通的自主权。1959 年，毛泽东强调：“现在我们公社的生产资料所有制是集体所有制加个人所有，主要的是集体所有制。”[1]我国所实行的集体所有制相较于苏联集体农庄的模式更有利于发动群众以及走群众路线。农村集体所有制的建立有利于提升农业生产、防灾减灾等能力，促进合作医疗、民办教育、文化生活等民生保障。当然，由此所产生的人民公社化运动在所有制关系上盲目追求公有制的纯而又纯，有违两种公有制形式并存等客观经济发展规律，也脱离了社会生产力发展的水平。

（七）对国家资本与私人资本形式的辩证认识

列宁的新经济政策充分认识到，要消灭资本主义成分，有时还需要利用国家资本主义等形式才能更好地实现向社会主义的过渡。列宁认为，资本主义农业技术的提高以及农业生产率的提高离不开资本主义农业发展所蕴含的资本逻辑。这一逻辑使得建立在生产资料私有制基础上的初次分配能通过市场的桥梁性作用来加速商品的交换。资本主义农业由此打破了各个领地、村社以及农户间不依赖于任何经济体的自给自足的状态。在列宁看来，资本主

〔1〕《毛泽东年谱 1949—1976》（第 4 卷），中央文献出版社 2013 年版，第 212 页。

义的力量即对于欧洲各国农业的进步作用，体现在通过市场对各个生产者生产的社会核算，迫使他们考虑社会发展的要求。列宁在《论粮食税》中说，在俄国目前的情况下，合作社有自由，有权利，就等于资本主义有自由，有权利。这并不是要通过合作社恢复资本主义经济的自由化，而是不能再用余粮收集制来限制住合作社的发展。而斯大林则认为，价值法则在社会主义生产中不会起到生产调节者的作用，会排斥商品与资本，并把商品生产看作一种没有资本家参加的特殊形式，将商业活动仅限于国家、集体农庄、合作社等个人消费领域。

而在毛泽东看来，新中国成立后也只能先把一部分生产资料转归国有即全民所有，部分生产资料要由合作社集体所有，还要利用私人所有的资本形式。1950 年 4 月，针对会议上“国营经济是无限制地发展”的表述，毛泽东强调，这是长远的事，在目前阶段不可能无限制地发展，必须同时利用私人资本。他对当时中国资产阶级的资本进行了性质上的区分，即对官僚资产阶级的资本采取没收的政策、对民族资产阶级的资本采取赎买的政策。1958 年 11 月，他依然认为，现在我们的全民所有是一小部分，只占有生产资料和社会产品的一小部分，也只有各种社会经济成分，在具有社会主义性质的国营经济领导之下进行分工合作，才能各得其所。

（八）对国有、合作所有或集体所有的关系，工业和农业的关系的辩证认识不同

列宁对社会主义经济政策的初步构想可以分为三部分，其中，国有化层面：工业国有化、银行国有化、国家垄断对外贸易、采取革命措施使工厂转向有益的生产；合作化层面：用强迫参加消费合作社的办法使消费集中；货币政策层面：货币回笼、大额票面的新币、公债。这是要通过合作化正确计算、分配和消费粮食与其他必需品的分配和消费体制，并把其完全纳入到了国有化的生产体系当中。列宁在《论合作社》中谈到，在新经济政策的执行过程中，可能会出现过分重视自由工商业原则、重视资本主义的自由化，并且必然会造成对合作社的组织化意义的轻视。由此，他再次强调，合作社所有制背后所依托的是生产资料公有制的重要组成部分，其是生产资料所有权的国家所有形式。在斯大林看来，合作化的农业和高度发达的金属工业的结合是国防事业的基础，是整个社会主义事业在国际范围内取得胜利的基石，

这也是列宁道路的真谛。斯大林在《论列宁主义的几个问题》一文中强调，应把散漫的农户团结在社会主义工业周围。这凸显了他认为合作化应服务于工业化总体定位的观点。这就把工业与农业相得益彰的关系，变为了工业中心与农业周围依附的关系。

毛泽东在借鉴苏联经验和教训的基础上认为，没有农业和轻工业的发展就不会更好地促进重工业发展、没有农业合作化也就不能很好地解决过渡时期多种经济成分并存的问题的结论。毛泽东强调，只有在合作化的基础上，统购统销的政策才有可能被执行。在毛泽东经济思想中，农业合作化是实现工业化、社会主义改造、劳动者组织化的前提与基础。此外，在新中国经济思想史上，集体化的发展不仅要划分为合作化和集体化的两个阶段，还应从“耕者有其田”的小农经营、合作化、集体化的三个发展阶段来理解这个问题。可见，这一土地集体所有的进程与苏联土地的国有化进程有本质的区别。在毛泽东看来，集体化不仅是集体所有制的理论内涵和重要实现形式，同时也是全民所有制的重要前提条件和组织基础，是两种所有制之间产生经济联系的前提。针对两种社会主义所有制的实现形式，毛泽东既提出要分清两种所有制的界限，又把这两种社会主义所有制的基本形式统一为相辅相成的有机整体。

（九）对防止盲目向集体化过渡的速度、成败与质量问题的认识不同

列宁在 1920 年指出，当务之急并非发展集体农庄的问题，而是需要充分依靠小农经济，特别是还不能盲目向社会主义和集体化过渡，不能搞集体化的“一刀切”。在列宁看来，通过新经济政策使全体居民人人参加合作社，这就需要整整一个历史时代。而实际上，斯大林也同样强调，绝不能用强力去建立集体农庄，因为集体化的推进是以集体农庄运动的自愿原则和估计到苏联各个不同地区的不同条件为依据的。他也意识到，“被集体化”的政策可能会一下子破坏集体化的构想。但是，在全盘集体化的实践中实际上背离了劳动合作组合的原则。随着推进全盘集体化运动的展开，各地实际上纷纷越过被中央决议称为“过渡形式”的劳动组合，建立起农业公社。苏联在 20 世纪 20 年代后半期实施全盘集体化以来，推进速度远超过了集体化五年计划，截至 1930 年 2 月已经有 50%的农户实现了集体化，并已超额达到原计划的一倍以上，粮食产量也超预期。但是，集体化的超出计划预期的实现也存在大量

“被集体化”的现象和“被胜利冲昏头脑”的政策。

反观中国的合作化实践，一些人对 20 世纪 50 年代初合作化运动诟病最多的地方也是，只注重以成倍的速度办合作社而忽视合作社的质量问题。但实际上，在毛泽东看来，通往合作的道路与“巩固、提高”合作社质量的方法论要求密不可分。毛泽东反复强调计划不等于命令主义和主观主义，计划更要符合客观实际，对于合作社的发展既要反对盲目冒进又要反对强行推倒。面对合作社数量的激增，如何巩固合作化的成果和效率成为关键。对此，毛泽东重视农业合作化在经济效益上的重要作用，反对不顾质量、专门追求合作社和农户的数目字的那一种偏向。在集体化的进程中，他也在不断进行反思与调整盲目冒进的问题。例如，1958 年 8 月，毛泽东在审阅《中共中央关于在农村建立人民公社问题的决议稿》时批示道，人民公社建成以后，不要忙于改集体所有制为全民所有制，在目前还是以采用集体所有制为好，这可以避免在改变所有制的过程中发生不必要的麻烦。1960 年 11 月，他又对在这一批示中关于用三四年、五六年或者更多的时间实现向全民所有制过渡的设想进行了反思，并说，设想得过快了，对曾犯的错误一定要改正。从中可以看出，他对于集体化的速度、对于集体所有制向全民所有制过渡的条件与时机是有思考的。在这里，也实际上对由集体所有制向全民所有制的过渡提出了一个极高的要求，即只有实现农业劳动的高度机械化以及集体所有制下产品和积累的无条件调拨才能最终实现这种过渡。

但在实践中，1953 年就有些部门和地区出现盲目冒进的倾向，在 1956 年年初全国农业发展纲要公布后又出现了这一倾向，而且还出现了因计划制订得过高等所造成的原材料无法供应等问题。在这一过程中，农业还遭遇了三年严重灾害以及苏联的单方面撕毁合同，农业生产急剧下降，1960 年农业总产值只完成了当年计划的 47.2%，比 1959 年下降了 12.6%。[1] 当然，其中的重要原因之一就是限于对社会主义的认识水平，特别是“由于社会主义现代化建设在中国是前无古人的伟大事业，实践的时间还很短”，[2] 仍需不断加强对中国社会生产力水平和经济社会发展规律的经验积累和理论准备。

---

〔1〕《中华人民共和国史稿 1956—1966》（第 2 卷），人民出版社 2012 年版，第 130 页。

〔2〕《中国共产党历史 1949—1978》（第 2 卷），中共党史出版社 2011 年版，第 403 页。

第二节　政治建设与社会结构层面的合作化和集体化经济理论的相同性与差异性分析

一、相同性分析

（一）合作化、集体化与社会主义政权的巩固问题

机会主义者常常喜欢撇开社会制度、撇开生产资料所有制、撇开生产合作社，仅把消费合作社的口号提到首要的位置。但是，列宁明确意识到，无产阶级政权以及社会主义制度的建立对于走社会主义农业合作化道路起前提性作用。与第二国际所强调的利用合作社、工会等群众性的工人组织和政治组织等来实现社会主义改良运动不同，列宁强调，要在理论和实践上，在议会、工会、合作社等的每一步工作中，不断地向群众讲清革命和改良的对立。他认为，苏维埃政权在政策上应把农业公社和协作社放在第一位，并且应给予它们直接的优先权。在他看来，共产主义就是苏维埃政权加电气化，苏维埃政权是实现共产主义的政治方面的保证，而全国电气化则是经济方面的保证。

斯大林在此基础上进一步强调，苏维埃政权需要在分配土地、减轻赋税、发放贷款以及供应机器、拖拉机、种子等方面使社员感受到实实在在的优待与实惠。例如，苏维埃政权曾决定每年度必须给集体农庄 5 亿卢布的贷款，还对集体农庄集体所有的和庄员个人所有的全部奶牛、猪、羊和家禽实行免税。特别是在面对党内外势力企图破坏党的政策并阻碍工业化、集体化、民主化的事业时，他强调，其关键在于始终坚持党内主导力量的立场，毫无疑问，共产党如果没有这种坚韧不拔的精神，那么就不能坚持国家的工业化和集体化的总体政策。毛泽东更是把政治工作作为一切经济工作的生命线。在他看来，工农联盟巩固的出路就在于集体化。而合作化和集体化运动从一开始就是“一种严重的思想的政治的斗争”〔1〕。因为，集体化是使小农最终彻底免于剥削和破产的唯一出路，而且在工人阶级领导的社会主义国家这条道路也是完全可以实现的。

〔1〕《毛泽东文集》（第 6 卷），人民出版社 1999 年版，第 449~450 页。

（二）合作化、集体化与政治工作相结合

在苏维埃政权的全部政治经济工作中，一直把农业公社、劳动组合以及一切能够把个体小农经济转变为公共的、协作的经济组织。列宁认为，这一经济组织的政治方针需要有一个逐渐促进的转变过程。列宁结合俄国革命的经济阐明了实现合作化的重要原则，如必须有党和国家对合作社的引领与指导，以及在经济、财政、银行等方面的切实支持，建立必要的物质技术基础，坚持自愿的原则使每个居民都能参加到合作社之中，提高农民的文化教育水平等。

在列宁提出的合作化原则基础上，斯大林进一步认为，应进一步用立法程序把工业化、集体化和民主化的社会主义成就固定下来。一方面，工业化、集体化和民主化的“三化”是密不可分的有机整体，民主化更是工业化和集体化取得胜利的底气与坚实的保障。这就需要把社会主义的所有制关系、分配关系、交换关系都纳入社会主义经济制度中，并在制定和实施的宪法与法律法规中得以体现，更为关键的是能否在实践中得以贯彻。另一方面，苏维埃政权在政治工作中应不断纠正工作中的问题与缺点，从而能够把集体化的经济工作纳入社会主义建设的正轨。当时的问题是政治任务不仅是正确地组织农业生产，更要把注意力集中于集体农庄的经济问题中、为经济工作而服务。随着苏联工业化和集体化的进程，斯大林也越发强调应由极其缺乏技术时期的“技术决定一切”这个旧口号向“干部决定一切”的新口号转变。这就是说，技术的应用与政策的制定都是由人来推动的，在社会主义国家，高素质的治国理政、行政管理、法律政策、技术科学、人文科学等全方位的干部人才决定了政策和理论的科学制定与高效执行的效果。

毛泽东在《读苏联〈政治经济学教科书〉谈话记录稿》中同样明确指出，政治是经济的集中体现。他的农业合作化思想含有一系列政治原则，其中包括注重党的引导、思想领先、发动群众、自愿互利、示范先行、因地制宜等原则。这些原则又都可以直接作用于经济，并成为发展合作经济、壮大集体经济的准则。在他看来，不能把农民的问题都归结为集体化的问题，在社会主义集体所有制条件下农业政策是否正确、执行是否得力也是问题的关键所在。

（三）集体主义的社会主义文化根源问题

物质基础和技术水平是对小农的集体化的基础，是需要一个物质积累和

技术变革的过程，而集体主义的社会主义文化的涵养，更是需要几代人的传承与努力。在列宁看来，合作社需要共产主义精神的指导，需要工会的帮助，当然也需要发挥参加合作社的全体劳动者的主观能动性和组织纪律性，最终建设为一个自上而下的全国统一的合作社。因为，除经济内容即物质财富的进一步丰富之外，还有人的因素，即人的思想境界、文化水平和精神觉悟等，都有待不断地提高与完善。斯大林对此强调，如果以为集体农庄庄员已经变成社会主义者，那就错了，还要改造集体农民，克服他们的个人主义心理，使他们成为真正的社会主义社会的劳动者，还必须做很多工作。在斯大林看来，社会主义的改造并不意味着仅使技术得以改良，而是用社会主义精神去改造农民、改造农民心理的主要基地。

除应坚持生产资料公有制的经济基础和机械化的技术基础以外，毛泽东同样着重强调在上层建筑领域必须坚持党的领导、坚持走马克思列宁主义路线、坚持工人阶级领导的无产阶级政权。在社会主义建设时期，定期整风运动的兴起、干部下放与参加劳动规定的实施、群众运动的开展等，也都是毛泽东为适应合作化、集体化的经济基础对上层建筑所进行的调整。他曾号召"要教育干部懂得一些马列主义，懂得多一些更好"〔1〕，因为只有政权掌握在马克思主义者手里，人民的权利才能有保证。毛泽东指明，共产党员"必须在斗争中教育自己，取得经验，才能领导群众得到胜利"〔2〕。在他看来，集体化在思想和政治上的保证就是要提倡以集体利益与个人利益相结合的原则为一切言论行动的标准的社会主义精神。毛泽东还强调，社会劳动生产率的提高有三要素，分别是物质技术、文化教育和思想政治工作，其中劳动者思想觉悟提高的关键就在于提高全体劳动者的文化水平和政治思想水平。由此，才能使合作化、集体化理论更为完善，使合作化实践行稳致远。

（四）坚持把阶级分析法作为研究农民经济问题的根本方法

一方面，马克思主义经典作家从马克思主义政治经济学出发，利用阶级分析法来研究农民的经济问题。列宁指明，要从政治经济学方面出发研究农民经济问题，不把农民分为几类是完全不可能的。列宁对于俄国农民问题的研究，是建立在对从下等户到上等户、从贫农到富农的各阶级份地数量、租

〔1〕"认真读书，加强党委的思想建设"，载《人民日报》1971年4月9日。

〔2〕《毛泽东文集》（第5卷），人民出版社1996年版，第37页。

入土地的面积、所耕种的土地面积、货币收入、粮食和副业所得等充分调研与数据统计的基础之上。他由此得出，在不同财产状况的农民中越发出现的贫富悬殊主要体现在经济问题上，而不是技术层面上。比如，当时信贷社等信用机构在俄国的部分地区已经普遍存在，但是能够利用这些信用贷款的依然是少数富裕农民。斯大林也高度重视对各阶层经济状况的调研统计数据进行分析。例如，面对社会主义经济建设的“剪刀差”问题的质疑，斯大林引用苏联著名统计学家涅姆钦诺夫的著名统计表对“十月革命”前后地主、富农、中农、贫农等各阶层生产粮食的状况进行了深入分析。基于此，斯大林得出，在“十月革命”前后虽然生产粮食的技术和机器水平并没有明显质的提升，但是通过生产关系的变革、通过生产资料从地主所有制向贫农和中农所有制的转变，对于广大的贫农和中农来说，就已经实现了产量与效益的优化，这种优化不在于技术变革而在于产权的分配。此外，毛泽东提出的新民主主义革命理论和社会主义经济建设理论也是建立在对不同时期中国各阶级状况进行透彻分析的基础上。他认为，在中国正处于大变革的时代，如果地主、资产阶级、小资产阶级不解放，无产阶级本身就不能解放，这些旧式的剥削阶级才能一起实现共同富裕。

另一方面，国家政权由工人阶级掌握是集体层经营能够长效运转的重要基础。在列宁看来，对于中农和贫农来说，仅依靠党组织的引领和组织作用还无法真正做到集体化经营的长期高效运转。只有国家政权由工人阶级掌握，除国家暂时有条件租让的部分生产资料外其余全部生产资料都由工人阶级掌握，才能发展社会主义性质的合作社经济，然后再向集体化的方向过渡。斯大林更是基于苏联农业发展远落后于工业的困境，把高度发达的工业化作为解决农业问题的钥匙。在新中国的工业建设领域，优先发展重工业、实现工业化作为一个重要的战略目标，也为农业合作化和集体化提供了必不可少的反哺支持。在毛泽东看来，农业集体化以及手工业的集体化都离不开工业的国有化，也就是说，离开工人阶级的领导和强大的国有工业基础就不可能实现农业的集体化。

（五）党对经济工作的领导是政治领导的首要任务和重要指向标

在党的领导下促进合作社的转化与发展。“十月革命”以后，代表资产阶级利益的合作社派敌视苏维埃政权，并反对与苏维埃政权合作。但是，在此时有合作社的中下层站出来反抗代表小资产阶级利益的合作社上层。特别是在苏维埃政权的领导下，合作社才逐步转化为广大劳动群众成为主人的社会主义合作社。在苏俄，集体经济的大力发展不仅是农民之间的组织和联合，更是在苏共的组织引导下实现的自上而下的组织保障、技术支持、生产资料和资金的供给。在列宁看来，应该有步骤地引导合作社贯彻苏维埃的政策，并使全体党员实际参与合作社工作并充分发挥模范的带头作用。

斯大林进一步强调，党在农村工作中的首要任务就是研究经济，使党和经济结合起来，并且深入到经济建设中的各项细节中去。特别是在农户经济方面，党要结合实际帮助农户进行经济改善、提出具体的举措，以此来提高农户的收入和生活水平。在斯大林看来，只有党实际促进了经济工作，农民的政治积极性才能得到提高，这种积极性才能通过苏维埃和合作社的结合展现出来。也就是说，农民的积极性要通过苏维埃、通过合作社，而不是绕开苏维埃、绕开合作社。斯大林把政治领导当作一门艺术，并认为，党所以强而有力和不可战胜，就是因为它在领导运动时，善于保持和加强自己同千百万工农群众的联系，既反对落后的人，又反对跑得太远的人。斯大林还很重视提拔与组织非共产党员担任集体农庄领导等工作的重要性，并认为党应积极做到“三个善于”，即善于吸收非党优秀分子参加工作、善于在非党的广大阶层中间汲取力量、善于把广大非党积极分子团结在自己党的周围。

回顾中国共产党党史可以清晰地发现，党中央的引导对合作社的发展起着关键的作用。毛泽东认为，农村的领导权掌握在谁的手里，对农村的发展方向关系极大。事实上，历次运动已经表明，由于政治上过硬、讲究斗争艺术和领导艺术的党来领导农民才能使农业走上社会主义道路，但是，如果领导权被“坏分子”所篡夺，那么就会极大地阻碍农业的发展。他认为，党是能够领导农民走上社会主义道路的，而且广大农民也是愿意在党的领导下逐步地走上社会主义道路的，这是农业集体化的本质和主流。可见，广大农民在党的领导下如何行之有效地结合成经济组织至关重要。例如，在合作化实施阶段，实行综合粮食统购统销政策就需要依靠、发挥党员的引领性作用。总之，为顺利实现社会主义改造，党领办合作社不仅是国家的发展计划和政治方向，也是一项切实的经济任务。

二、差异性分析

（一）对合作社、集体农庄或人民公社以及土地国有化或集体化的政策设计与认识不同

历史证明，合作化和集体化的理论阐释、政策设计和方法论创新是否符合时代背景、符合生产发展水平，都会成为社会主义政权是否稳固、社会主义改造是否彻底、集体经济是否较个体经济具备经济效率的关键。在列宁看来，关键的问题在于如何促进合作社性质的转化，而不是彻底抛弃合作社的组织形式。苏维埃政权成立后，先是废除一切私有土地，推进土地国有化，再平均分配与使用土地，并在战时共产主义时期采用从分散的小农业过渡到集体的大农业的共耕制。列宁还批判考茨基无视土地法令中公社和协作社所具有的直接优先权以及所采取的共耕制的经营方式。当然，列宁也深刻地总结了战时共产主义阶段实施的公社共耕制在实践中所遇到的严重困难与问题，认为失败是由于上层制定的经济政策同下层的脱节，它没有促成生产力的提高，而提高生产力本应是党纲规定的紧迫的基本任务。由此，列宁在《论合作社》一文中，提出在社会主义制度下利用国家资本主义因素以及设计好商品、货币和经济核算的合作社政策的可能性，并以此最终实现社会主义经济的发展。由此，列宁结合合作社在不同发展阶段的内、外部经济关系和阶级关系，对合作社有三种定性方式，分别是资产阶级性质、国家资本主义性质和社会主义性质。

斯大林在《论列宁主义基础》一文中从两个层面诠释了以合作社原则为基础的社会主义新道路的两层内涵：其一是通过合作社的集体制原则吸引成千上万的小农户来加入社会主义建设中；其二是利用合作社的原则从农产品的流通领域入手，然后不断应用于农产品的生产方面，其也是实现向集体化过渡的核心环节。而苏联在“一五”计划后，农业政策开始围绕全面发动群众性的集体农庄运动所展开，到1935年农业劳动组合和集体农庄的耕地永久属于集体农庄使用的规定通过后，集体农庄制度得以最终巩固。但是，历史实践证明，全盘集体化的集体农庄形式从总体上脱离了苏联农业生产力的发展水平，人为地片面强调生产关系，最终脱离了农民的切身利益，更无法实现国家、集体和个人三者利益的统一。而实际上，毛泽东从注重对集体所有

制与全民所有制的区分出发对这一问题也有所思考。他多次强调，不能把集体所有制与全民所有制混同起来，不能把农民等同于工人、不能把人民公社等同于国营农场。此外，在考虑我国地少人多的基本国情的基础上，他还提出应因地制宜地发展国营农场、国营企业。在读到苏联《政治经济学教科书》中关于在收归国家的公有土地上组织大型国营企业时，他强调，在我国这部分土地很少，只有在完全自愿的条件下，才把极少一部分土地建立国营农场。但是，在我国社会主义建设的艰辛探索时期，也出现了急于求成、盲目求纯的人民公社化运动，其也在一定程度上违背了经济和社会发展的客观规律。

（二）从渐进式政策到激进式政策的不同认识

在社会主义经济发展史上，列宁关于新经济政策的施行是正确而长期的渐进式主张。如果不能全面、辩证地认识新经济政策在社会主义建设阶段上的重要过渡性意义或者有意缩短这一阶段，那么必然会带来一系列经济、政治乃至社会问题。新经济政策并不只是一种退却，更是为社会主义全民所有制和集体所有制内部的调和、城市和乡村的调和、工业和农业的调和、工人和农民的调和而奠定长期的经济基础的重要经济政策。但是，1929 年斯大林在《真理报》上明确强调，当新经济政策不再为社会主义事业服务的时候，我们就把它抛开。由此，从 1929 年到 1935 年仅用 6 年时间就通过消灭富农、强迫命令、行政压制等手段基本完成了组织形式单一、经营方式单一的全盘集体化，引起了农民们的不满与反抗。

毛泽东所制定和实践的发展与巩固土地集体所有制的互助组、初级社、高级社等螺旋式上升形式，在理论上具有一定的渐进式性质，而在实践中却表现为激进地跃进。在理论上，毛泽东对合作化和集体化运动的步骤还是有所考虑的。他认为，我们所采取的步骤是稳的，从社会主义萌芽的互助组，进到半社会主义的合作社，再进到完全社会主义的合作社。这里蕴含着毛泽东一个非常重要的思想，即只有分步推进所有制的变革才能给农民的土地私有观念带来相应的变化。在毛泽东看来，应重视合作社发展的示范效应和因地制宜原则，在合作社的数量、规模、质量等方面避免出现冒进的现象，还可以根据每个地区发展合作社的先决条件来决定发展合作社的大、中、小规模。当然，在坚持“应搞尽搞”的原则下，合作化的速度和合作社的数量都远远超出了预期。以农业合作化运动初期的发展状况举例：1951 年 12 月，在党中央作出农业生产互助合作决议时，全国只有 300 多个农业生产合作社；1953 年 12 月，党中央发布了关于农业生产合作社的决议，此时的农业生产合作社已经发展到 14 000 多个，这个决议原计划用 1 年的时间使合作社的数量增加 1 倍半，而实际上合作社已经增加到 1954 年年底的 10 万个；1954 年 10 月，党中央计划再用 1 年的时间发展到 60 万个，实际上截至 1955 年 6 月核准的合作社数量是 65 万个。[1]此后，更是计划用三年时间把从初级社升为高级社，这就人为地加快了所有制升级的速度。

（三）在合作化和集体化的不同发展阶段上对依靠阶级力量的认识不同

列宁认为，要深入分析合作社的社会性质与内部的阶级性质，因为有些反动的资产阶级合作社甚至是地主、富农的帮凶。列宁充分认识到，应该在理论上和实践上，通过把资产阶级合作社向社会主义合作社的转化来实现资本主义经济成分向社会主义经济成分的转化，而合作社是能达到这一目的的主要过渡手段。列宁结合合作社在不同发展阶段上的内、外部经济关系和阶级关系，对合作社有三种定性方式，分别是资产阶级性质、国家资本主义性质和社会主义性质。在列宁看来，三种定性方式所体现出的不同阶级性质，都可以在不同的合作化发展阶段促进合作社的发展。而在联共（布）第 16 次代表大会责成中央今后继续保证社会主义建设的布尔什维克速度，争取用四年完成“一五”计划，会上提出在全盘集体化的基础上进一步消灭富农经济，由此从合作化的三重性质转变为社会主义农业的组织形式的单一化。

而相较于苏联的集体化进程，毛泽东更重视矛盾分析法，对于不同质的矛盾，用不同质的方法才能解决。他给出了解决无产阶级和资产阶级、人民大众和封建制度、殖民地和帝国主义、工人阶级和农民阶级、共产党内部、社会和自然之间的六对矛盾的具体方法论要求。其中，解决社会和自然的矛盾是用生产力的方法去解决，而解决工农之间的阶级矛盾问题要用农业集体化和农业机械化的方法去解决。这个方法论的重要启发在于发展生产力只是解决社会矛盾的一方面，而阶级矛盾的解决也需要在矛盾统一体中优化完善生产关系。

首先，在土地改革的推进时期，毛泽东主张，采用孤立地主、不动富农、保护中农、稳定民族资产阶级的措施来保障土地改革的稳妥推进。在他看来，

---

〔1〕《毛泽东文集》（第 6 卷），人民出版社 1999 年版，第 420~421 页。

工农商学兵相结合的组织化形式，不仅与商品生产和商品交换并不矛盾，而且集体化的组织形式还可以更好地促进商品生产的计划性和商品交换的目的性。从社会主义经济关系人格化的分析可以看到社会化大生产和劳动者之间联合的客观阶级基础，只有重视研究阶级关系才能反过来把集体化所呈现的经济关系研究清楚。

其次，在我国“一五”计划中就指明，农业合作化运动终究还是要依靠贫农、巩固地联合中农。也就是说，要充分认识贫农联合中农的主体性地位，并通过说服、示范和国家援助的办法，推动农业合作运动，以部分集体所有制的农业生产合作社为主要形式来改造小农经济。

再次，在毛泽东看来，被消灭的旧式剥削阶级仍要通过改造成为劳动集体的一员。对于地主、资产阶级等被消灭的旧式剥削阶级，他一贯的态度都是，凡是一切爱国者、能够团结的人都应团结起来。关于如何对待地主阶级的问题，毛泽东也指明，地主作为一个阶级要消灭，作为个人要保护。也就是说，消灭地主阶级只是变革土地私有的生产关系为集体所有的生产关系，既然是集体所有，那么经过劳动改造的旧式剥削者仍然是要作为社会劳动者的一分子来参加生产劳动并享有政治权利的。

最后，对于官僚资产阶级的所有权在新中国成立以前就规定要全部归新民主主义国家所有。而关于如何对待民族资产阶级以及如何使其更好地为社会主义服务的问题，毛泽东有着深入的思考，并随着实践的发展而不断深入。1952 年 6 月，毛泽东指出，随着地主阶级和官僚资产阶级被消灭，中国内部的主要阶级矛盾已经转变为工人阶级与民族资产阶级的矛盾，由此不应再将民族资产阶级称为中间阶级。但是，这并不意味着要把民族资产阶级与地主和官僚资产阶级同等对待。在毛泽东“给黄炎培的信”中就明确指出，至少不宜在“一五”计划时期就强求资产阶级接受社会主义，在现阶段，允许资产阶级存在，但需经营有益于国家人民的事业，不犯“五毒”，这就是工人阶级对于资产阶级的领导。

（四）对农民分化与消除工农差别的认识不同

列宁对农业人口绝对减少和相对过剩的研究是对于马克思的相对人口过剩理论的科学运用。他对资本主义农业会造成的两极分化进行了深刻批判，并为社会主义农业合作化和集体化提供了基本判断和总体遵循。列宁认为，资本不仅统治了从事工业的大批人的劳动，而且统治了从事农业的大批人的劳动，农民的分化正在造成国内市场。在他看来，商品经济把人分裂为资产阶级和无产阶级，其中，占有大量土地和劳动资料的上等农户不断向资产阶级转变，没有任何生产资料的下等农户变为无产阶级。他指出，只有少数中等户可以从事相对独立的副业劳动，而多数仍要依靠出卖劳动力，并在半工半农中逐渐失去此前赖以生存的农业生产。列宁把这种农民分化的历史趋势看作自然史的过程，只有在苏维埃政权的领导下通过合作化与电气化计划的结合，才能在较长的时代发展过程中消除工农的差别。

但是，斯大林在全盘集体化的实践中认为，如果集体农庄运动以现有的速度发展下去，那么"剪刀差"在最近就会被消灭。他由此得出结论，即城乡之间的关系问题已经建立在新的基础上，城乡之间的对立将加速消除。而实际上，在社会主义发展阶段的一个较长的时间里，生产资料公有制内部的全民所有制和集体所有制还将长期并存，在全民所有制和集体所有制内部的商品交换与内在矛盾不会消失，由此城乡对立的矛盾也会进一步存在。只不过在生产资料公有制内部的两种所有制对立的矛盾运动不会进一步拉大这种差异，而是可以在生产力发展水平的不断提高过程中得以缩小，随着财富积累的高度发达、商品经济逐步退出历史舞台，这种差异也会最终得以消灭。在这一点上，毛泽东就多次强调，从社会主义的长期发展来看，不能把集体所有制与全民所有制混同起来，不能把农民等同于工人。也就是说，不能把工业和农业混同起来，进而不能把城市和乡村混同起来。因为，在毛泽东看来，在生产力层面实现机械化和工业化，在生产关系层面实现集体化，并且共同促进工农业的现代化，然后使两者相结合才能真正使工农联盟得以巩固，最终实现工农差别、城乡差别的消除，脑力和体力劳动差别的消失。

（五）对农民阶级的二重性作用的认识不同

农民阶段的二重性指的是既有革命性，又有两极分化的依附性。这二重性在苏俄的合作化实践中都有所体现。受资本主义经济的影响，在根深蒂固的俄国小农经济出现分化状况的基础上发展起来了大量的资本主义家庭手工业，并且随着家庭手工业的广泛散布，广大农民也就被卷入现代工业运动中。在这一农民分化的演进过程中，列宁认为，广大农民地区也具有了革命化的阶级基础。实际上，争取广大农民的支持始终是合作化和集体化实践最迫切的任务，但是在全盘集体化的实践中却忽略了农民阶级的革命性趋势。

对于苏联曾采取的余粮收集制的办法，毛泽东认为，这种办法非常不妥，与此相对，在我国22年根据地建设的实践中一直采取的是公粮征收和粮食购买的办法。因为，毛泽东深知，中国的土地私有，深入人心，农民一寸土地也是得来不易的。由此，他从体恤农民的观念出发，把如何更好地保障耕者有其田、避免走向两极分化的道路作为发展农业合作化的目的。为了避免走苏联在这方面走过的弯路，毛泽东反复强调，无论是土地改革还是合作化实践，一个重要的前提条件就是发挥农民群众的主体性作用。例如，在土地改革过程中，减租、退押、反霸等需要发动群众、整顿基层；在对粮食采取统购统销的过程中，也需要在党员的带领下充分发挥乡村干部以及贫农、中农、缺粮户等积极分子的作用。总之，毛泽东反复强调，代表无产阶级利益的马克思主义政党如果走剥夺农民的土地等生产资料的道路，那样会把农民长久地抛到无产阶级敌人的阵营中。这就是说，农民既有作为工人阶级的天然同盟军所具有的革命性，又有加入无产阶级的敌人的阵营中来推翻革命的特性。

由此，在做好党的领导工作的同时，如何对待工人阶级的同盟军——农民的问题也同样重要。毛泽东始终把农民的问题作为中国革命的首要问题，并把能否处理好工农同盟的问题作为直接关系到党执政基础的问题。他严重地批评过，党政组织在农村工作中所出现的一些严重脱离农民群众以及损害农民群众利益的“五多”问题，即任务多、会议集训多、公文报告表册多、组织多、积极分子兼职多，并认为农民阶级的解放，就需要有政社合一的组织保障来建立集体优势，并通过繁荣工业和商品生产来实现全体农民的共同富裕。

第三节 合作化和集体化经济理论与实践的历史性条件分析与启示

一、合作化和集体化经济理论与实践问题的历史性实现条件

结合上文整体所述，处理好合作化、集体化理论与实践的问题之所以成为社会主义革命中的理论难点与艰巨任务，其原因之一就在于集体化在深刻

而复杂的社会变革中需要有多方面的实现条件。基于列宁、斯大林、毛泽东对集体化问题的理论思考，结合国内外集体化的实践，可以进一步总结合作化和集体化理论在实践中产生问题的原因，即历史性实现条件。

第一，需要在生产力层面以科技现代化与发展集约化作为这种生产关系得以变革的促进力量和根本出路，而且应逐渐消除工农城乡差异，实现与工业化的均衡、互促发展。纵观集体化在中苏两国的实践可以发现，实践中产生的一些问题有时并不是来自理论本身，而来自盲目全盘集体化后所采用的粗放型生产方式。人类进入资本主义社会以后，虽然社会生产力得到了突飞猛进的发展，但是技术条件的进步，仍是围绕资本获得超额剩余价值、降低工人的工资这一根本目的所展开的，其会经常造成环境的污染与生态的破坏。与资本主义社会中科技的进步围绕价值增殖展开相比，社会主义更加追求的是使用价值财富的丰富与发展，并要最终实现集体财富的一切源泉的涌流，并由此达到能使各阶层都具有生产资料和平等的发展权利。在社会主义生产方式下，新技术的应用需要考虑的是城乡关系、工农关系、阶级关系等生产关系层面的调整与完善。也就是说，技术的发展需要建立在逐步缩小人与人之间、各个产业之间、城乡与区域发展之间差距的基础之上。高度发达的工业化是实现农业现代化的钥匙，而集体制又是工业化的基础，是社会主义农业提高内生动力的大方向。在实践中，因为工业和农业有各自的产业发展特点，所以不能一概而论、以偏概全，不能把工业凌驾于农业发展之上，否则会进一步造成对农业发展和农民物质福利的损害。在苏联全盘集体化后的工农业组合中，工业对农业的侵蚀就变得越发严重。当时，发展机器制造业、化学工业、冶金业等工业部门是毋庸置疑的，把工业作为农业的基础也是毋庸置疑的，但是也要注重农业发展自身所具有的特点和规律。如果无视或者忽略这一规律，那么就必然会造成农轻工重发展比例的严重失调，最终有碍农业自身的发展。

第二，作为社会主义发展阶段较高级的生产关系，需要一个从生产资料的私人占有发展到互助合作形式的农户所有，再到合作化、集体化的一个长期演化、不断巩固的过程，其中要高度重视合作化的桥梁性过渡作用，处理好合作社的数量与质量的发展问题。如果盲目地加快全盘集体化运动的速度，那么在短时间内顺利推进的背后，可能会存在违背经济规律的“被集体化”的问题。这可能从根本上有违集体化的自愿原则和因地制宜的原则。当然，只有社会主义公有制条件下的社会主义大生产才能真正摆脱通过技术革新唯利是图的超额剩余价值机制，让科学技术可以自觉应用于产业升级、效益提高、财富积累，并最终实现劳动者阶层的共享共富共福。但是，在社会主义还未充分地实现积累的阶段，大生产也需要通过一些过渡形式的制度设计来调动全体农民的积极性。如果把集体化变为强制性地“被集体化”，必然会使技术的创新失去劳动者的首创精神，同时失去科技进步的经济动力。经济动力的不竭源泉也成为集体化的最终目标能否最终实现的动力保证。而合作化的桥梁作用属于生产关系层面的过渡形式，即在生产资料还未完全属于集体所有或公有的情况下实行的产供销一体化的联合。这也是列宁合作社思想的核心要义。这个过程既不能人为地缩短或跳跃，当然也要结合每一时期的内外部因素来综合判断。从上述历史进程可以看出，从初级社到高级社、再到集体农庄，如果集体化的规模过大、速度过快，必然会出现其与工业化、机械化的发展程度不相符的问题。总之，在集体化的进程中必须要处理好质与量的问题，如果没有与工业化发展相适应的质，仅追求高速度的量，那么集体化最终就会阻碍现代化的进程。

第三，需要在另一条并列的所有制变革中不断巩固公有制的主体地位，完善社会主义积累方式，并不断解决城乡和工农发展不平衡与不充分的问题。对于集体化的理论与实践的认识是社会主义道路上绕不开的矛盾性问题。集体化的组织形式既是集体所有制的重要内核，又是巩固全民所有制的重要条件。而集体所有制和全民所有制的两种所有制并存的形式又是社会主义建设时期必须要长期坚持与完善的经济基础。城乡对立是客观的经济现象，只能不断缩小这种“剪刀差”，而不能一下子就将其消亡。在社会主义发展阶段的一个较长的时间里，生产资料公有制内部的全民所有制和集体所有制还将长期并存，在全民所有制和集体所有制内部的商品交换与内在矛盾不会消失，由此城乡对立的矛盾也会进一步存在。只不过在生产资料公有制内部的两种所有制对立的矛盾运动中不应进一步拉大这种差异，而是在生产力发展水平的提高过程中应不断得以缩小。随着财富积累的高度发达、商品经济逐步退出历史舞台，这种差异也会最终得以消灭。当然，无论是社会主义改造的进程，还是由集体所有制向全民所有制过渡的步骤，甚至是从社会主义向共产主义过渡的愿景，所有这些问题的有效解决都需要处理好过渡的速度与条件的问题。向社会主义和共产主义过渡的速度与步骤问题也是要随着理论与实践的深入而不断去调整。这个问题直接关系到社会主义国家的成败，一旦过渡的速度过快就有可能成为高质量发展的绊脚石，而过渡速度过慢则可能使来之不易的革命果实化为乌有。

第四，需要符合客观经济规律，重视价值规律和经济规划之间的辩证关系，而且需要以商品生产和交换的活跃以及产业结构的合理布局与综合平衡作为基本的前提条件，既重视社会再生产的生产形式又重视流通形式，实现多样化经营方式。一方面，价值规律作为“一个伟大的学校”，要充分发挥其重要的手段作用，特别是不能把农业集体化混同于农业计划，不能用“五多”等计划手段来强加于农民，否则必然会导致农民起来反对。由此，如何认识、掌握与利用经济规律和价值规律就可以看作计划能否充分发挥作用的重要前提。另一方面，社会主义商品生产与资本主义商品生产中资本的逐利性和剥夺性有本质区别。社会主义商品生产的目的就是发展生产力、丰富商品种类、繁荣贸易往来，并把其出发点和落脚点都放在更好地满足日益增长的人民群众的物质和精神需求上。只要农业商品生产和商品流通有其所依托的集体所有制性质和经济条件，完全可以使商品生产为社会主义建设服务。在组织化的前提下，商品生产具有重要的内外部效用。其中，在内部可以满足社员基本的物质和文化的需要，在外部可以通过农业商品的生产与交换为工业及工人提供基本保障，并通过公社直接兴办工业实现工农互哺。此外，农业集体化应该在保证粮食生产的同时，提倡工农并举，鼓励多种经营。

第五，需要在党的引导下行之有效地提升合作经济和集体经济的规模与质量，并不断摆脱贫困、实现共同富裕。集体经济的壮大能够在最大程度上保证农民的权益、提高农民的收入、增加集体组织的公共积累、改善农民的物质文化生活水平，其体现出社会主义集中力量办大事的优越性，从根本上防止资本主义的两极化运动。集体化理论作为生产关系变革的范畴，其本身的目的就是实现农民在物质和精神上的富有、可自由而全面的发展，绝不能忽视人的因素是集体化的最终目标。而且这一理论应该既反对平均主义，又反对过分悬殊，提倡共同富裕。合作化与集体化的实践也应依靠基本农民群众的积极支持，不能按照发达地区集体化的建设样板而机械地被搬到不发达的地区。如果不注重渐进式、分层次地推进农业集体化；如果在政策层面不充分考虑与集体化相适应的生产力发展状况以及所开垦土地的经济效益的问题，就容易陷入“被集体化”的陷阱。

第六，需要必要的、科学的制度设计和高素质的干部执行力，而且需要集体主义的社会主义文化根源和劳动者思想觉悟的提升。在生产力和财富积累没有得到高度发展时，统一组织的集体化产供销活动，如果缺乏必要的、科学的制度设计和高素质的干部执行力，就必然会有碍农民积极性的调动。由此，在充分保障集体所有制和发展集体经济的情况下，如何在制度设计层面进一步促进工农业的有机结合，成为关系农业、农村和农民问题的关键。此外，物质基础和技术水平是对小农的集体化的基础，是需要一个物质积累和技术变革的过程，而集体主义的社会主义文化的涵养，更是需要几代人的传承与努力。合作社的长远发展需要集体主义精神的指导，需要具有社会主义性质的工会的帮助，当然也需要发挥参加合作社的全体劳动者的主观能动性和组织纪律性。社会主义的建设并不仅意味着使科学技术的进步，而是要用社会主义精神去提高劳动者的思想觉悟、培养劳动者的集体主义精神。社会主义的劳动者更要有个人、暂时、局部的利益服从于集体、长远、全局利益的觉悟，只有处理好个人、集体与国家三者的关系，这样社会主义革命与建设的成果才能从根本上得以保证。当然，这并不意味着要通过加重劳动者的负担来实现，而是要通过消灭被他人剥削的剩余劳动来减少剩余劳动时间，并以此来增加劳动者用于接受知识和技术教育的时间。毛泽东曾强调，社会劳动生产率的提高有三要素，分别是物质技术、文化教育和思想政治工作，其中劳动者思想觉悟提高的关键就在于提高全体劳动者的文化水平和政治思想水平。总之，劳动者阶级精神面貌的改变和思想觉悟的提高同样是社会主义国家建设与发展的关键要素和制胜法宝。

二、集体经济理论建构及对我国实践发展的启示

新时代，在习近平总书记关于壮大集体经济的重要论述精神的指导下，绝不再是走传统性指令性集体化道路，而是以共同富裕为目标，走更高质量、更有效益、更加公平、更可持续且符合市场经济要求的农村新型集体化、集约化发展道路。[1]这也是对社会主义积累方式的新时代探索。在新发展阶段上解决好“三农”问题是全党工作的重中之重，需要举全党全社会之力推动

〔1〕 张杨、程恩富：“壮大集体经济、实施乡村振兴战略的原则与路径——从邓小平‘第二次飞跃’论到习近平‘统’的思想”，载《现代哲学》2018 年第 1 期。

乡村振兴，发展壮大新型农村集体经济，促进供销合作社改革发展，促进农业高质高效、乡村宜居宜业、农民富裕富足。结合列宁、斯大林和毛泽东在经济发展、政治建设、社会结构层面的合作化、集体化理论与实践的比较，按照邓小平"第二次飞跃"论的战略方针和习近平经济思想的治国理政方略，对照集体化理论与实践问题的历史性实现条件，可以得出以下未来集体化相关理论建构及对我国实践发展的启示。

（一）不断提升党对经济工作的领导水平，实现国家治理体系和治理能力的现代化，最终实现各阶层的共享共富共福

与社会生产力水平相适应的集体化水平的夯实，也同样离不开党的领导以及国家治理体系和治理能力的现代化。进入新时代，党始终把"三农"问题作为关系国计民生的根本性问题以及全党工作的重中之重，并在党的十九大报告中提出要实施乡村振兴战略，加快推进农业农村现代化，壮大集体经济。实施乡村振兴战略就是新时代实现农业农村现代化的"纲"。实施乡村振兴战略具体需要对现代农业产业、生产、经营体系进行构建，对小农户和现代农业发展进行有机衔接等。新时代依然高度重视处理好工业和农业、城市和乡村的关系，并把其作为决定现代化成败的关键。而加速农业农村现代化建设的落脚点依然是通过工业反哺农业与城乡融合发展来解决农业农村发展不平衡和不充分的问题，最终的目标是使广大农民更扎实地实现共同富裕。

在研究合作化和集体化理论时，要高度重视"集体组织内部的生产者与总劳动的社会关系"问题。从社会主义经济关系人格化的分析可以看到社会化大生产和劳动者之间联合的客观阶级基础，只有重视研究阶级关系才能反过来把集体化所呈现的经济关系研究清楚。其中，工农联盟的问题仍然是党集中统一领导的阶级基础，是实现社会主义现代化的重要主题，也是贯穿改革开放前后两个时期的关键主线之一。在大革命时期毛泽东就指出，中国无产阶级的最广大和最忠实的同盟军是农民，"农民问题乃国民革命的中心问题"[1]。1936 年，毛泽东会见斯诺时也谈到，"谁赢得了农民，谁就会赢得了中国，谁解决土地问题，谁就会赢得农民"[2]。2020 年 12 月，习近平总

---

〔1〕《毛泽东文集》（第 7 卷），人民出版社 1999 年版，第 37 页。

〔2〕《毛泽东年谱 1893—1949（上）》，中央文献出版社 2002 年版，第 182 页。

书记在中央农村工作会议上也引用了毛泽东的这些论断，用来说明，农民问题是中国的社会主义革命与建设的基本问题。习近平总书记认为，没有农业农村现代化，就没有整个国家现代化。在现代化进程中，如何处理好工农关系、城乡关系，在一定程度上决定着现代化的成败。我国作为中国共产党领导的社会主义国家，应该有能力、有条件处理好工农关系、城乡关系，顺利推进我国社会主义现代化进程。由此，在实施乡村振兴的总体战略下，需要从全局和战略高度来把握工农关系，“形成以工促农、以城带乡、工农互惠、城乡一体的新型工农城乡关系”[1]。具体来说，要坚持工业反哺农业、城市支持农村，实施多予少取放活的方针，促进城乡公共资源均衡配置，加快形成新型工农城乡关系，不断缩小工农收入差距、城乡发展差距，最终实现各阶层的共享共富共福。

（二）推进生产力水平、管理水平、多元化经营水平以及集体经济水平的高质量发展

进入新时代，邓小平同志关于发展集体经济或集体化的“第二次飞跃”论中所提出的四个条件，即生产力水平、管理水平、多元化经营水平、集体经济水平正在逐渐成熟，并通过不断壮大集体经济来实现乡村振兴。基于新中国，特别是改革开放以来农业发展所取得的成就，综合我国农业生产力质的飞跃、农业供给侧结构性改革、社会主义新农村建设、共享发展理念等时代新特征，可以得出邓小平同志提出的条件已经总体具备，新时代必须促进“第二次飞跃”论的战略方针。习近平总书记也反复强调壮大农村集体经济应注重“统分结合”双层经营的思想。他明确指出，既要“建立健全集体资产各项管理制度，完善农村集体产权权能，发展壮大新型集体经济，赋予双层经营体制新的内涵”[2]，又要“把好乡村振兴战略的政治方向，坚持农村土地集体所有制性质，发展新型集体经济，走共同富裕道路”[3]。新时代就是要使小农经济与新型集体经济实现有机统一起来，要使土地确权、流转以及

---

〔1〕《中国共产党第十八届中央委员会第三次全体会议文件汇编》，人民出版社 2013 年版，第 39 页。

〔2〕“习近平李克强王沪宁韩正分别参加全国人大会议一些代表团审议”，载《人民日报》2019 年 3 月 9 日。

〔3〕习近平：“把乡村振兴战略作为新时代‘三农’工作总抓手”，载《求是》2019 年第 11 期。

三权分置成为粮食增产、生产增效、作物优化、集体分红的重要手段，并以此来壮大乡村振兴的集体化内生性动力，避免“三农问题”被资本所绑架。

（三）坚持农业农村改革的社会主义大方向和农村土地农民集体所有，提升劳动者的集体主义观念，坚持长远规划与聚焦阶段任务的并重

首先，社会主义国家治理的重要优势之一就体现在历史、理论、实践的逻辑一致性层面，体现在社会主义理论与实践的不断接续向前发展之中。在新时代实施乡村振兴战略中，处理好长期目标和短期目标、顶层设计和基层探索、市场作用和政府作用等关系至关重要。其中，每个关系问题都是关乎处理好农业改革与发展的速度与效能关系的新时代思考，具体来说：要着眼长远而后动，坚持长远规划与聚焦阶段任务的并重，久久为功；要在明确乡村振兴的顶层设计的基础上精准施策，并且发挥广大农民的主体作用和首创精神；要坚持农业农村改革的社会主义大方向，改革不可能一蹴而就，在方向问题上不能出大的偏差；要坚持尽力而为、量力而行，不能超越经济发展阶段。

其次，新时代实施乡村振兴战略既离不开农业生产力的信息化、自动化，也离不开完善的统分结合的双层经营所有制结构的制度基础。这就要求处理好农村土地农民集体所有、家庭经营基础性地位、稳定土地承包关系之间的相互关系。探索农村土地集体所有制有效实现形式的实践表明，只有在土地确权和土地流转后进一步壮大集体经济与合作经济，才能更好地保证农民家庭的土地承包地位不动摇、农民承包权益不受侵害；只有坚持农村土地集体所有制，不搞显性或隐性的私有化，充分发挥社会主义集体经济的优越性，才能在尊重农民主体地位、实现农民共同富裕的总体目标下，提高农村土地制度的效率，推进农村土地资源优化配置。[1]

再次，在坚持农村土地集体所有的基础上，还在不断用社会主义精神去提高广大农民的思想觉悟、培养农民的集体主义精神。社会主义的劳动者要有个人、暂时、局部的利益服从于集体、长远、全局利益的觉悟，处理好个人、集体与国家三者的关系，这样社会主义革命与建设的成果才能从根本上

〔1〕 程恩富、张杨：“坚持社会主义农村土地集体所有的大方向——评析土地私有化的四个错误观点”，载《中国农村经济》2020 年第 2 期。

得以保证。集体主义精神的培养，同样需要举全社会之力，加强劳动教育，大力弘扬劳模精神、劳动精神、工匠精神，崇尚劳动、尊重劳动者，营造美好生活靠劳动创造、劳动最光荣、劳动最崇高、劳动最伟大、劳动最美丽的氛围，努力建设高素质劳动大军。

最后，因地制宜地发展新型集体经济。习近平总书记指出，这些年，在创新农业经营体系方面，广大农民在实践中创造了多种多样的新形式，从各地实践来看，各种经营主体、各种经营形式，各有特色、各具优势，在不同地区、不同产业、不同环节都有各自的适应性和发展空间，不能只追求一个模式、一个标准。习近平总书记高度重视发展壮大新型集体经济。新型集体经济的关键在于革新“统一生产、统一分配、统一管理”的传统指令性集体经济模式，探索在坚持土地集体所有制的前提下实现承包权和经营权的多元模式，构建适应社会主义市场经济、规模经济要求并且具有合作化、集约化特征的农业经济体系以及产、供、销经营服务体系。

（四）在新发展格局中，把壮大集体经济与做强做优做大国有经济紧密联系起来，在此基础上，坚持统筹发展和安全工作，实现城乡经济的国内大循环发展

一方面，新时代我国壮大集体经济离不开全民所有的国有企业、国有经济和国有资本的做强做优做大。习近平总书记在 2021 年 8 月中央财经委员会第十次会议上强调：“要坚持公有制为主体、多种所有制经济共同发展，大力发挥公有制经济在促进共同富裕中的重要作用。”[1]这充分说明了，我国的经济体制改革要以共同富裕为导向来完善基本经济制度。我国之所以从未背离科学社会主义的基本原则，其中的重要原因在于：坚守在生产资料公有制为主体的基础上组织生产，把满足全体社会成员的共同需要作为社会主义生产的根本目的；坚持对社会生产进行有计划的指导和调节，实行等量劳动领取等量产品的按劳分配原则；合乎自然规律地改造和利用自然，处理好人与自然之间的物质变换问题等社会主义的一般特征和发展方向。生产资料所有制是一切生产关系的核心，它决定着生产关系的分配关系、劳动关系等其他要素。在社会主义初级阶段生产资料公有制为主体、多种经济成分共同发展的

〔1〕 习近平：“扎实推动共同富裕”，载《求是》2021 年第 20 期。

情况下，国有经济作为社会化程度最高的经济形态，能够更好地保障生产力和生产关系社会化的统一、公平与效率的统一，体现全体人民和整个社会的利益，而集体经济可以实现部分劳动者共同占有生产资料、共同劳动、共同分享劳动成果和分担经营风险。习近平总书记多次强调要做强做优做大国有企业和壮大集体经济：因为国有企业是壮大国家综合实力、保障人民共同利益的重要力量，所以必须理直气壮地做强做优做大国有企业，不断增强活力、影响力、抗风险能力，实现国有资产保值增值；要把好乡村振兴战略的政治方向，坚持农村土地集体所有制性质，发展新型集体经济，走共同富裕的道路。当然，实施乡村振兴战略，既应坚持公有制的主体地位不动摇，也应鉴于我国社会主义初级阶段的基本国情，支持和引导非公有制经济发展，增加乡村经济活力。这两部分都是社会主义市场经济的重要组成部分，不能割裂与对立起来。

另一方面，在面临国际环境和国内条件发生深刻而复杂变化的背景下，集体经济还承担保持农业经济的双循环发展、抵御资本市场的盲目性风险，助力实现稳就业、保民生等重大经济任务。国有经济和新型集体经济的多种公有所有制形式内部的生产、分配、交换和消费的生产环节顺畅循环对国民经济的自主发展至关重要。习近平总书记强调："构建新发展格局是我们应对世界大变局的战略举措，也是我们顺应国内发展阶段变化、把握发展主动权的先手棋。把战略基点放在扩大内需上，农村有巨大空间，可以大有作为。""几亿农民同步迈向全面现代化，能够释放出巨量的消费和投资需求。""城乡经济循环是国内大循环的题中应有之义，也是确保国内国际双循环比例关系健康的关键因素。"[1]"三农"主体性地位的确立与城乡经济循环的实现都需要农村集体经济组织的不断壮大。合作社作为推动现代农业发展、适应市场经济和规模经济的一种组织形式，需要把大力发展合作经济作为新时代解决统分结合问题的先声。因为，建立在农民自愿互利基础上的新型集体经济具有独立经营、自负盈亏的优势，也承担着独立自主地发展生产、吸收就业、衔接市场、提高收入水平、实现共同富裕等多重任务，更为重要的是，其是牢牢把住粮食安全主动权的主要经济方式。此外，2020 年 10 月 29 日通过的

---

〔1〕 习近平："坚持把解决好'三农'问题作为全党工作重中之重 举全党全社会之力推动乡村振兴"，载《求是》2022 年第 7 期。

《中国共产党第十九届中央委员会第五次全体会议公报》中再次强调："把安全发展贯穿国家发展各领域和全过程，防范和化解影响我国现代化进程的各种风险，筑牢国家安全屏障。"[1]这就是要在百年未有之大变局的背景下，统筹国家在政治、经济、社会、文化、生态等各领域安全的同时，不断推动社会主义现代化发展进程。

（五）有效衔接和畅通新型集体经济组织与以公有制为主体的多种所有制形式之间的生产与流通的各环节，不断探索农村土地集体所有制的多元实现形式，使集体经济适应市场经济和规模经济的发展

从上述对集体化的理论分析，可以得出，公有制内部以及公有制为主体的多种所有制内部繁荣集体化组织与不同生产资料所有制之间、不同产业之间、不同企业组织之间所需要的劳动产品的相互满足的载体仍然可以是商品。这种商品是由有用的、具体的劳动生产出的产品，也体现着无差别的人类劳动的凝结，同样还体现出全民所有制与集体所有制之间、劳动者内部特别是工农内部相互为对方劳动、彼此承认的社会基础。在实践中，新型农民集体经济组织正是能够通过组织化和市场化相结合的方式，为农业产业的兴旺提供全方位服务，并成为引导农民进入市场的重要桥梁。而新型农村集体经济如何适应市场化和组织化相融合，一、二、三产业相融合的新要求，成为解决这一问题的关键。在社会主义市场经济条件下的新型农村集体经济和合作经济组织，具有自愿联合、管理民主、分散经营和统一经营相结合、按劳分配和按生产要素分配相结合等特点。习近平总书记反复强调，要"不断探索农村土地集体所有制的有效实现形式""落实集体所有权、稳定农户承包权、放活土地经营权"，[2] 完善农业现代化的产业体系、生产体系和经营体系。据此，以统分结合双层经营为基础、以合作与联合为纽带的组织化、社会化、集约化、专业化的现代农业经营体系还要逐步完善。

---

[1] "中国共产党第十九届中央委员会第五次全体会议公报"，载《人民日报》（海外版）2020年10月30日。

[2] 《十八大以来重要文献选编》（上），中央文献出版社2014年版，第669页。

参考文献

一、著作

[1]《马克思恩格斯全集》(第 2 卷),人民出版社 2009 年版。
[2]《马克思恩格斯全集》(第 4 卷),人民出版社 1958 年版。
[3]《马克思恩格斯全集》(第 21 卷),人民出版社 2003 年版。
[4]《马克思恩格斯全集》(第 25 卷),人民出版社 1974 年版。
[5]《马克思恩格斯全集》(第 26 卷),人民出版社 1972 年版。
[6]《马克思恩格斯全集》(第 32 卷),人民出版社 1975 年版。
[7]《马克思恩格斯全集》(第 34 卷),人民出版社 2008 年版。
[8]《马克思恩格斯文集》(第 1 卷),人民出版社 2009 年版。
[9]《马克思恩格斯文集》(第 2 卷),人民出版社 2009 年版。
[10]《马克思恩格斯文集》(第 3 卷),人民出版社 2009 年版。
[11]《马克思恩格斯文集》(第 4 卷),人民出版社 2009 年版。
[12]《马克思恩格斯文集》(第 7 卷),人民出版社 2009 年版。
[13]《马克思恩格斯文集》(第 8 卷),人民出版社 2009 年版。
[14]《马克思恩格斯选集》(第 1 卷),人民出版社 2012 年版。
[15]《马克思恩格斯选集》(第 2 卷),人民出版社 2012 年版。
[16]《马克思恩格斯选集》(第 3 卷),人民出版社 2012 年版。
[17]《马克思恩格斯选集》(第 4 卷),人民出版社 2012 年版。
[18] 马克思:《资本论》(第 1 卷),人民出版社 2004 年版。
[19] 马克思:《资本论》(第 2 卷),人民出版社 2004 年版。
[20] 马克思:《资本论》(第 3 卷),人民出版社 2004 年版。
[21]《列宁全集》(第 1 卷),人民出版社 1984 年版。
[22]《列宁全集》(第 2 卷),人民出版社 1984 年版。
[23]《列宁全集》(第 3 卷),人民出版社 1984 年版。

[24]《列宁全集》(第4卷),人民出版社1984年版。
[25]《列宁全集》(第5卷),人民出版社1986年版。
[26]《列宁全集》(第9卷),人民出版社1959年版。
[27]《列宁全集》(第11卷),人民出版社1987年版。
[28]《列宁全集》(第16卷),人民出版社1988年版。
[29]《列宁全集》(第21卷),人民出版社1990年版。
[30]《列宁全集》(第32卷),人民出版社1985年版。
[31]《列宁全集》(第33卷),人民出版社1985年版。
[32]《列宁全集》(第35卷),人民出版社1985年版。
[33]《列宁全集》(第36卷),人民出版社1985年版。
[34]《列宁全集》(第37卷),人民出版社1986年版。
[35]《列宁全集》(第38卷),人民出版社1986年版。
[36]《列宁全集》(第40卷),人民出版社1986年版。
[37]《列宁全集》(第41卷),人民出版社1986年版。
[38]《列宁全集》(第42卷),人民出版社1987年版。
[39]《列宁全集》(第43卷),人民出版社1987年版。
[40]《列宁全集》(第43卷),人民出版社1984年版。
[41]列宁:《哲学笔记》,中共中央党校出版社1990年版。
[42]《列宁专题文集》(论社会主义),人民出版社2009年版。
[43]《列宁专题文集》(论资本主义),人民出版社2009年版。
[44]《列宁选集》(第4卷),人民出版社1995年版。
[45]《斯大林全集》(第10卷),人民出版社1954年版。
[46]《斯大林全集》(第12卷),人民出版社1954年版。
[47]《斯大林选集》(上卷),人民出版社1979年版。
[48]《斯大林选集》(下卷),人民出版社1979年版。
[49]《毛泽东选集》(第1卷),人民出版社1991年版。
[50]《毛泽东选集》(第2卷),人民出版社1991年版。
[51]《毛泽东选集》(第3卷),人民出版社1991年版。
[52]《毛泽东选集》(第4卷),人民出版社1991年版。
[53]《毛泽东选集》(第5卷),人民出版社1977年版。
[54]《毛泽东文集》(第1卷),人民出版社1993年版。
[55]《毛泽东文集》(第2卷),人民出版社1993年版。
[56]《毛泽东文集》(第3卷),人民出版社1996年版。
[57]《毛泽东文集》(第6卷),人民出版社1999年版。

[58]《毛泽东文集》（第 7 卷），人民出版社 1999 年版。
[59]《毛泽东年谱 1893—1949（上）》，中央文献出版社 2002 年版。
[60]《毛泽东年谱》1949-1976（第 1 卷），中央文献出版社 2013 年版。
[61]《毛泽东年谱》1949-1976（第 3 卷），中央文献出版社 2013 年版。
[62]《毛泽东年谱》1949-1976（第 4 卷），中央文献出版社 2013 年版。
[63]《毛泽东年谱》1949-1976（第 5 卷），中央文献出版社 2013 年版。
[64]《毛泽东思想年编（1921—1975）》，中央文献出版社 2011 年版。
[65]《毛泽东农村调查文集》，人民出版社 1982 年版。
[66]《毛泽东军事文集》（第 6 卷），人民出版社 1993 年版。
[67]《建国以来毛泽东文稿》（第 5 册），中央文献出版社 1991 年版。
[68]《建国以来毛泽东文稿》（第 6 册），中央文献出版社 1992 年版。
[69]《毛泽东读社会主义政治经济学批注和谈话》（上），《国史研究学习资料 · 清样本》1998 年版。
[70] 李大钊编写组：《李大钊传》，人民出版社 1979 年版。
[71]《孙中山选集》（下），人民出版社 2011 年版。
[72]《周恩来选集》（下），人民出版社 1984 年版。
[73]《建国以来刘少奇文稿》（第 1 册），中央文献出版社 2005 年版。
[74]《建国以来刘少奇文稿》（第 3 册），中央文献出版社 2005 年版。
[75]《邓小平文选》（第 2 卷），人民出版社 1983 年版。
[76]《邓小平文选》（第 3 卷），人民出版社 1993 年版。
[77]《邓小平文集 1949—1974（下）》，中共中央文献研究室 2014 年版。
[78]《邓小平年谱 1975—1997（下）》，中央文献出版社 2004 年版。
[79]《建国以来李先念同志文稿》（第 1 册），中央文献出版社 2011 年版。
[80]《建国以来李先念同志文稿》（第 3 册），中央文献出版社 2011 年版。
[81]《江泽民文选》（第 2 卷），人民出版社 2006 年版。
[82]《习近平谈治国理政》（第 1 卷），人民出版社 2014 年版。
[83]《习近平谈治国理政》（第 2 卷），外文出版社 2017 年版。
[84]《习近平谈治国理政》（第 3 卷），外文出版社 2020 年版。
[85] 习近平：《摆脱贫困》，福建人民出版社 1992 年版。
[86] 习近平：《论“三农”工作》，人民出版社 2022 年版。
[87] 习近平：《之江新语》，浙江人民出版社 2007 年版。
[88]《习近平关于社会主义经济建设论述摘编》，中央文献出版社 2017 年版。
[89]《习近平关于“三农”工作论述摘编》，中央文献出版社 2019 年版。
[90]《习近平关于全面深化改革论述摘编》，中央文献出版社 2014 年版。

[91] 习近平:《决胜全面建成小康社会夺取新时代中国特色社会主义伟大胜利——在中国共产党第十九次全国代表大会上的报告》，人民出版社 2017 年版。
[92]《十八大以来重要文献选编》（上），中央文献出版社 2014 年版。
[93]《十八大以来重要文献选编》（中），中央文献出版社 2016 年版。
[94]《十八大报告辅导读本》，人民出版社 2012 年版。
[95]《中国共产党第十八届中央委员会第三次全体会议文件汇编》，人民出版社 2013 年版。
[96]《中国共产党历史 1949—1978》（第 2 卷），中共党史出版社 2011 年版。
[97]《中国共产党第八次全国代表大会关于发展国民经济的第二个五年计划（一九五八到一九六二）的建议——关于发展国民经济的第二个五年计划的建议的报告》，人民出版社 1956 年版。
[98] 国家统计局:《伟大的十年——中华人民共和国经济和文化建设成就的统计》，人民出版社 1959 年版。
[99]《中华人民共和国发展国民经济的第一个五年计划》（1953—1957），人民出版社 1955 年版。
[100]《中国共产党 90 年研究文集》（上），中央文献出版社 2011 年版。
[101]《中华人民共和国发展国民经济的第一个五年计划》（1953—1957），人民出版社 1955 年版。
[102]《中华人民共和国史稿 1956—1966》（第 2 卷），人民出版社 2012 年版。
[103]《胡乔木传》编写组:《胡乔木谈中共党史》（修订本），人民出版社 2015 年版。
[104] 苏联科学院经济研究所:《政治经济学教科书》，中国人民大学出版社 1964 年版。
[105] 中国红色文化研究会:《田野的希望——榜样名村成功之路》，北京日报出版社 2017 年版。
[106]《2014 年中国农业发展报告》，中国农业出版社 2014 年版。
[107]《2014 中国农业统计资料》，中国农业出版社 2015 年版；《2017 中国农业统计资料》，中国农业出版社 2019 年版。
[108]《关于建国以来党的若干历史问题的决议注释本（修订）》，人民出版社 1985 年版。
[109]《国民经济主要指标 1949—1978》，中国统计出版社 1979 年版。
[110]《中国水利年鉴（1990）》，水利电力出版社 1991 年版。
[111]《中华人民共和国民法典》，人民出版社 2020 年版。
[112]《中华人民共和国宪法》，法律出版社 2018 年版。
[113]《中华人民共和国宪法》，人民出版社 2018 年版。
[114]《辉煌的十年》（下册），人民出版社 1959 年版。

[115]《程恩富选集》，中国社会科学出版社 2010 年版。
[116] 迟爱萍、熊亮华：《陈云在历史瞬间》，人民出版社 2005 年版 。
[117] 陈雪原、孙梦洁、周雨晴：《中国农村集体经济发展报告（2021）》，社会科学文献出版社 2021 年版。
[118] 杜润生：《杜润生自述：中国农村体制变革重大决策纪实》，人民出版社 2005 年版。
[119] 杜润生：《中国农村改革发展论集》，中国言实出版社 2018 年版。
[120] 蒋玉珉：《合作经济思想史论》，山西经济出版社 1999 年版。
[121] 罗必良等：《产权强度、土地流转与农民权益保护》，经济科学出版社 2013 年版。
[122] 李颖：《文献中的百年党史》，学林出版社 2020 年版。
[123] 梅定国：《新民主主义社会理论再研究》，人民出版社 2019 年版。
[124] 蒲坚：《解放土地——新一轮土地信托化改革》，中信出版社 2014 年版。
[125] 仁峰主编：《苏联农业统计资料汇编》，农业出版社 1981 年版。
[126] 沙健孙：《中国共产党史稿（1921—1949）》（第 1 卷），中央文献出版社 2006 年版。
[127] 陶鲁笳：《毛主席教我们当省委书记》，辽宁人民出版社 2012 年版。
[128] 徐禾等：《政治经济学概论》（第 3 版），中国人民大学出版社 2011 年版
[129] 徐天新、郑异凡：《斯大林模式的形成》，人民出版社 2013 年版。
[130] 许涤新：《简明政治经济学辞典》，人民出版社 1983 年版。
[131] 燕山樵：《穷棒子精神绘新图——河北省遵化县人民学大寨自力更生艰苦奋斗的事迹》，农业出版社 1972 年版。
[132] 杨团、孙炳耀：《中国“三农”改革突破口》，中国社会科学出版社 2017 年版。
[133] 朱有志：《中国新型农村集体经济研究》，湖南人民出版社 2013 年版。
[134] 张俊山：《政治经济学——当代视角》，清华大学出版社 2015 年版。
[135] 赵一明：《邓小平现代化建设思想研究》，国防大学出版社 1991 年版。
[136] [俄] Г. А. 多尔戈舍伊：《苏联农业经济学词典》，农业出版社 1990 年版。
[137] [俄] 帕尔乌斯：《世界市场和农业危机》，波波娃出版社 1898 年版。
[138] [阿根廷] 劳尔·普雷维什：《外围资本主义——危机与改造》，苏振兴、袁兴昌译，商务印书馆 1990 年版。
[139] [美] 拉德钦斯基等著：《苏联农业的社会化》，赵林叙译，商务印书馆 1963 年版。
[140] [日] 增田佳昭：《大転換期の総合 JA》，東京：家の光協会 2011 年版。
[141] I. Wallerstein, *The Inter-state Structure of the Modern World System.* Cambridge, Cambridge University Press, 1996, pp. 102~103.

二、期刊

[1] 毛泽东：“国民革命与农民运动”，载《农民运动》1926 年第 8 期。

[2] 陈独秀："我们对于关税问题的意见"，载《向导》1925 年第 131 期。

[3] 习近平："把乡村振兴战略作为新时代‘三农’工作总抓手"，载《求是》2019 年第 11 期。

[4] 习近平："不断开拓当代中国马克思主义政治经济学新境界"，载《求是》2020 年第 8 期。

[5] 习近平："正确认识和把握中长期经济社会发展重大问题"，载《求是》2021 年第 2 期。

[6] 习近平："在党史学习教育动员大会上的讲话"，载《求是》2021 年第 7 期。

[7] 习近平："扎实推动共同富裕"，载《求是》2021 年第 20 期。

[8] 习近平："坚持把解决好‘三农’问题作为全党工作重中之重 举全党全社会之力推动乡村振兴"，载《求是》2022 年第 7 期。

[9] 习近平："中国农村市场化研究"，清华大学 2001 年博士学位论文。

[10] 卫兴华："关于当前三个重要经济理论问题"，载《政治经济学研究》2020 年第 1 期。

[11] 程恩富："社会主义发展三阶段新论"，载《江西社会科学》1992 年第 3 期。

[12] 程恩富、陆夏、徐惠平："构建社会主义新农村要倡导集体经济和合作经济模式多样化"，载《经济纵横》2006 年第 11 期。

[13] 程恩富："全面开启建设社会主义现代化国家的若干重点解析"，载《当代经济研究》2021 年第 1 期。

[14] 翟婵、程恩富："中国正处于世界经济体系的‘准中心’地位——确立‘中心-准中心-半外围-外围’新理论"，载《上海经济研究》2019 年第 10 期。

[15] 程恩富、张杨："坚持社会主义农村土地集体所有的大方向——评析土地私有化的四个错误观点"，载《中国农村经济》2020 年第 2 期。

[16] 张杨、程恩富："壮大集体经济、实施乡村振兴战略的原则与路径——从邓小平‘第二次飞跃’论到习近平‘统’的思想"，载《现代哲学》2018 年第 1 期。

[17] 张杨、程恩富："毛泽东农村调查对新时代实施乡村振兴战略的若干启示"，载《毛泽东邓小平理论研究》2018 年第 4 期。

[18] 张杨："论农村集体经济和合作经济的不同特质"，载《海派经济学》2018 年第 4 期。

[19] 张杨："组织起来的力量——论毛泽东对农业合作化的探索与贡献（1949—1953）"，载《毛泽东邓小平理论研究》2020 年第 11 期。

[20] 李慎明等："历史虚无主义与苏联解体"，载《世界社会主义研究》2022 年第 1 期。

[21] 张慧鹏："农民经济的分化与转型：重返列宁-恰亚诺夫之争"，载《开放时代》2018 年第 3 期。

[22] 金丽馥、戚研："习近平'三农'思想研究"，载《海派经济学》2018 年第 1 期。

[23] 刘奇："乡村振兴需要第三次动能转换"，载《中国发展观察》2017 年第 24 期。

[24] 于鸿君："经济体制选择的逻辑"，载《政治经济学研究》2020 年第 1 期。

[25] 贺雪峰等："共和国六十年：回顾与展望"，载《开放时代》2008 年第 1 期。

[26] 许小年："商鞅、邓小平为什么能成功"，载《同舟共进》2013 年第 12 期。

[27] 丁堡骏："论《资本论》俄国化与中国化（下）——兼议中国特色社会主义新时代的本质"，载《当代经济研究》2018 年第 6 期。

[28] 周建锋、杨继国："劳动生产率与劳动报酬能否同步提高——基于马克思经济学的分析"，载《经济学家》2019 年第 10 期。

[29] 詹成付："中国'五年规划'的力量"，载《党建研究》2020 年第 10 期。

[30] 魏琴："关税会议与司法调查"，载《向导》1925 年第 127 期。

[31] 程美东："论毛泽东创新马克思主义的中国文化基础"，载《北京大学学报报（哲学社会科学版）》2013 年第 6 期。

[32] 于鸿君："两种体制、两个奇迹与'两个时期互不否定'"，载《北京大学学报（哲学社会科学版）》2021 年第 1 期。

[33] 徐俊忠："农民合作思想与实践：毛泽东时期的一份重要遗产"，载《马克思主义与现实》2013 年第 2 期。

[34] 卢根源，"马克思主义经济学利己和利他经纪人假设的证明及其现实意义"，载《海派经济学》2016 年第 3 期。

[35] 李炳炎、徐雷："共享发展理念与中国特色社会主义分享经济理论"，载《管理学刊》2017 年第 4 期。

[36] 卢泽羽、陈晓萍："中国农村土地流转现状、问题及对策"，载《新疆师范大学学报》（哲学社会科学版）2015 年第 4 期。

[37] 简新华："中国农地制度和经营方式创新研究——兼评中国土地私有化"，载《政治经济学评论》2013 年第 1 期。

[38] 简新华："中国土地私有化辨析"，载《当代经济研究》2013 第 1 期。

[39] 李杰、江宇："农村集体建设用地入市对农业成本的影响分析"，载《海派经济学》2019 年第 1 期。

[40] 江宇："党组织领办合作社是发展新型农村 集体经济的有效路径——'烟台实践'的启示"，载《马克思主义与现实》2022 年第 1 页。

[41] 蔡继明、刘梦醒、熊柴："加快建设全国统一土地大市场的制度安排"，载《上海大学学报（社会科学版）》2022 年第 4 期。

[42] 于涛："新时代农业合作化道路必定越走越宽广——烟台'党支部领办合作社'的探索和体会"，载《经济导刊》2020 年第 11 期。

[43] 徐俊忠:“深刻领会习近平同志关于深化农村土地制度改革的重要论述”,载《红旗文稿》2017 年第 15 期。
[44] 王曼:“乡村振兴战略背景下农村党组织书记胜任力模型构建研究”,《管理学刊》2019 年第 5 期。

三、报纸

[1] 习近平:“在深度贫困地区脱贫攻坚座谈会上的讲话”,载《人民日报》2017 年 9 月 1 日。
[2] 习近平:“在经济社会领域专家座谈会上的讲话”,载《人民日报》2020 年 8 月 25 日。
[3] 习近平:“中共中央关于制定国民经济和社会发展第十四个五年规划和二〇三五年远景目标的建议”,载《人民日报》2020 年 11 月 4 日。
[4]“习近平在农村改革座谈会上强调加大推进新形势下农村改革力度促进农业基础稳固农民安居乐业”,载《人民日报》2016 年 4 月 29 日。
[5]“习近平总书记在参加十三届全国人大一次会议山东代表团审议时的讲话”,载《十三届全国人大一次会议简报(增刊)》2018 年 3 月 8 日。
[6]“习近平李克强王沪宁韩正分别参加全国人大会议一些代表团审议”,载《人民日报》2019 年 3 月 9 日。
[7]“认真读书,加强党委的思想建设”,载《人民日报》1971 年 4 月 9 日。
[8]“中央农村工作会议在北京举行”,载《人民日报》2013 年 12 月 25 日。
[9]“中共十八届五中全会在京举行”,载《人民日报》2015 年 10 月 30 日。
[10]“中央农村工作会议在北京举行”,载《人民日报》2017 年 12 月 30 日。
[11]“中央农村工作会议在北京举行”,载《人民日报》2017 年 12 月 30 日。
[12] “中共中央国务院关于实施乡村振兴战略的意见”,载《人民日报》2018 年 2 月 5 日。
[13]“中共中央国务院举行春节团拜会”,载《人民日报》2018 年 2 月 15 日。
[14] “牢记初心使命贯彻以人民为中心发展思想 把祖国北部边疆风景线打造得更加亮丽”,载《人民日报》2019 年 7 月 17 日。
[15]“总书记要求我们发展产业促增收”,载《人民日报》2019 年 8 月 13 日
[16]“落实党的十九届四中全会重要举措 继续全面深化改革实现有机衔接融会贯通”,载《人民日报》2019 年 11 月 27 日。
[17] “坚决制止餐饮浪费行为切实培养节约习惯 在全社会营造浪费可耻节约为荣的氛围”,载《人民日报》2020 年 8 月 12 日。
[18]“中国共产党第十九届中央委员会第五次全体会议公报”,载《人民日报》(海外版)2020 年 10 月 30 日。

[19] 参见“解放思想开拓创新团结奋斗攻坚克难 加快建设具有世界影响力的中国特色自由贸易港”，载《人民日报》，2022年4月14日。

[20] “高举中国特色社会主义伟大旗帜 为全面建设社会主义现代化国家而团结奋斗——习近平同志代表第十九届中央委员会向大会作的报告摘登”，载《人民日报》2022年10月17日。

[21] “锚定建设农业强国目标 切实抓好农业农村工作”，载《人民日报》2022年12月25日。

[22] 陈金龙：“《寻乌调查》的当代价值”，载《学习时报》2018年1月10日。

[23] 高云才、朱思雄、王浩：“源自改革的市场活力——安徽省凤阳县小岗村实现人人分红纪实”，载《人民日报》2018年7月19日。

[24] 贵州省委政研室联合调研组：“‘塘约经验’调研报告”，载《贵州日报》2017年5月18日。

[25] 刘成友、王沛：“敢啃硬骨头 一心为乡亲（最美基层干部）——记山东兰陵县卞庄镇代村党支部书记王传喜”（上），载《人民日报》2018年1月22日。

[26] 刘成友、王沛：“乡村振兴路 村民有奔头（最美基层干部）——记山东兰陵县卞庄镇代村党支部书记王传喜（下）”，载《人民日报》2018年1月23日。

[27] 李卫红、刘莹、黄蔚等：“给乡亲一个精神焕发的村庄——安顺市平坝区乐平镇塘约村探索农村集体产权制度改革新路解析”，载《贵州日报》2017年3月31日。

[28] 李勇、王新耀：“以色列集体农庄的当代改革与现状”，载《中国社会科学报》2018年4月16日。

[29] 王小兵、康春鹏：“聚焦聚力推进农业大数据发展应用”，载《经济日报》2018年1月11日。

后 记

现有关于集体经济理论的研究成果离不开导师程恩富教授和合作导师于鸿君教授的亲自指导。两位恩师在乡村振兴和集体经济领域都有着深入的调研、思考与研究，共同认为，应不断加强集体经济思想史和新时代集体经济理论的研究，不断壮大新型集体经济，推进乡村振兴战略。有幸在两位导师的指导与合作下，完成了现有的研究成果。不负师恩，今后努力继续坚持这一学术研究方向，不断丰富现有研究成果。

习近平总书记指出："要把好乡村振兴战略的政治方向，坚持农村土地集体所有制性质，发展新型集体经济，走共同富裕道路。"在实现"两个一百年"奋斗目标的征途上，"三农"问题仍然是全党工作的重中之重；而农村土地集体所有前提下的双层经营体制，依然是党在农村的政策基石。新时代实施乡村振兴战略，必须处理好坚持农村土地由农民集体所有、坚持家庭经营基础性地位、坚持稳定土地承包关系这"三个坚持"之间的关系。也只有在坚持农村土地集体所有制的前提下，才能深化农村治理结构改革，促进农业可持续发展，保障广大农民在生产关系中具有主人翁地位，在具备条件的区域逐步实施"第二次飞跃"战略，不断推进中国式现代化，最终实现共同富裕。